生活因阅读而精彩

生活因阅读而精彩

"新文风"系列丛书

集谋略创造与科学程序于一体的策划实战手册

最新适用版

即学即会

营销文案

范本

高 谋⊙主编

中国华侨出版社

图书在版编目(CIP)数据

即学即会营销文案范本 / 高谋主编.—北京：
中国华侨出版社,2012.7（2021.2重印）
（"新文风"系列丛书）
ISBN 978-7-5113-2696-6

Ⅰ.①即… Ⅱ.①高… Ⅲ.①市场营销学–文书–写
作 Ⅳ.①H152.3

中国版本图书馆 CIP 数据核字(2012)第167503 号

即学即会营销文案范本:"新文风"系列丛书

主　　编 / 高　谋
责任编辑 / 尹　影
责任校对 / 孙　丽
经　　销 / 新华书店
开　　本 / 787×1092 毫米　1/16 开　印张/21　字数/310 千字
印　　刷 / 三河市嵩川印刷有限公司
版　　次 / 2012年9月第1版　2021年2月第2次印刷
书　　号 / ISBN 978-7-5113-2696-6
定　　价 / 58.00 元

中国华侨出版社　北京市朝阳区静安里 26 号通成达大厦 3 层　邮编:100028
法律顾问:陈鹰律师事务所
编辑部:(010)64443056　　64443979
发行部:(010)64443051　　传真:(010)64439708
网址:www.oveaschin.com
E-mail:oveaschin@sina.com

前　言

　　营销是企业的大命脉,而营销文案又是整个营销的基础。一个好的营销文案能有效地提高企业竞争力,很多品牌的命运都曾因一纸精彩的文案而改变。对于个人而言,学习一些营销文案的写作技能也是非常有用的,可以帮助自己了解市场、提高组织能力、管理能力,等等。

　　话虽如此,但提及具体的营销文案写作时,很多人就开始犯憷了,不知道市场营销策划文案都包括哪些内容? 不知道具体的活动策划该如何安排? 不知道广告文案是否能迎合消费者的心思? 不知道市场营销文案实际是否切实可行? 当这一系列问题摆在眼前的时候,很多人最渴望获得的帮助就是——可供参考的经典文案范本。

　　正是考虑到了读者的这一需求,我们才精心编写了这本《即学即会营销文案范本》。与市场司类书籍相比,它的优势更加明显:

　　第一,内容全面,思路清晰。本书在章节的安排上,从产品上市前的市场调查开始,再到产品管理、价格、定位、广告、促销等环节,一直到售后服务管理这一全过程中所涉及的营销文案全部收录在书中,可谓非常全面。

　　第二,文案范本,高效实用。本书编录了大量的营销文案范本,涵盖了营销策划的所有问题，每个文案都由"撰写要领"和"经典范文"两个部分组成，既讲述了具体的技巧，又提供了新颖的体例，实用性很强。

第三，语言通俗，文风新颖。本书没有晦涩难懂的概念，没有华丽浮夸的语句，语言通俗易懂，层次分明、要点清晰，适合各级人士作为参考书籍。

本书在编写的过程中参考了大量的有关著作和文献资料，吸收了多位专家、作者的研究成果，在此，编者对他们表示感谢！

由于时间和水平有限，书中难免会有些许不足，敬请读者予以批评和指正。

CONTENTS 目 录

第六章 促销文案类公文写作

第七章　营销渠道类公文写作

第八章　营销人员管理类公文写作

第九章 售后服务管理类公文写作

第一章

市场调研类公文写作

第一节 市场调研计划书

——撰写要领——

一、市场调研计划书概述

市场调研计划书，是企业为顺利开展市场调研活动而设计出的计划类文书。市场调研计划书必须对现有客户、产品、销售对象、定价、促销活动、分销策略以及支持服务等制定出明确的调研步骤及目标。

二、市场调研计划书的特点

市场调研计划书是对市场的全面情况，或对某一侧面、某一问题进行调查研究工作后撰写出来的文案，是针对市场经济情况进行的调查与分析，因而有着不同于其他计划的特点。

1.针对性

撰写调研计划书必须明确调查的目的，调查必须围绕主题开展，或是为了解决某一问题，或是为了说明某一问题，做到有的放矢。

2.时效性

市场调查必须掌握准确、及时、系统的信息资料，对市场变化快速作出反应，并对未来状况加以分析，使决策跟上市场形势的发展变化，发挥调查计划的作用。

3.新颖性

市场调研计划书应紧紧抓住市场活动的新动向、新问题，提出新观点，形成新结论，能正确指导企业市场经营活动。

三、市场调研计划书的内容

1.摘要

摘要是整个报告书的一个简短小结，它要求简明清晰，又要提供帮助理解报告基本内容的充分信息。

2.调研目的

说明提出该项目的背景、要研究的问题和备选的各种可能决策、该调研结果可能带来的社会效益或经济效益,或是在理论研究方面的重大意义。

3.调研内容和范围

说明调研的主要内容,规定所需获取的信息,列出主要的调查问答题和有关的理论假设,明确调查的范围和对象。

4.市场调研步骤

(1)确定市场调研目标。在调研之前,须先针对企业所面临的市场现状和亟待解决的问题,确定市场调研的目标和范围。

(2)确定所需信息资料。根据已确定的目标和范围收集与之密切相关的资料,而没有必要面面俱到。

(3)确定资料搜集方式。根据所需资料的性质选择合适的方法。

(4)搜集现成资料。为了有效地利用企业内外现有资料和信息,首先应该利用室内调研方法,集中搜集与既定目标有关的信息,这包括对企业内部经营资料、各级政府统计数据、行业调查报告和学术研究成果的搜集和整理。

(5)设计调查方案。根据既定目标的要求,采用实地调查方法,以获取有针对性的市场情报。

(6)组织实地调查。对调研人员进行训练,加强对调查活动的规划和监控,针对调查中出现的问题及时调整和补救。

(7)统计分析结果。对获得的信息和资料进行进一步统计分析,提出相应的建议和对策是市场调研的根本目的。

(8)准备研究报告。市场调研的最后阶段是根据比较、分析和预测的结果写出书面调研报告。

5.调研方针与方法

用简洁的文字表达调研方针,说明所采用的研究方法的重要特征,及与其他方法相比较的长处和局限性;将要采取的抽样方案的主要内容和步骤;样本量的大小和可能达到的精度;采取什么质量控制的方法;数据收集的方法和调查的方式;问卷的形式及设计方面的相关考虑、数据处理和分析的方法,等等。细节可写在附录中。

6.调研进度和经费预算

详细地列出完成每一步骤所需的天数以及起始终止时间。计划要稍稍留有余地,但也不能把时间拖得太长。详细地列出每一项所需的费用,通过认真地估算,实事求是地给出每项的预算和总预算。

7.附录

具体内容如下:

(1)调研项目负责人及主要参加者的名单。说明每个人的专业特长以及在该项目中的主要分工。课题组成员的水平和经历对获得项目的批准有时是很起作用的。

(2)方案的技术说明及细节说明。

(3)问卷设计中的有关技术说明。

(4)数据处理方法、所用软件等方面的说明。

撰写总体方案设计报告是十分重要的一步,它确保了将管理决策部门的问题转换成能够提供相关的、及时的而且是准确信息的调查研究项目,并且项目的费用并不高于所得信息的价值。

✦经典范文✦

范例 ① 护肤霜市场调研计划书

××护肤霜市场调研计划书

一、调研背景

我公司在充分考察现在化妆品市场竞争状态的情况下,结合我公司目前的研究水平,决定进行化妆品的研发生产。为了了解市场需求,也为了更好地制定公司的相关策略,在新产品开发前要进行一次市场调研,这样既能迎合消费者之需,又能做到有的放矢。

二、调研目的

为了给新产品开发提供客观的数据支持,本次市场研究工作的主要目的是:

1.了解消费者对××护肤霜的消费现状、分析××护肤霜市场的竞争态势、了解男士护肤霜的市场容量,为新产品市场定位提供依据;

2.研究××护肤霜消费者的消费心理、动机及其消费行为特点,为新产品确定目标消费群并为制作广告提供参考依据;

3.了解消费者获取化妆品的具体渠道,为新产品上市推广策略的制定提供依据;

4.了解消费者对本公司新产品——××护肤霜的接受程度。

三、调研内容

根据上述研究目的,我们本次的调研内容主要包括如下各项:

1.了解消费者对××护肤霜的消费现状、分析××护肤霜市场的竞争态势、了解××护肤霜的市场容量、为新产品市场定位提供依据。所需信息主要有:

◇了解消费者购买××护肤霜时所考虑的因素(包装、渠道等)

◇了解现在××护肤霜市场上的竞争对手,以及其市场占有率(明确自己的市场地位及竞争对策)

2.探究××护肤霜消费者的消费心理、动机及其消费行为特点:

◇了解消费者购买××护肤霜的目的(广告诉求点)

◇消费者了解××护肤霜的主要途径(广告宣传渠道选择)

◇了解消费者在化妆品方面的消费水平(据消费水平进行市场细分)

3.了解消费者对本公司新产品——××护肤霜的接受程度:

◇被访者对我公司所开发新产品的接受程度

◇被访者对新产品开发的建议及意见

四、目标被访者定义

因本次调查是一项探索性研究,要求样本要有广泛的代表性,以期能够基本反映消费者对××护肤霜的认知和评价,以及对本产品的接受程度和期望:

1.其亲戚朋友不在化妆品公司或广告公司工作

2.年龄在××~××岁之间,衣着讲究者

五、调查方法与抽样设计

根据本调研的特点,本次调查方法与抽样设计为:

1.本次调研采用问卷式

2.访问采用街头拦截式

六、样本量

考虑到本次市场研究对样本量的要求、成本方面的经济性及时间问题,本次研究对消费者调查所需要的样本量约为××个。(由于时间等原因,实施时为××个)

七、访员安排

1.本次调查由我公司营销部门人员完成

2.正式调查前由新产品开发的技术人员对访员进行专业知识的培训,以确保调查工作质量

八、质量控制与复核

1.为保证调查质量,我们采取××人/组调查方式,一审二审复核制

2.我们将实行一票否决制,即发现调查员一份问卷作弊,该调查员所有问卷作废

九、数据录入与处理

参与本产品开发调研的数据录入人员及编码人员将参与问卷的制作与调查培训;在数据录入后需抽取××%的样本进行录入复核,以保证录入质量;数据处理采用 SPSS 软件进行。

十、研究时间安排(自项目确定日起)

××月××日~××月××日:方案与问卷设计

××月××日~××月××日:调查实施

××月××日~××月××日:数据处理与分析

××月××日~××月××日:报告撰写与发布

十一、费用预算

项目费用预算约为××元,其用途分别如下:

1.问卷设计、问卷印刷:××元

2.调查与复核费用:××元

3.数据处理(编码、录入、处理、分析):××元

4.报告撰写与制作:××元

合计:××元

范例② 啤酒市场研究计划书

××地区啤酒市场研究计划书

一、研究背景

目前××啤酒市场群雄争霸,领导品牌尚未形成,×××啤酒品牌认知明显不如其他产品,市场占有率不高,外埠产品占有较大比重,因而清楚地了解啤酒市场、认识消费者的需求,是啤酒行业在竞争中取胜、得以生存发展的关键。

×××啤酒公司是英国×××啤酒公司与××省×××啤酒公司组成的××地区最大的合资企业之一。为了进一步发展市场和制定下一步的发展方向,×××啤酒将进行一系列的战略性市场调查。此次调查的重点将是进一步了解××啤酒市场的构成以及××啤酒消费者的消费行为,在此基础上识别市场机会,为公司品牌的发展提供方向。

二、研究内容

通过消费者市场调查,了解消费者对啤酒的认知、态度及购买、消费行为习惯,进行市场细分、消费者细分。

1.××地区啤酒市场概况

◇目标消费者数量及特征

◇市场规模(数量及金额)

◇品牌知名度及认知途径

◇品牌市场占有率(数量及金额)

2.××地区消费者对啤酒的食用习惯

◇食用动机

◇食用频率

◇食用量

◇食用场所

3.了解××地区消费者对啤酒的购买习惯

◇购买动机

◇购买频率

◇购买量

◇主要购买品牌及原因

◇购买场所

◇购买时考虑的因素

4.消费者对××啤酒产品的看法

◇企业知名度与企业形象

◇对企业产品的认知情况

◇对某一品牌的形象评价

三、研究方法

1.抽样设计

◇目标总体:××地区啤酒消费者

◇调查范围:××、××、××、××、××、××、××共×个城市

◇调查对象:为年龄在××~××岁之间的上述调查范围内的常住家庭人口

2.抽样方法

采用分层多阶段概率与规模成比例(PPS)系统抽样。

3.样本规模

依各城市人口规模,参考统计误差要求,测算各城市样本量如下:

城市	样本量(个)	城市	样本量(个)
××	××	××	××
××	××	××	××
××	××	××	××

4.推断要求与抽样地域分类

各城市均独立推断,以期获得对城市啤酒市场的全面了解,并在此基础上推论××城市啤酒市场情况。

从有关统计资料取得各城市城区及其各居委会20××年人口数,以计算各类地区内样本分配及规模估计值。

5.数据搜集方法

◇入户调查

6.质量监控

第一,根据研究内容,事先设计好调查问卷,由经过专门培训的访问员手持问卷,对经过随机抽样的被访者进行一对一面访;

第二,所有访问员均经过项目试访,在督导确认其对问卷正确理解并掌握访问技巧后才正式开始访问;

第三,访问员将会严格按照问卷中的发问方式逐字读出问题,而不带任何自发的解释及提示,以防产生误导;

第四,对于每个访问员所交回的问卷,督导均会作一审及二审,并抽取××%的问卷作回访复核,以保证问卷的真实性及可信度。

7.报告形式

◇口头报告

◇××啤酒市场消费者行为研究报告

四、时间进度

内　　容	进　　度
方案及问卷设计	××个工作日
培训及抽样	××个工作日
调查、回访、审核	××个工作日
数据处理	××个工作日
分析与报告	××个工作日
合　　计	××个工作日

五、所需费用

访问调查：	××元
编码录入：	××元
问卷印刷费	××元
分析报告打印费	××元
合计	××元

六、付款条件

客户于计划书确定后××日内支付所需费用的××%,其余则在递交有关研究报告××日内付清。

第二节 市场调查问卷

——《撰写要领》——

一、市场调查问卷概述

市场调查问卷也称市场调查表,是市场调研人员向调查对象作访问调查时用以记录调查对象的态度和意愿的书面形式,是企业为了确定经营目标、经营方针等重大决策所做的调查方式,是由一系列问题、调查项目、备选答案及说明组成的,向调查者收集资料的一种工具。

二、调查问卷写作格式

不同的调查问卷在具体的结构、题型、措辞、版式等设计上会有所不同,但在结构上一般都由开头部分、甄别部分、提问部分、背景部分、结尾部分构成。

1.开头部分

开头部分一般包括问卷的标题、问候语、填写说明、问卷的编号等,根据问卷设计的要求不同可以有所变化。

(1)问卷的标题

（2）问候语

（3）填写说明

（4）问卷的编号

2.甄别部分

甄别部分是为了保证抽取的调查对象全部为符合调查要求的样本而设计的一组问题,也可称为筛选部分。甄别的目的是确保调查对象合格,提高调查结果的准确性。

3.提问部分

这一部分为主体部分,是调查问卷的核心内容,由调查用的问题和备选答案组成,问题和备选答案的用词以及排列顺序须反复设计调整,最好进行预调查,目的在于保证每道问题的准确性和可行性。

可采用封闭式问卷和开放式问卷两种方式。题型有3种:

（1）问答题

（2）单项选择题

（3）多项选择题

4.背景部分

这部分一般放在问卷的最后,主要涉及调查对象的个人资料、家庭资料以及工作单位资料。具体包括调查对象的年龄、性别、婚姻状况、家庭人数、收入、职业、受教育程度等。

5.结尾部分

这部分用以记录被调查者的意见、感受或记录调查情况,也可以是感谢语以及其他补充说明。有的问卷的结尾部分是以问题的形式出现的,主要有以下几种:

（1）记录调查的过程

（2）询问调查对象

三、调查问卷的写作注意要点

1.问题定义准确

一个问题应该代表司一主题,只有一种解释,不会产生歧义,可以参考以下几点：

(1)在问题中尽量明确什么人、什么时间、什么地点、做什么、为什么做、如何做六要素。在设计问题或检查问题时，可以参照这六要素进行。

(2)避免使用含糊的形容词、副词，特别是在描述时间、数量、频率、价格等情况的时候，像"有时"、"经常"、"偶尔"、"很少"、"很多"、"相当多"、"几乎"这样的词，对于不同的人有不同的理解，因此这些词应用定量描述代替，以做到统一标准。

(3)避免问题中含有隐藏的选择和选择结果，使隐藏的选择及其结果明晰化。无论是是非式问题还是选择式问题，都是在几个备选选项中作出选择，因此必须使被调查者清楚所有的备选选项及其结果，否则不能全面地搜集信息。

2.问题形式妥当

问题的形式多种多样，大体可分为开放式、是非式、选择式、排序式、评分式、联想式，等等。问题形式的选择具有相当的艺术性，合理的形式选择与处理应使被调查者愿意，并且以最小的努力就能提供客观真实的答案。不恰当的形式选择会导致被调查者不愿意或不能够提供问题所要求的信息。

问题形式的选择应注意以下几点：

(1)避免问题中包含过多的计算

(2)避免提窘迫性问题

(3)避免出现诱导性倾向

(4)避免单纯依靠被调查者的记忆回答问题

3.问题顺序正确

问题顺序的安排有一定的规律可循，正确的排序应该合乎问题之间的逻辑，前后连贯，先易后难，避免因顺序的安排不当而导致访问被调查者中止。在进行问题顺序安排时可参考以下几点：

(1)基本信息位于最前

(2)分类信息居中

(3)鉴别性信息放在最后

(4)先易后难

(5)总括性问题先于特定性问题

4.问题取舍合理

问题的数量必须合理,应该既能保证搜集到全面的资料,又尽量保持问卷的简短,同时也尽力使问卷整体连贯、和谐、生动,能调动被调查者的积极性。问题的取舍应注意以下几点:

(1)按调查主题组织问题。首先要明确调查的主题是什么,避免为节省费用而附带调查主题之外的问题。

(2)当问卷的调查主题较为敏感时,可以设置一些轻松的开放式问题,请被调查者畅述自己的看法,有利于调动被调查者的积极性。在各类信息的连接处,可以设置一些过渡性问题,使被调查者的思维顺畅。

(3)为节省调查时间,保证被调查者符合调查对象的标准,可以在问卷开头设置一个"过滤性"问题,检查被调查者的合格性。

5.问题排版装订雅观

问卷的排版装订也是问卷设计的重要内容。排版应做到简洁明快、便于阅读,装订应整齐、雅观,便于携带、便于保存。问卷的排版装订可参考以下几点:

(1)避免为节省用纸而挤压卷面空间,如多项选择题的选项应采用竖排形式。竖排虽占用一定的空间,但能使卷面简洁明快、一目了然,便于阅读和理解。

(2)同一个问题,应排版在同一页,避免翻页对照的麻烦和漏题。

(3)问卷的问题按信息的性质可分为几个部分,每个部分中间以标题相隔,这样可以使整个问卷更为清楚,也便于下一阶段的数据整理与统计。

(4)调查问卷用纸尽量精良。超过一定的页数,应把它们装订成小册,配上封皮,而不应用订书钉订在一起,这样既可利用纸的双面进行排版,节省用纸,还便于携带和保存;更可以使问卷显得庄重、专业,使被调查者以更认真的态度对待调查。

经典范文

范例 1 房地产市场消费者调查问卷

房地产市场消费者调查问卷

单项选择题：

1.您计划在几年内购房：3 年□、5 年□、5 年以后□。

2.您为什么不购买所居住的公有住房?等待降价□、产权单位不卖□、价格太高□。

3.您计划购买的户型是：豪华跃层□、三室二厅□、三室一厅□、二室二厅□、二室一厅□、一室一厅□。

4.您计划购房的面积(平方米)是：40~59□、60~79□、80~99□、100~119□、120 以上□。

5.您计划用多少钱购房：6 万元以下□、6 万~8 万元□、8 万~10 万元□、10万~15 元万□、15 万~20 万元□、20 万元以上□。

6.您计划购买处于哪个楼层的住宅：一楼□、二楼□、三楼□、四楼□、五楼□、六楼□、七楼□、高层住宅□。

7.您计划在哪个区购房：××□、××□、××□、××□、××□。

8.您的理想居所是：城市中心繁华区零散住宅楼□、市区内独立物业管理小区□、城市周边风景区□。

9.您认为购哪种房子合算：房改房□、私有房屋□、公有住房使用权□、商品房□、经济适用房□。

10.您拟购房资金来源：工资收入□、经营收入□、抵押贷款□。

11.您是否知道商品房销售必须具有销(预)售许可证,否则无法办理产权证：知道□、不知道□。

12.您是否想通过中介机构购(租)住房：是□、不是□。

13.您计划几年内卖掉现有住房?2 年内□、5 年内□、5 年以后□。

14.您对小区智能化的态度是:非常必要□、有无均可□。

15.您认为哪种供热方式好:分户□、不分户□。

16.您是否知道《商品房销售管理法》已于××年××月××日施行:知道□、不知道□。

17.您是否知道商品房建筑面积由套内建筑面积和分摊的共有建筑面积组成:知道□、不知道□。

18.您是否知道职工经批准使用住房补贴和工龄补贴加自己负担的资金购买的住房全部产权归购房人所有:知道□、不知道□。

19.您是否知道《商品房销售管理法》中房地产开发管理部门是指政府的建设行政主管部门和房地产行政主管部门:知道□、不知道□。

20.您是否知道房地产开发企业应当对商品房承担质量保修责任:知道□、不知道□。

21.您是否知道商品房产权登记面积是指房地产行政主管部门确认登记的房屋面积:知道□、不知道□。

22.您是否知道商品房按套内建筑面积或者建筑面积计价的,合同没作特别约定,产权登记面积小于合同约定面积时,绝对值超出××%部分的房价款由开发企业双倍偿还买房人:知道□、不知道□。

多项选择题:

23.您了解经济适用房的哪些特点:政府限价□、划拨土地□、限制开发商利润□、售给中低收入者□。

24.您在购房中,从哪里了解到所需要的信息:报纸□、电视□、广播□、房地产市场□、中介机构□、广告牌□、互联网□、房交会□、到现场□、朋友推荐□、其他□。

25.您是否知道:公房使用权可以转让□、房改房可以上市交易□、经济适用房(安居、解困房)可以上市交易□、目前我市房地产交易税费已降至历史最低点□。

26.您最想购买的房屋是:花园别墅□、小区住宅□、一般成套住宅□、非标准私房□。

27.您是否知道购买房屋不办理交易过户手续会产生以下后果:违反有关法规,所有权得不到法律保护容易产生产权纠纷□、拆迁时得不到赔偿□、不能用于抵押等经济活动□。

28.您认为对购房者来说,以下哪些因素重要:住房质量□、住房面积□、设施齐全□、物业管理□、小区环境□、繁华地段□、权证手续□、24小时供水□、交通□、开发商可信度□、高层住宅电梯□、投资潜力□、多种付款方式□。

29.您理想的智能化小区应是:三表远程抄送□、网上医疗□、安防系统□、楼宇对讲系统□、门禁一卡通□、电视节目视频点播□。

开放题

可在下面的横线处填写您要填写的内容:

30.请您依次列出您认为信誉好的3家开发商名称。

_____

31.您认为房交会在哪些方面需要改进?

_____

范例② 美容化妆品消费者调查问卷

美容化妆品消费者调查问卷

问卷填写要求:

请按照调查问卷的提问顺序和填写提示逐一填答,以免漏答。第17题请直接在横线上填写数字,其余题目均为单选题,请在题号后的括号内填上所选数字。

一、您对当前美容院开展的美容服务的总体评价是:( )

1.很满意　　2.满意　　3.一般　　4.不满意　　5.很不满意

二、您对当前美容服务最不满意的地方是:( )

1.业务水平　　2.服务态度　　3.卫生状况　　4.价格　　5.诱购广告

6.产品质量　　7.损害赔偿　　8.其他

三、您对当前化妆品使用效果的总体评价是:(　　)

1.很满意　　2.满意　　3.一般　　4.不满意　　5.很不满意

四、您认为当前化妆品市场存在的最主要问题是:(　　)

1.很满意　　2.满意　　3.一般　　4.不满意　　5.很不满意

五、您是如何看待名人代言的美容化妆品广告的?(　　)

1.可信　　2.多数可信　　3.半信半疑　　4.多数不可信　　5.不可信

六、您认为文眉、文唇、纹眼线、穿耳孔等应属于生活美容还是医疗美容?(　　)

1.生活美容　　2.医疗美容　　3.不太了解

七、您选购化妆品时,首先想要知道的信息是:(　　)

1.产品功效　　2.是否安全　　3.价格　　4.进口还是国产　　5.其他

八、您选购化妆品时,是否注意产品外包装上标示的生产批号、生产日期、保质期或限制使用日期?(　　)

1.非常注意　　2.有时注意　　3.不注意

九、您是否知道"染发、烫发、脱毛、美乳、健美、除臭、祛斑、防晒"等特殊用途化妆品的外包装上须标示"特妆准字文号"?(　　)

1.知道　　2.不知道

十、您是否清楚如何从外包装上辨别真假"原装进口化妆品"?(　　)

1.清楚　　2.不太清楚　　3.不清楚

十一、您有过因使用美容化妆品导致皮肤受到伤害的经历吗?(　　)

1.有　　2.没有　　3.没有注意/不能确定

十二、您在使用化妆品导致皮肤受到伤害后,是否能够得到厂家或美容服务机构的满意处理?(　　)

1.能够　　2.不能够　　3.没有要求处理

十三、您认为整顿和规范美容化妆品市场的首要问题是:(　　)

1.严格从业资质认可　　2.加强卫生环境要求和监督　　3.强化消费教育

4.揭露虚假违法广告　　5.打击假冒伪劣产品　　6.树立优秀典型　　7.其他

十四、您的性别:(　　)

1.男　　2.女

十五、您的年龄：( )

1.17 岁及以下   2.18~35 岁   3.36~55 岁   4.56 岁及以上

十六、您的文化程度是：( )

1.大学专科以上   2.高中、中技、中专   3.初中及以下

十七、您平均每月用于美容化妆品的花费为××元。

您愿意成为消费者协会的义务监督员吗？如果愿意，请在下面空白处留下您的有效联系方式。

个人资料：_____

姓名：_____

住址：_____

职业：_____

联系电话：_____

身份证号码：_____

邮寄方式：_____

范例 3   中国责任消费调查问卷

20××年中国责任消费调查问卷

我们买什么？用什么？我们保留什么？扔弃什么？我们节约什么？浪费什么？围绕着我们的每一样事物分分秒秒都在做一个信息的传递者——我们究竟过着并想要过上什么样的生活？

越来越多的消费者意识到自己的购买行为是一种"力量"，责任消费可以正面影响社会，每个人手中的钱币其实都是自己对生活的一张"投票"。深谙其中奥妙的企业开始遵循这些消费者的意愿，它们开创"×××"理念，提供更多的服务来唤起和满足这些消费者。

本调查由×××、×××组织进行，旨在对中国的责任消费做一初步调查。我们承诺所获得的数据将完全用于研究及为国家制定责任消费政策提出意见而不会用于其他目的，我们不会将单份信息提供给任何单位。我们期待得到您的支

持。谢谢!请相信,您的参与可以改变未来!

一、个人信息

性别:□男　□女

年龄:□16 岁以下　□16~18 岁　□19~25 岁　□26~35 岁　□36~45 岁
□46~55 岁　□55 岁以上

教育程度:□小学　□初中　□高中　□本科　□硕士　□博士及以上

受教育地区:□中国　□亚洲其他国家　□欧洲　□美洲　□澳洲　□非洲

工作语言:□中文　□英文　□日文　□法语　□其他外语(可多选)

工作单位类别:□国有企业　□民营企业　□外资企业

如为外资企业,请选择资本方对应的国家或地区:

□中国香港　□中国台湾　□日本　□韩国　□新加坡　□欧洲国家　□美
国　□加拿大　□其他

二、关于责任消费

1.您是否知道"责任消费"?

□很清楚(如,我的工作或学习与此相关)　□比较清楚

□不清楚,但听过这个短语　□完全不知道,没有听过这个短语

2.您了解"责任消费"的途径是:

□填写本次调查问卷　□参与其他问卷或活动

□工作需要(包括会议、讲座等)　□个人兴趣　□其他

3.您印象中的"责任消费"是或更接近于:

(请按照您拿到本问卷时的想法填写,本问卷尾部有"责任消费"的概念和
相关介绍)

□某种名为"责任"或与"责任"相关的特殊产品,购买这种产品的消费叫
"责任消费"

□消费发生纠纷时,帮助企业追究消费者的责任

□消费发生纠纷时,帮助消费者追究企业的责任

□购买产品时,自觉地承担保护环境、节约社会资源、维护人权、保护知识
产权等责任

4.您认为以下哪些行为属于责任消费(可多选):

□不乱扔果皮纸屑 □购买正版碟片及书籍 □使用无铅汽油

□购买皮草类制品 □购买价格低廉的产品 □不购买童工生产的产品

□公交车上给老幼病残孕让座 □购买有机食品 □给红十字会捐钱

□向生产商投诉服务不佳等问题

5.您认为您的消费行为与企业履行其社会责任的关系是:

□没有关系,消费是个人行为,企业履行社会责任根本不会被企业重视

□关系不大,不足以影响企业的行为

□关系很大,虽然个人消费不多,但我们的责任消费行为会促使企业履行
其社会责任

□关系很大,虽然个人消费不多,但我们的责任消费行为会抑制企业履行
其社会责任

6.您认为责任消费是否意味着高价消费?

□是 □否 □不确定

7.假如您要买一台电视机,在品质大致相同的前提下,下列这些情况会如
何影响您的购买?

a.商家不给工人上保险,但是其产品价格比其他公司同类产品低 5%~10%:

□购买 □不购买

b.商家投入资金解决副产品污染问题,但是产品价格比其他公司同类产
品高 20%~30%:

□购买 □不购买

如果高 10%~20%:

□购买 □不购买

c.商家不给工人提供舒适的工作环境,比如,每天连续站立超过 8 个小时、
限制如厕时间、工作餐仅提供面包和水、工作场所持续高温 40 度以上,等等。

□购买 □不购买

8.您认为"责任消费"是:

□一种很好的消费趋势,会有很强的生命力 □有钱人才可以做到的事情

□一个短期潮流,会"火"一阵子 □人人都可以做到的事情 □非主流趋势,不温不火,但会持续下去

9.您是否希望了解更多"责任消费"的相关信息?

□是 □否 □无所谓

10.您希望通过什么途径了解更多"责任消费"的相关信息?

□电视电影 □报纸 □杂志 □网络 □会议 □其他

11.联系方式

再次感谢您抽空填写这个调查问卷!

通讯地址:(略) 邮编:(略) 联系人:(略) 电话:(略)

×××介绍

×××是中国第一家"责任消费"领域的机构,由中国企业社会责任推进人士于20××年××月××日在××创立,专业从事"责任消费"推广工作,集理论研究、平台建设、公关咨询和产品推广为一体,全方位策动"责任消费"在中国的发展。

×××提出,责任消费是一种消费心理、消费态度,也是一种新型的消费形式。责任消费是人类社会美好生活的实现方式。

(以下略)

第三节 市场调查报告

❀撰写要领❀

一、市场调查报告概述

市场调查报告是根据市场调查研究活动及调查成果写出的有情况、有分析的书面报告。市场调查报告有利于企业提高决策的科学性,生产适销对路的产品,制定有效的广告策略,提高竞争能力。当对有关市场营销的资料系统进行收集、记录和分析,认识现实与潜在市场并得出结论时,应查看此技能。

二、市场调查报告的写作格式

1.导言

(1)扉页。扉页包括3项内容:一是调查报告的标题(报告的题目);二是调查人员的姓名或报告撰写人员的姓名及所属单位;三是完成和呈交报告的日期。

标题可分3种:

①公文式

②文章式

③复合式标题

(2)目录。如果调查报告的内容、页数较多,为了方便读者阅读,应当给调查报告设计目录。所谓目录也就是报告中各章节内容的索引和附录的顺序提要及其页码,目录的篇幅不宜超过1页。

(3)概要。概要是对调查报告基本情况的概括,常按照市场调查工作的顺序撰写,概要是对调查原始资料的收集、评价、得出结论及提出建议的全过程的归纳,主要可以从以下几个方面撰写:

①调查目的

②调查对象和调查内容

③调查研究的方法

(4)导语(引言)。这部分通常包括进行本次调查工作的原因、调查范围、对调查问题的拟定、要达到的目标、收集资料的基本方法、调查所依据的一些假设、对有关方面的致谢、相关历史背景的简要描述。导语的目的是引起读者兴趣、引导读者深入阅读。

2.正文

正文一般分前言、主体、结尾3部分。

(1)前言。有以下3种写法:

①写明调查的起因或目的、时间和地点、对象或范围、经过与方法,以及人员组成等调查本身的情况,从中引出中心问题或基本结论。

②写明调查对象的历史背景、大致发展经过、现实状况、主要成绩、突出问题等基本情况,进而提出中心问题或主要观点。

③开门见山,直接概括出调查的结果,如肯定做法、指出问题、提示影响、说明中心内容等。前言起到画龙点睛的作用,要精练概括、直切主题。

(2)主体。这是调查报告最主要的部分,这部分详述调查研究的基本情况、做法、经验,以及分析调查研究所得材料中得出的各种具体认识、观点和基本结论。

3.结尾

一般是由调查报告的作者署名和写作日期构成。用于写给有关单位、部门作决策参照的调查报告通常在尾部落款;用于向社会公开发表的调查报告一般在标题之下、正文之前,正中位置署名。

三、市场调查报告的写作要点

1.做好充分的准备工作。市场调查开始前,应该对有关现状和资料进行初步的分析,找出问题,明确调查课题的关键和范围,以选择最主要也是最需要的调查目标。一定要制订出细致的市场调查方案或调查提纲,其主要内容包括:确定市场调查的目的、内容、范围、对象、调查的方法、时间步骤、队伍、经费及问卷的设计等,并对调查方案的可行性进行分析,使准备工作科学、周密、可行。

2.针对性强,突出重点。要根据调查的课题对以下内容进行选择或侧重。

(1)市场供求情况

(2)产品情况

(3)消费者情况

(4)本企业经营销售情况

(5)市场竞争情况

(6)政策与法规情况

3.深入分析,写好结论。市场调查报告不能停留在商情事实的陈述上,一定要用经济理论对调查资料进行深入的分析研究,要分析本质、分析联系、分析规律,要从事实中得出理论性的结论,结论要准确而有分量。

------ ❧ 经典范文 ❧ ------

范例① 洗衣机市场调查报告

"竞争在今天,希望在明天"全国洗衣机问卷调查分析报告
(节选)

我国洗衣机生产××多年前起步后,很快便进入飞速发展阶段。随着人民生活水平的提高,消费者的需求不断增长,洗衣机生产能力也急剧扩大。到××年代末,全国各地的洗衣机生产厂达××余家,年生产能力达××万台以上。我国居民家庭洗衣机拥有量也成倍增长,城镇居民每百户洗衣机拥有量从20××年的××台增加到20××年的××台。近几年,随着洗衣机家庭拥有量的增加、生产规模的扩大,洗衣机市场出现波动,产品出现积压,全国洗衣机年生产量从20××年的××万台跌到20××年的××万台,大批洗衣机厂家出现亏损,我国洗衣机行业面临严峻挑战。洗衣机市场前景如何?市场上对洗衣机的需求量到底有多大?消费者需要什么式样的洗衣机?用户对厂家的售后服务评价怎样?下面是今年我们对全国洗衣机问卷调查的情况分析。

一、全国洗衣机市场现状

1.市场态势

我国洗衣机市场起伏较大,从××年代末开始起步不久,就进入急剧发展阶段。从20××年到20××年连续高速增长,到20××年,市场销售量达到顶峰,但20××年以后,洗衣机销售开始急剧下滑,到20××年已跌到20××年左右的水平。从今年情况看,下降趋势有所减缓。

2.洗衣机拥有率

我国城乡洗衣机拥有率差别较大,城市地区家庭洗衣机拥有率在××%左

右,农村地区拥有率较低。洗衣机已成为我国城市居民家庭的一般消费品,在农村则有许多家庭没有洗衣机。科研人员、机关干部、企管人员、文教人员家庭洗衣机拥有率最高,均在××%以上;工人、军人家庭次之;农民家庭洗衣机拥有率最低。

3.现有洗衣机品种、规格情况

(1)品种……(2)容量……(3)现有洗衣机使用时间……

4.部分牌号洗衣机现有市场占有率

二、用户对洗衣机的意见

1.用户对洗衣机的总体评价。用户对所用洗衣机表示满意的(包括很满意、比较满意)占××%,不满意(包括不满意、很不满意)的占××%,感觉一般的占××%,即现有洗衣机在××/××左右用户中的满意程度有待提高。农村用户中不满意(包括不满意、很不满意)的占××%,比大中城市用户多××%左右。

2.用户对洗衣机不满意的方面。

3.使用中出现的问题。漏水、占有故障洗衣机的××%;箱体锈蚀、占有故障洗衣机的××%;不启动、占有故障洗衣机的××%。其中,箱体锈蚀问题在小城镇表现得较突出。

三、用户对售后服务的意见

1.维修次数。社会现有洗衣机中没有维修过的不到一半;维修过××次的占×/×左右;维修过××次的占××%。在维修过的洗衣机中,修过××次以上的约占××。也有极少数维修次数达××次以上。说明我国有些洗衣机本身质量及维修质量存在一定问题。

2.维修时距……

3.维修不方便的原因。(1)维修不便问题。(2)维修不便原因……

4.“三包”情况。对于“三包”(一定时间内包修、包换、包退)规定的执行情况,有16%左右的用户反映存在违反“三包”规定现象,其中农村用户比城市用户多××%左右,这表明“三包”规定没有得到完全执行。

四、洗衣机市场预测

这次调查偏重于消费者对洗衣机的购买倾向,实际购买行为除心理倾向外,还会受其他许多因素(如经济能力、市场导向等)的影响,但购买倾向是导致实际购买行为的关键因素,因此,对消费者需求倾向的分析有助于了解市场需求。

1.购买意向。在填写问卷的读者中,有××%表示在近几年内打算购买洗衣机,其中农村有××%的读者表示打算购买;在没有洗衣机的消费者中,有××%的打算购买;在已经拥有洗衣机的消费者中,××%的人准备更新,这表明我国洗衣机市场的潜力很大。

2.洗衣机品种需求。(1)品种……(2)全自动类型。套缸式洗衣机需求量占××%,滚筒式需求量占××%。在各种洗涤方式的全自动洗衣机中,喜欢微电脑自动的用户较喜欢机械程控自动的用户要多,而且城市地区用户又比农村地区用户更喜欢微电脑控制的洗衣机。滚筒式自动洗衣机在全国各地都有一定的需求量,其中需求量在××%以上的地区有天津、河北、山东、广东、宁夏、新疆,需求量在××%以下的地区有黑龙江、上海、江苏、湖南,因为这些地区波轮式洗衣机用户占大多数。(3)容量需求……(4)颜色……(5)烘干机需求……

3.品牌选择。在我国目前洗衣机市场上,已有几个品牌确立了自己的主导地位,它们是××、××、××、××。这几家产品合计占市场需求的××%,另外,××、××、××、××、××、××、××、××等品牌洗衣机也拥有一定的市场。除此之外,其他品牌的洗衣机在市场上的需求量比较少。值得一提的是,有些目前市场情况还可以的洗衣机,在本次调查表中表示愿意选择的用户比较少,这可能与调查问卷中出现的洗衣机品牌导向问题有关。

消费者购买依据

下列表格所列，是消费者选择洗衣机时考虑的因素。

重视因素	总体	大城市	中小城市	小城镇	农村
价格	xx	xx	xx	xx	xx
质量	xx	xx	xx	xx	xx
牌子	xx	xx	xx	xx	xx
功能	xx	xx	xx	xx	xx
容量	xx	xx	xx	xx	xx
售后服务	xx	xx	xx	xx	xx
广告	xx	xx	xx	xx	xx
他人介绍	xx	xx	xx	xx	xx
外观	xx	xx	xx	xx	xx
其他	xx	xx	xx	xx	xx

从表中可以看出，现在消费者选购洗衣机最重视的因素仍是质量。直接根据广告宣传来选购的消费者也较少，这说明当前生产厂家广告宣传应以突出自己的质量品质为重点，在消费者中树立起自己的优质形象，以便赢得越来越多的消费者。

以上是根据这次问卷调查所得到的信息对我国洗衣机市场所作的分析，由于这次调查是通过发表在《xx日报》上的调查问卷进行的，在有些问题上难免会受到《xx日报》发行范围和读者群的局限。市场调查只能反映一定时期市场的状况，随着生产、消费等多种因素的变化，洗衣机市场也会不断发生变化。

范例② 家用空调市场调查报告

20xx年xxx家用空调市场调查报告

市场概述：

xx作为中国经济大省，其人口流动量以及城市建设等皆占据全国首位，同时xx包括的城市范围也非常辽阔，其中，xx、xx、xx、xx、xx、xx、xx、xx这八大城市占据××市场空调容量的××%左右。其次,××、××、××、××、××、××等城市占据市场容量的××%左右。

20××年度是××地区××年来最热的一年,进入6月,高温天气夹杂着不时的暴雨迎面袭来,空调成为××人民度夏的救命稻草。受天气影响,××空调市场出现井喷式增长,总容量达××亿元左右。从市场中可以看出,××、××、××、××、××、××等品牌因工厂设在广东,占有"天时、地利、人和"的优势,特别是××、××两大品牌占据市场容量的××%左右,××占市场容量的××%左右,××占市场容量的××%左右,××占市场容量的××%左右,××占市场容量的××%左右。

"战争"永远都是残酷的,据20××年统计,在××市场仅存的品牌越来越少,目前在××市场畅销的国产品牌有××、××、××、××、××、××、××等,××、××在××有着一定的影响力,××地区××%的消费者对××、××两大品牌非常认可。××由于其进入××市场较早,其渠道建设相对完善,加上其品牌效益带来的效果。而且,近年来××主要走中高端产品路线,占据了一定的市场份额。××、××在××市场也占据了一定的份额,销量均有所上升。××由于今年营销模式的转变,带动其销量上有一定的增长。在外资品牌方面,××、××电机、××重工在××市场占有一定的市场容量。

品牌分述:

××:

××市场空调容量较大,本土空调企业比较多,再加上外来品牌纷纷加入进来,竞争压力可想而知。而××在××市场近年来一直保持良好的增长趋势,今年更是在全国各地市场全面飘红。对于家门口这个战场,××打得更是有声有色。20××年,××销售额达××亿元左右,其中,××销售额达××亿元左右,××为××亿元左右,××为××亿元左右,××、××地区为××亿元左右。

××在××设有××销售公司,主要负责××及××等三四级市场的开发和代理。其在一二级市场的主要代理商有××地区的××电器,代理××以及周边地区;×××集团代理××地区;××负责××地区;××供销社代理区域包括××、××、××;××电器代理××地区;××负责××地区;××代理××、××地区;××机电负责××地区。其主要直营商有××、××、××、××、××、××电器、××、××、××专卖店等。

××:

"××模式"，即"销售公司+专卖店"。随着"××模式"在国内市场取得巨大成功，该模式受到国内空调行业竞相仿效。因为尝到了甜头，××在每个年度都会使出两招：一是继续捆绑当地有实力的代理商，让其入股自己的销售公司；二是开店，不停地开××专卖店。20××年，在××市场，××空调又增开了××家左右的××专卖店，至20××年年底，××在××地区的专卖店将突破××家。而这些专卖店也不负所望，和渠道商一起用实际的业绩让××继续高居于××省空调销售排行榜首位。20××年，××在××总销售额为××亿元左右。

××在××的主要直营商包括××、××、××、××、×××集团、×××电器有限公司、××电器、××家电、××冷气、××供销、××电器、××电器、××电器、××电器（同时负责××政府的采购）、××贸易（同时负责××周边地区代理）、××专卖店等。

××：

凭借过硬的产品质量、真诚到永远的服务宗旨和创新意识，××在××市场以一个外来者的身份，在20××年度依然拿到了××亿元左右的销售业绩，其中××的销售额为××亿元左右，××的销售额为××亿元左右。××在××市场主要由××、×××工贸公司以及××贸易公司进行运作，其主要直营商为××、××、××、××、××电器、××、××百货、×××集团、××公司、××、××商城、××、××（同时负责××地区的代理）、××电器、××等。

××：（略）

××：（略）

××：（略）

××：（略）

××：（略）

××：（略）

××：（略）

渠道分述：

20××年，××市场虽然出现集体井喷式增长，但是"商场如战场"，在这场没有硝烟的战争中，大部分品牌以及代理商、经销商并没有笑到最后。所谓"几家欢喜几家忧"，××其实也并非传说中的"遍地黄金"。

今年,许多代理经销商的营业额与去年相比都有所下降,只有个别几家实力雄厚的还保持持续增长。各代理商的情况如下:×××集团既是代理商又是经销商,去年其代理的品牌较多,今年公司代理了××和××。××供销社主要代理××、××、××3个品牌,销售额达××亿元左右。××是××地区最大的代理商,主要代理××、××、××、××等品牌,销售额达××亿元左右。××电器主要代理××、××、××3个品牌,××电器主要代理××、××、××、××电器总共销售额达××亿元左右。××主要代理××重工、××两个品牌,销售额达××亿元左右。××贸易主要代理××、××、××等品牌,销售额达××亿元左右。××机电主要代理××、××、××、××、××电机、××等品牌,销售额达××亿元左右。××主要代理××、××电机两个品牌,销售额达××亿元左右。

××、××、××三大巨头占据××销售额的××%左右。20××年,××在××有近百家门店,其中××有××家左右,××有××家左右,××有××家左右。××销售额达××亿元左右,在××有××多家门店,其中××有××家左右,××有××家左右,××有××家左右。××在××有××家门店,其中××有××家门店,今年××在××新增××家门店,分别是××、××、××、××店。××、××、××主要经销的品牌有××、××、××、××电机、××、××、××等。另外,××电器是××家电连锁巨头,在××拥有××家门店,销售额达××亿元左右,主要经销的品牌有××、××、××、××电机、××、××、××、××重工等。××是××最大的家电连锁,共××家店,主要经销的品牌有××、××、××电机、××等,销售额达××亿元左右。××销售额达××亿元左右,主要经销的品牌有××、××、××电机、××、××、××等。××、××冷气、××、××等销售额都达××亿元以上。

范例 3　施工人员伤残保险市场调查报告

××经济技术开发区20××年新开工项目
施工人员伤残保险市场调查报告

根据开发区×××保险分公司开展新业务的指示,为了更全面地了解和掌握开发区20××年新开工项目工地施工人员伤残保险的市场前景和开发潜力,市场调查部近日就施工人员的参保心理、参保年龄范围、平均收入和工地组织参

保情况等问题对××公路工程施工人员进行了调查,现将调查情况报告如下:

××公路工程是20××年××市经济技术开发区最大的新施工项目,施工人员达××人之多。对他们进行调查使我们能够掌握开发区"伤残保险"市场的基本情况。

1.施工人员参保心理不一

调查中发现,施工人员对参加伤残保险的看法不一致,大致有下面几种情况:认为很有必要参保的占××%,认为可买可不买的占××%,认为没有必要参保的占××%,认为自己经济有负担的占××%。

2.施工人员参保年龄范围

××公路施工人员的年龄范围一般在××~××岁之间。就参加伤残保险的人群中,年龄在××~××岁之间的占××%;在××~××岁之间的人占××%(是3类参保人员中占比重最大的);在××~××岁之间的占××%。这种分布情况的产生与他们的参保心理和年平均收入有很大关系。

3.施工人员的平均收入

施工人员中分普通工人和技术工人两种。每年有效工作时间按××个月计算,普通工人每天工资在××元左右,其年平均收入为××元左右;技术工人每天工资在××元左右,其年收入约为××多元。调查显示,参保施工人员技工居多。

4.工地管理者组织参保情况

在调查××公路施工管理人员时发现,管理者并不太注重集体参保这种方式,理由大致有4个。

(1)参保属于自愿,公司就责任方面考虑,一般不愿组织集体参保。

(2)施工人员流动性较大,不易于组织参保。

(3)就办理参保手续方面,管理者认为会在一定程度上影响工作效率。

(4)管理者认为买保险属于施工人员与保险公司之间的交易,中间并无利益可言。

通过以上调查,市场调查部经研究讨论,特提出以下建议:

(1)加大施工人员伤残保险产品的宣传力度,让施工人员了解伤残保险的意义,让伤残保险走进施工人员。

（2）根据施工人员的年龄范围，有针对性地进行宣传销售保险产品。就以上调查情况而言，应锁定xx~xx岁、xx~xx岁之间的施工人群。

（3）充分考虑施工人员的经济收入情况，因为他们的经济水平是他们能够参保的重要硬件，重点应放在技术工人人群。

（4）认真做好施工工地管理者的宣传鼓动工作，适当给予参保的管理人员一些优惠。

通过以上调查，我们认为开发区在建项目施工人员伤残保险市场的开发潜力巨大，建议公司在这方面做重点的市场开发。

xx经济技术开发区xxx保险分公司

20xx年xx月xx日

第四节　市场预测报告

撰写要领

一、市场预测报告概述

市场预测报告就是依据已掌握的有关市场的信息和资料，通过科学的方法分析进行研究，从而预测未来发展趋势的一种预见性报告。它是在市场调查的基础上综合调查的材料，用科学的方法估计和预测未来市场的趋势，从而为有关部门和企业提供信息，以改善经营管理，促使产销对路、提高经济效益。市场预测报告实际上是调查报告的一种特殊形式，它也是应用写作研究的文体之一。

二、市场预测报告的特点

一份科学的市场预测报告应当具备以下特点：

1.准确的预见性

市场预测报告的最大特点是对事物未来发展方向和特点的事前预测，这就要求市场预测建立在充分的调查研究基础上,运用有关的经济学理论和方法正确地分析研究有关的数据资料,作出准确预测。

2.客观科学性

市场预测通过对经济现象的历史和现状的分析,掌握客观经济现象发展与内在联系,揭示发展规律,并推测未来的发展趋势。市场预测不只凭借实践经验来进行,更要依据科学的方法对客观现象加以分析研究,因此必须在占有详尽的信息资料的基础上经过严密的推理和科学的运算,得出准确结论,保证预测结果的科学性和精确度,切记主观盲目。

3.信息时效性

市场预测报告的目的是为企业提供产品或业务市场的发展方向,因此必须及时对一切相关信息作出分析和预测,并且及时将预测结果传递给有关部门,使企业及时准确地把握市场的现状和未来的发展趋势,在竞争中掌握主动。

三、市场预测报告的写作格式

市场预测报告的写作技巧基本同于市场调查报告,由标题、前言、正文和结尾组成。

1.标题

市场预测报告的标题一般由预测、预测展望、组成标题构成,标题要简明、醒目。

2.前言

这一部分要求以简短扼要的文字说明预测的主旨或概括介绍全文的主要内容,也可以将预测的结果先提到这个部分来写,以引起读者的注意。

3.正文

市场预测报告的正文是市场预测报告的主体部分,一般包括现状、预测、建议3个部分:现状部分,预测的特点就是根据过去和现在预测未来,所以,写市场预测报告首先要从收集到的材料中选择有代表性的资料、数据来说明经济活动的历史和现状,为进行预测提供依据;预测部分,利用资料数据进行科学的定性分析和定量分析,从而预测经济活动的趋势和规律,是市场预测报告的重点所在。这个部分应该在调查研究或科学实验取得资料数据的基础上对材料进行认真分析研究,再经过判断推理,从中找出发展变化的规律;建议部分,为适应经济活动未来的发展变化,为领导决策提供有价值的、值得参考的建议,是写市场预测报告的目的,因此,这个部分必须根据预测分析的结果提出切合实际的具体建议。

4.结尾

结尾是归纳预测结论、提出展望、鼓舞人心,也可以照应前言或重申观点,以加深认识。

四、市场预测报告的注意要点

市场预测报告是专业性很强的实用文书,它要求作者有丰富的专业知识和实践经验、认真细致的调查研究态度、较高的写作能力。为了使市场预测在企业经营中发挥更好的作用,需强调以下 3 点注意事项。

1.及时

市场预测报告是为企业决策服务的,它应在决策之前完成。如果错过了时机,就失去了价值或造成不可弥补的损失。

2.准确

市场在不断变化,预测要完全准确是不可能的,但相对准确是可以做到的。要做到相对准确就必须认真对待每一个预测程序。

3.经常

影响市场的因素在不断变化,原来是准确的预测也可能由于影响因素的变化而变得不符合实际,所以市场预测要根据新的情况、新的信息来更新预测,要经常进行更正。经常预测也是使预测准确的必要办法。

━━━◈◈◈ 经典范文 ◈◈◈━━━

范例 ① 经济预测报告

××市前三季度经济形势分析与全年走势预测

今年以来，我们××市按照科学发展观的要求，主动适应宏观调控的新形势，努力克服各种不利因素的影响，坚持重抓"第一方略"不动摇，国民经济在总体上保持了比较稳健的发展态势。从今年各季度生产总值增长情况看，全市经济运行没有出现大的起伏，按可比价计算，第一季度经济增长速度为××%，上半年为××%，前三季度初步测算全市生产总值预计可达××亿元，同比增长××%，增幅比去年同期上升××个百分点。从三大产业发展情况看，基本呈协调发展态势，1~3季度，全市第一产业增加值为××亿元，增长××%；第二产业增加值为××亿元，增长××%；第三产业增加值为××亿元，增长××%。从完成年度计划情况看，前三季度基本上达到了进度的要求，1~3季度，全市生产总值已经完成了全年目标的××%，其中第一产业完成××%，第二产业完成××%，第三产业完成××%。

一、前三季度经济运行的基本情况

1.农业生产喜获丰收，产值增幅再创新高。

2.工业生产高位运行，民营经济增长较快。

3.第三产业快速增长，拉动作用明显增强。

4.重点工程建设进展顺利，固定资产投资增速回落。

5.对外贸易继续增长，利用外资难中求进。

6.消费价格涨幅趋缓，居民收入增长较快。

二、经济运行中的突出问题

从去年以来，全国经济出现了局部过热现象，为此国家适时进行了宏观调控，采用土地、货币两大手段给全国经济降温。从国家层面上看，这些宏观调控措施是及时、正确和有效的。但从我们这个欠发达地区的具体情况看，土地暂

停审批、资金全面收缩、项目审批权限上收,客观上必然对我市加快经济发展带来一些负面影响,而且有些问题还相对突出:

1.土地瓶颈效应十分明显,经济后劲缺乏项目支撑。

2.信贷投放明显放慢,企业资金缺口很大。

3.电煤运要素制约明显,能耗大户不堪重负。

4.财政收入稳定增长,增幅呈现回落趋势。

5.横向对比差距较大,"两个率先"面临挑战。

三、全年经济走势预测

从全年经济增长的条件和环境看,尽管面临的困难不少,运行中还存在一些不确定因素,但只要全面落实科学发展观,坚持"两个率先"目标不动摇,××经济仍可望继续保持较快增长的态势。

从国际国内宏观环境看,经济将继续保持稳步增长态势……

四、几点建议

1.全面认识宏观调控的内涵……

2.正确对待当前发展中的困难……

3.进一步加大项目推进的力度……

4.发挥消费对经济的拉动作用……

20××年××月××日

范例 2 市场消费需求预测报告

20××年市场消费需求形势分析

×市目前仍然处在工业化和城镇化中期,××行业的发展仍有巨大空间。从第一产业就业人口占比、城市化率及人均 GDP 等指标,可以看出×市经济仍处在工业化和城镇化的中期阶段。工业化进程的推进、城市化水平的提高将带动××行业需求的增长。

1.传统行业的××消费需求稳步增长

汽车和机械是特钢的主要传统下游。××协会的统计表明,我市优特钢主要的消费领域是汽车和机械行业,两大行业消费的特殊钢材占比分别达到特钢产量的××%和××%。伴随我市工业化和城市化进程的不断推进,汽车、机械等行业仍有巨大的发展空间,对特钢的消费需求将继续增加。

2.汽车用特钢增长点为生产用特钢和维修用特钢

汽车工业是我市特钢重要的应用领域。在汽车用钢的品种构成中,优特钢的使用(齿轮钢、轴承钢、弹簧钢等特殊钢)占到××%,主要包括合金结构钢、碳素结构钢、弹簧钢、易切钢、冷镦钢、耐热钢等。日本钢铁联盟的数据也显示,日本特钢国内消费的××%来自汽车工业,汽车工业与特钢产业的年增长速度基本相近。

20××年末,汽车生产用特钢消费需求将增长××万吨左右。我市汽车工业自20××年以来,经历了持续的高速发展,年复合增长率达到××%。到20××年汽车产能为××万~××万辆,与××协会预计的××万辆产能一致;按此规划测算,20××~20××年间的汽车产量复合增长率在悲观、中性与乐观的假设下分别为××%、××%、××%。根据汽车制造各个部分的用钢经验数据,我们测算一辆乘用车平均用钢大概在××吨左右,而商用车用钢按照重、中、轻、微的顺序,其用钢量分别为××、××、××和××吨左右,其中优特钢材平均占比××%,由此估计,按照中性假设的增速,汽车生产用特钢市场需求将从20××年的×××万吨上升到20××年的××万吨左右。

汽车维修的特钢需求量随着汽车保有量的增长而增加,在20××年有望增加××万吨左右。除了汽车生产需求外,汽车行业的需求增长还包括汽车零部件的出口以及保有汽车维修,据××单位统计,20××年底,我市的汽车保有量为××××万辆,我们按20××~20××年每年报废车辆占上一年保有量比率的平均数××%,并且按照经验值估算每万辆汽车的维修特钢用量约××kg,按产量中性假设进行测算,20××年底,汽车维修用特钢需求量将从20××年的××万吨增加到20××年的××万吨。另外,考虑到国产汽车的性能不断提高以及汽车及其零部件出口基数低、未来成长空间巨大的因素,对特钢的需求量,特别是高品质特钢必将进一步上升。

20××年汽车新增特钢需求将超过××万吨。根据以上的中性测算,预计在20××年末,我市汽车新增的特钢需求将从20××年××万吨左右增加至20××年的××万吨左右,新增需求将超过××万吨。

3.工业化进程中机械行业的持续增长支撑特钢需求

机械行业的持续增长支撑特钢需求,预计20××年底新增机械行业特钢需求为××万吨。由于机械的种类繁多,同时对应的特钢种类繁杂,因此我们用非汽车机械工业产值对这一部分的需求进行测算。历史数据显示,非汽车机械工业产值与特钢消耗量有很强的线性关系,拟合效果很好;我们按照乐观、中性、悲观的产值增速××%、××%、××%进行测算,可估算出中性假设下20××年我市非汽车机械工业特钢需求量约为××万吨,较20××年底的特钢需求量增加××万吨左右。

4.20××~20××年间高端特钢需求受政策驱动将大幅增加

高端特钢需求正处于初步阶段,是政策红利对象。特钢产业,尤其是高端特殊钢已经被列为国家七大战略新兴产业规划之中,政策驱动作用将为特钢市场发展带来新的动力,其他战略新兴产业,特别是高端装备制造业的发展将对高端特殊钢需求产生巨大的拉动作用。

5.航天大飞机及通用飞机特钢需求将于20××~20××年间显现

航空行业对高端特钢的需求拉动预计将于20××~20××年间显现。某权威文件中明确提出,要重点发展以干支线飞机和通用飞机为主的航空装备,做大做强航空产业。干线飞机一般使用载客量和航程大的"大飞机",大飞机主要指起飞总重超过××吨的大型运输机,或××座以上的客机;而支线飞机主要为起飞总重在××~××吨之间。我市大飞机的研制属于高精尖项目,每架的高温合金、钛合金使用约××吨,起落架用特种高强度结构钢约××吨。其他使用的钢材还包括飞机齿轮、飞机发动机曲轴、飞机机身大梁或骨架等。但目前大飞机还处在研制阶段,预计于20××年首飞,20××年交付使用,之后方可实现批量生产,因此,对于高端特钢的需求拉升作用预计于20××~20××年间显现,空间巨大。

6.20××~20××年期间轨道交通特钢需求约为××万吨

城市轨道交通和高铁动车线路是特钢需求的新增长点,预计20××~20××年间的总需求约为××万吨。轨道交通的特钢需求主要可分为城市轨道交通和高铁动车线路两大类。根据我市规划的轨道交通的线路和高铁动车线路的总长度,我们大致可以测算出在20xx~20xx年间需要的全部轨道特钢的用量；同时，我们根据单位里程经验上所需车量数量和车厢数量以及车厢和车辆中铝合金和特钢（包含不锈钢）的占比，测算出车厢及车辆的特钢需求，加之线路维护等其他的特钢需求，可以得出20xx~20xx年间轨道交通的特钢需求大约为xx万吨。

7.海洋工程特钢需求将达到xx万吨

20xx~20xx年间，我国海洋工程对特钢的需求量将达到xx万吨。某权威文件中明确指出，海洋工程装备发展要达到国内市场满足率xx%以上。其中，耗用特钢的海工装备主要包括海洋钻井平台、海底油气输送管线、海洋能源设备等。据我国海洋石油20xx年远景规划，未来xx年，我国将有xx多个油田待开发，需建造xx多座平台，新建和改造xx多艘浮式生产储存卸货装置（FPSO）。

8.能源工业特钢需求将超过xx万吨

20xx~20xx年间，某市核电特钢需求将超过xx万吨。截至目前，已投入运行的核电机组有xx台，装机容量为xx万千瓦，在建核电机组xx台，装机容量大约为xx万千瓦。由于20xx年日本核事故的影响，我市已宣布在核安全规划出台前停止审核新项目，短期内的核电发展可能会出现减速，但长期来看，核电作为清洁能源的优势并未发生变化。核电用特钢主要包括核电钢板和核电用管两类。根据xx设备研究表明，核电站共需不锈钢管xx吨左右、核电钢板xx万吨，以当前在建核电机组的数量估算，未来xx年内的核电用钢需求将超过xx万吨。

20xx~20xx年间，风电带来的特殊钢需将达到xx万吨。根据规划，到20xx年，全市风电装机容量将达到xx万千瓦，其中海上风电装机容量为xx万千瓦；到20xx年，全市风电装机容量达到xx亿千瓦，其中含海上风电装机容量xx万千瓦。截至20xx年底，全市风电总装机容量达到xx多万千瓦，因此未来xx年，风电项目将新增风电装机容量约xx万千瓦。根据行业经验，一台万千瓦的风电机组的耗钢量约为xx吨，其中厚板的用量最大，占到总耗钢量的xx%左右；其次是特殊钢，占到总耗钢量的xx%。20xx~20xx年间，风电机组建设的特钢需求量将达到xx万吨。

通过以上的测算，我市未来x年的特钢需求将超过xx万吨，其中高端装备制造业新增需求占比超过xx%，且所需特钢多为高端品种。

通过与日本特钢发展历程的比较，从整个产业发展进程来看，某市的特钢发展前景广阔;如果从下游需求来分析,一方面,传统下游的汽车、机械制造等工业将继续保持平稳较快的发展,将增加对特钢的需求;另一方面,在国家政策的大力推动下,战略新兴产业,特别是高端装备制造行业的迅速发展也将拉升特钢的消费量。预计未来 5 年,特钢消费的传统下游和新兴产业都将有大幅增长。

第五节 市场产销分析报告

撰写要领

一、市场产销分析报告概述

市场产销分析报告是研究并反映工业生产和商业销售之间的关系、分析市场供应和需求形势的一种文书。它把产销结合起来,分析某种或某类产品市场畅销或滞销的原因,并找出对策,改变了过去产销分离的不正常情况。

二、产销分析报告的写作格式

1.标题

要突出中心,抓住关键。它应该是全文的精确概括,使读者从标题中一眼就能看出文章的中心所在。

2.正文

一般由情况、分析、建议 3 部分构成:

(1)情况。简要说明背景和市场销售信息,要体现出明确的针对性。

(2)分析。准确掌握产品的销售情况,从销售信息中分析产销中存在的问题和原因,分析要深入具体,抓住问题的关键,写出产销问题的症结,同时做到实事求是、语言简明准确。

(3)建议。根据产销分析所反映出的问题,提出改进意见和具体措施。

3.落款

署明作者姓名和单位以及写作时间。

最后还要再强调一下,产销分析报告重就重在"分析",当你完成一份产销分析报告后,你也可以从一个读者的角度来审视一下自己的"分析"是否鞭辟入里,深刻地把握好了产销关系。

三、产销分析报告的写作要点

1.结合产销两大问题做出深入分析。

2.正文一般包括情况、分析、建议 3 个部分;具有明确的针对性。

3.准确掌握产品的销售情况。

------◆ 经典范文 ◆------

范例① 药品产销分析报告

××药品产销分析报告

根据权威机构数据预测,××药品原料药从 20××年到 20××年内将以每年平均××%的速度增长。20××年,在世界范围内,其产量将达到××吨。在同类药品中,××制剂销售额一直独占鳌头,制剂市场份额最高曾达××亿美元。估计 20××年全球××药品总消耗量高达×万吨,年增长率为××%。××是近××年来发展最快的品种,市场普及率高,患者选择率高,价格比较透明。

在全国重点城市医院用药排行榜上,××年间,××药品的排名分别为××位、××位、××位,有下降的趋势,主要原因在于一些新兴的同类产品已经取代××药品在临床上开始大量应用,同时也是我国临床上耐药性日益严重的一个体现。在农村市场,××药品作为常用××类药物的地位仍然牢不可破。

随着制剂市场的蓬勃发展,我国的××原料药生产也得到了长足的发展。国产××原料的工艺技术不断提高,总收率已达××%,原料单位成本已从××多元/公斤降至××元/公斤左右,国产产品已经基本顶替了进口产品,并开始进入大规模的生产时期。目前,国内××原料药的生产企业主要有××等××家。近几年,随着××原料产量的不断增长,其价格也在不断下降,从××年××月在××地举行的全国原料药品交易会上得到的情况来看,××原料的价格已经跌至××元/公斤左右,完全达到了国际市场价格水平,表明国产××原料的价格已经具备了在国际市场的竞争能力,可以大举向国际市场进军,同时也可以缓解目前国内市场供过于求的局面。

近几年,××药品市场增长迅速,去年产量已经接近××亿粒,目前已经步入市场成熟期。××药品是我国药品市场竞争最为激烈的品种之一,生产企业云集,共计有××余家。经过激烈的市场竞争,一些产量较大的企业规模不断扩大,使整个市场集中度不断提高,目前市场已经基本由××等大企业把持。作为医保甲类药品,近几年来,××胶囊的价格已连续降了××次,零售价格的降幅超过了××%,而一些生产企业的出厂价更低,基本上在××~××元/粒之间,价格触底致使该产品利润微薄,规模优势更加明显,这也是导致其市场集中度不断提高的重要因素之一。

目前,国内××胶囊销售模式基本有两类:一类为合资企业和单独定价企业采取的销售模式,多走大城市、大医院路线;另一类为通过国内大多数药厂的销售渠道,这类药厂数量众多,售价也较低,一般按照普药销售模式,采取大户分销或批量投放市场的方式,主要市场集中在中小城市以及广大的农村地区。

从未来的发展趋势来分析,作为一个常用的××类产品,××已经为众多消费者接受,成为家庭常备药之一,市场普及率非常高,并且还在逐步取代××等传统同类药物的市场,仍具有市场增长潜力。该产品实际出厂价已经降到底限,除非原料价格进一步下降,否则今后的降价空间不会很大。从投资方面分析,该产品普通剂型市场已经接近成熟,而针对不同的适用人群和适用部分的各种新剂型还不多见,可以作为投资选择的方向。

医药信息部×××

20××年××月××日

第二章

产品管理类公文写作

第一节　产品需求说明书

☙撰写要领❧

一、产品需求说明书概述

产品需求说明书是为了能使研究的项目能成功开发,或者为了进一步为开发工作做好准备而特制订的一种基本实施方案的说明。产品需求说明书的预期读者常常为项目经理、项目的设计开发人员以及相关人员等。

二、产品需求说明书要符合的原则

1.明确性

需求叙述的读者应只能从其得到唯一的解释说明,同样,一个需求的多个读者也应达成共识。每写一个需求都应简洁、简单、直观地采用用户熟知的语言,每个需求必须精确描述要交付的功能。

2.可行性

在已知的能力、有限的系统及其环境中,每个需求必须是可实现的。为了避免需求的不可行性,在需求分析阶段应该有一个开发人员参与,在抽象阶段应该有市场人员参与。

3.必要性

每个需求应载明什么是客户确实需要的,每个需求都应有原始出处。

4.完整性

不应该遗漏要求和必需的信息。完整性也是一个需求应具备的。

5.一致性

一致性需求就是不要与其他系统发生冲突。需求中的不一致必须在开发开始前得到解决,只有经过调研才能确定哪些是正确的。修改需求时一定要谨慎,如果只审定修改的部分,没有审定修改相关的部分,就可能导致不一致性。

经典范文

范例 1　产品需求说明书

某软件的需求说明书

一、引言

软硬件系统基本支持:系统的运行平台是 PC 机。本系统拟采用××技术开发,一期开发实现单机模式,选择××为开发语言。

二、主要目标

所开发的软件要能实现以下要求。

1.日期和时间:实现××,如××。

2.日程事务提醒:办公日程提醒,如××、××、××、××;××提醒,如××时间、××。

3.提醒方案:实现多种提醒设定选项,比如每日、每周循环提醒。

4.提醒方式:以娱乐提醒方式为主(可以是音频或视频片段),比如学习工作中休息时刻到时就播放××的《××》。

三、对现有系统的分析

现有系统是指当前实际使用的系统,这个系统可能是计算机系统,也可能是一个机械系统甚至是一个人工系统。对现有系统进行分析的目的是进一步阐明建议中的开发新系统或修改现有系统必要性。

现有系统主要功能过于简单,主要包括通讯录、日程表、文档管理、闹钟等,不能满足对于各种提醒方案和各种提醒方式的要求。

四、所建议的系统

1.闹钟,用于提醒各种事务,包括××、××等

日期和时间:实现多种××,如××;根据已经成熟的日期换算法直接得到结果。

2.日程事务提醒

根据用户设定的某个时间的具体事务,当时间到达时,将用闹钟或是语音的方式提醒用户。

提供日程安排提醒功能。使用一个比较有效的事务处理模型,即紧急、重要事务处理模型。事务按照紧急性和重要性排在二维坐标上,将会在通知的时候按照图示的模型提醒,以期保证用户的工作最高效。

五、投资及效益分析

1.支出

一次性支出:系统开发阶段所需经费主要为书籍资料费,由开发团队自行准备,总额不超过××元。

非一次性支出:开发团队日常生活费用自理。

2.收益

本系统属于非营利性的系统,不存在收益评估问题,但建议开发团队确实能充分利用现有资源,适当减少投资。

六、可行性分析

1.法律方面的可行性。该软件没有侵犯任何的个人或是团体,也不违反任何的相关法律。

2.技术的可行性。在技术上不存在困难,完全可以达到。

3.时间的可行性。预定期限为××个月可以完成。

4.用户使用方面的可行性。本系统的主要用户为办公人员,对于基本的电脑使用和操作不会陌生,因此不会在系统的使用上遇到太大问题。同时系统将提供《操作手册》和《用户手册》指导用户操作和使用,因此,系统在使用方面是完全可行的。

第二节　产品使用说明书

——❧撰写要领❧——

一、产品使用说明书概述

产品使用说明书是对产品的结构、性能、规格、用途、使用方法、维修保养等的说明性文字。

二、产品使用说明书的写作格式

产品说明书可以是单页、折页,也可以是一套成册的完整资料。

1.标题

产品说明书的标题一般有 3 种。

(1)用品牌命名

(2)用品牌名加产品名加"说明书"3 个字。

(3)直接用"说明书"、"产品说明书"或"用户手册"等命题。

2.前言

产品说明书开头部分一般是对该说明书进行简要的介绍或对产品做概括的介绍,让读者先有大概的印象。

3.主体

一般是原理在前,性能在后;使用在前,维修在后;祝愿在前,承诺在后。说明书主体一般包括:

(1)产品的品牌、质量、款式、功能、价格、技术、服务、承诺

(2)消费者对产品的评价、意见、要求

(3)产品的结构原理、工作原理、制作材料、使用方法、维修方法、注意事项

(4)产品的市场销售、产品的发展趋势、产品的市场展望等

(5)有的还附有产品合格证书、获奖证书、工商局签署的意见、退换标准、

维修单位地址、联系电话等

4.尾部

（1）落款。包括企业的名称、地址、电报挂号、电话、邮政编码、传真、保质期、标准代号等。

（2）生产日期。生产日期的位置不确定，有的写在说明书上，有的写在包装上，有的写在检验条上，不论写在什么地方，一定不能漏掉。如果不注明生产日期，消费者就无法判断产品是否有效。

三、写作产品使用说明书的注意要点

1.说明要有重点和特点。产品说明书一般不做事无巨细的全面说明，总是针对销售的目标、市场定位、产品的特点等进行重点说明，突出产品的特性。

2.内容要真实准确。真实是撰写说明书必须严格遵循的基本准则，唯有真实才能提供准确可靠的信息，才能使这种指导性、说明性文字名副其实地教人以用，才不至于对消费者产生误导。

3.语言要通俗易懂。通俗是撰写说明书不容忽视之点。说明书随产品进入千家万户，面对文化差异极大的消费者，通俗至关重要。因为只有通俗才能易懂，否则再真实准确也无济于事。

4.处理好中外文对照与配图。如果产品在我国国内销售，要以中文说明为主。如果产品远销到国外，说明书则需要有相对照的外文说明，必要时要用图片、插图、表格、箭头、序号等，用以增强产品的说明效果。

───❦ **经典范文** ❦───

范例 ①　保健品使用说明书

××生物保健产品说明书

中医理论认为："人体是一个平衡的有机整体，病弱的根本原因在于平衡失调。"然而，人体的平衡却时常受到内外各种因素的破坏：工作生活的压力、季节气候的变化、生理机构的老化……很多原因让人穷于应付。××生物保健口服液遵循自然法则，以特殊工艺从生物中提取有效的活性物质，增强人的体质，从而迅速恢复被破坏的功能；并通过帮助人体平衡地吸收膳食中的营养及各类元素，以保证人体器官功能的物质所需，从而达到预防、防治疾病的保健目的。

一、功能

双向调节机体功能、延长细胞寿命、提高机体免疫力、提高工作、运动能力，振奋精神、充沛体力、足进疲劳恢复和病后康复。

二、适用范围

1.食欲不振、消化不良、睡眠不安、精神衰弱、疲倦无力、精力不足。

2.贫血、十二指肠溃疡、胃炎、高血压的辅助治疗。

3.病后体弱。

4.老年慢性病、人体功能衰退。

5.儿童、青少年营养不良、发育不全、学习注意力不集中、记忆力差、学习、考试用脑过度。

三、用法

每日×次，每次×片，小儿减半，早晚服用。以××~××天为×个疗程，然后停服×周，若再进行×个疗程，效果更佳。

本品为纯生物制剂，不含防腐剂和化学合成药物，经药理实验和临床试验均无副作用，可长期服用。

四、贮存

放置于干燥阴凉处，或冰箱内保存。

范例② 室内装饰品使用说明书

××石英钟使用说明书

衷心感谢阁下惠购本公司产品！

一、性能参数

××牌系列石英挂钟是引进国外名厂"××"原装机芯，走时精确，性能稳定，经久耐用,月误差不大于±××秒。本品外形设计独特,采用××型塑料和先进表面处理工艺,款式新颖、美观大方,为计时及室内装饰之佳品。

二、使用要点

1.电池:本钟耗电较少,使用一节五号电池,可连续走时一年。更换电池时,请注意电池夹注明的安装极性。

2.调校时分:旋转机芯背面旋钮,即可调整时分针进行对准时间。

3.调校秒:待秒针指到"12"位置时,把机芯背面"Start/Stop"(开/停)键拨到"Stop"(停)处,秒钟停止走动;当收音机报出标准时间最后一响,此时把"Start/Stop"键拨回到"Start"(开)处,即可得到秒针的标准时间指示。

三、保养

可用柔软布或棉纱抹擦,保持外壳干净。不宜把本品置于潮湿、高温、烟尘等不良环境之下;避免震动撞击及阳光直射。

四、保修

为向用户负责,本厂产品自出售之日起一年内,用户在正确使用的情况下,如确因生产造成的质量问题,本公司负责免费修理或更换,请您填写保修卡有关的栏目,并携带发票到指定的保修点进行保修。

×××公司

地址:××××××

电话:×××××××

第三节　产品推介书

——❈撰写要领❈——

一、产品推介书概述

产品推介书是销售人员向客户推销产品时简单介绍产品的一种解说性材

料,主要是为推销产品服务。

二、产品推介书的主要内容

通常来说,产品推介书主要包括以下主要内容:

1.产品主要功能介绍。

2.产品使用应注意的事项。

3.产品保养、维修应注意的事项。

4.产品的主要性能指标。

5.产品工作原理及系统。

6.其他未尽事宜。

━━━━❧❧ 经典范文 ❧❧━━━━

范例 *1*　电子产品推介书

××产品推介书

一、××是什么

当你出差之前发现要带的东西太多(如公司文件、日常安排手册、名片册、通讯录、会议记录本及各种资料等),感觉公文包太小的时候;当你急需和某人联系而翻遍名片夹或通讯录也找不到电话的时候;当在你开会时需要做大量会议记录的时候;当你希望有人能够按时提醒你重要日程安排或重要事件的时候;当你准备出差某地,想了解当地情况的时候……一台××将轻松帮你解决全部问题。

二、这就是××

1.电子公文包:××是装在衬衣口袋中的电子公文包。

2.得力助手:××是商务活动和日常工作的得力助手。

三、产品定位

××专为广大工商界人士、企业管理人员、政府工作人员及其他有大量信息需要随时记录和查找的人士设计。

四、功能介绍

××除了具有传统的电子记事簿、电子通讯录、电子词典和电子秘书等所有功能外,还增添了大量在商务活动及日常生活中需要的实用资料。而在传统的电子记事簿的输入、查询、资料保护等多方面更有革命性的突破,真正实用、好用。

五、特点

1. 一触即得:××是高智能电子通讯录,一开机即可显示最近联系过的人名,查电话只要点一下即可。采用百家姓技术,同时提供按汉语拼音排序方式,每行分列,一目了然,再也不需要在一个屏幕几十个姓氏中吃力地辨认。

2.定时提醒:日期、月份、年份、节日、约会以及日程等,提前设定,一次输入,多次提醒。新增每日多次提醒功能,使用起来更实用。

3.妙笔生辉:手写输入,会写汉字就能操作,即写即现,识别率高。

4.资料保护:迅速存储技术,确保断电后资料永不丢失。

5.即买即用:机内预装操作指导,操作任何一步有疑难,点触疑难处两秒钟即可获得操作提示。

6.身小屏大:机身只有身份证大小,超大屏幕(是类似产品的两倍)显示,可轻松放进衬衣口袋。

7.便笺速记:快速会议记录,写多快,记多快,保留原始字体,像写在纸上一样方便。

8.海量存储:超大内存,可存储××万个汉字或1万条名片信息,多达××个记事目录。在"备忘"中新增保留全部候选区功能,您可快速录入,录入完成后再修改错字,只要点触错字,立即显示录入时的候选区,简单方便。

9.全能助理:预装超大容量实用商务资料,衣食住行、商务活动面面俱到。

10.电脑联机:双向交换信息,备份资料。

11.守口如瓶:全局/局部密码功能,可以有选择地将全部或部分资料加密。

12.无忧备份:使用选配附件备份卡另存资料,即使机器丢失,也可确保资料无损;同时新增了机器屏幕意外损坏时的资料紧急输出功能。

六、商务资料库

1.通信：国内邮政编码、国内长途区号、国际城市时差、国际长途区号。

2.交通：全国各地铁路、航空、航运售票处。

3.酒店：各地宾馆、酒店。

4.美食：各地特色风味食品。

5.购物：各地名优商场。

6.旅游：各地风景名胜。

7.保健：医疗保健常识。

8.工商：企业登记、年检、商标。

9.税务：税法、税项、税率。

10.法规：经济合同法、广告法、劳动法。

11.管理：管理常识与技巧。

12.商务：商务常识。

13.礼仪：商务礼仪。

第四节 新产品开发管理制度

撰写要领

一、新产品开发概述

企业为了生存与发展，必须增强竞争力，需要不断开发新产品来满足市场的新需求。所谓新产品，在营销学中可以定义为能给消费者带来某种新的需求、产生新的效益的产品，但是新产品中的"新"是相对的，其界定的范围也随着主体的不同而产生不同的定义。从一般意义上讲，新产品可以分为新发明的产品、改进型的产品、新牌号的产品3类。

二、新产品开发管理制度的内容

新产品开发管理制度规定了企业在进行新产品开发时应遵循的工作程序

和工作方法,新产品开发管理制度通常包括以下几个方面的内容:

　　1.负责新产品开发的组织结构及职责。

　　2.市场调查研究与分析。

　　3.新产品试制的相关步骤和程序。

　　4.新产品投产管理。

　　5.经费预算管理。

　　6.开发设计资料管理。

────── 经典范文 ──────

范例 1　企业新产品开发管理制度

××企业新产品开发管理制度

第一章　新产品开发委员会组织实施细则

第一条　组织系统(略)

第二条　委员人选

主任委员由副总经理担任,执行秘书由秘书助理担任,其他委员依个案性质不同,由主任委员就公司组织内现有人员指派。

第三条　委员职责

1.主任委员:

(1)负责新产品开发工作顺利开展事宜。

(2)负责新产品开发会议召开及主持开发会议。

(3)负责对其他委员的指派。

(4)负责新产品全部投资及利润分析方案拟订及呈报。

2.执行秘书:

(1)拟订开发时间规划及产品开发计划。

(2)协助主任委员从事开发会议联络及记录。

(3)协助主任委员对新产品开发工作进度追踪。

(4)提供开发所需材料及物品。

3.销售管理委员：

(1)从事有关市场调查。

(2)提供产品现有生产厂家及市场信息。

(3)提供新产品未来市场需要潜力报告。

(4)根据市场调查资料及成本分析资料拟定销售价格、销售渠道及销售预测。

(5)编制企划、广告费用预算。

4.生产技术委员：

(1)负责新产品有关设备、原材料策划工作。

(2)负责新产品样品试验及品质检查。

(3)提供新产品有关成本分析及生产能力、设备投资资料。

5.税务委员提供新产品在税务上的有关资料：

(1)是否属于奖励投资项目；

(2)营利事业所得税最低百分率为多少；

(3)配合税务办理各项手续；

(4)其他有关税法问题。

第二章　调查研究与分析

第四条　调查研究范围

新产品可行性分析必须对产品的社会需求市场占有率、技术现状、发展趋势及资源效益等重要方面进行分析论证与科学预测。

第五条　调查研究

1.调查国内市场和重要用户以及国际重点市场的技术现状和改进要求。

2.以国内同类产品市场占有率高的前3名以及国际名牌产品为对象，调查同类产品的质量价格及使用情况。

3.广泛收集国内外有关情报和专利，进行可行性分析研究。

第六条　可行性分析

1.论证该产品的技术发展方向和动向。

2.论证市场动态及发展该产品具备的技术优势。

3.论证该产品发展所具备的资源条件和可行性(含物资、设备等)。

4.初步论证技术经济效益。

5.提交该产品批量投产的可行性分析报告。

第三章　产品试制

第七条　试制

1.样品试制。样品试制是根据设计图纸、工艺文件和少数必要的工装,由试制车间试制出数十件样品,然后按要求进行实验,借以考验产品结构、性能和设计图的工艺性,考核图样和设计文件的质量。此阶段完全在研究所内进行。

2.小批试制。小批试制在样品试制的基础上进行,其主要目的是考核产品的工艺性、检验全部工艺文件和工艺设备,并进一步校正和审验设计图纸。此阶段以研究所为主,由工艺科负责工艺文件和工装设计,部分试制工作扩散到生产车间进行。

3.在样品试制和小批试制结束后,应分别对考核情况进行总结,并按有关标准要求编制试制总结、型式试验报告、试用(运行)报告。

第八条　试制程序

1.进行新产品简单工艺设计。根据新产品任务书,安排利用厂房、面积、设备及测试条件等设想和简略工艺流程。

2.进行工艺分析。根据产品方案设计和技术设计,做出材料改制、元件改装、复杂自制件加工等项工艺的分析。

3.进行产品生产图的工艺性审查。

4.编制试用工艺卡片:

(1)工艺过程卡片。

(2)关键工序卡片。

(3)装配工艺过程卡。

5.根据产品试验的需要,设计必不可少的设备,本着经济可靠、保证质量的原则,充分利用现有设备、通用设备、组合设备、简易设备以及过渡设备(如低熔点合金模具)等。

6.制定试制用材料消耗工艺定额和加工工时定额。

7.零部件制造、总装配中应保证计划质量,加强质量管理和信息反馈,并做好试制记录,编制新产品质量保证要求和文件。

第九条　整理试制文件

1.编写试制总结:着重总结图样和设计文件验证情况,在装配和调试中所反映出的相关产品结构、工艺及产品性能方面的问题及其解决过程,并附上各种反映技术内容的原始记录。样品试制总结由设计部门负责编制,供样品鉴定用,小批试制总结由工艺部门编写,供批量试制鉴定用。

2.编写型式试验报告:这是产品经全面性能试验后所编的文件,型式试验所进行的试验项目和方法安产品技术条件,其试验程序、步骤和记录表格参照试制鉴定大纲规定,并由检验室负责编制型式试验报告。

3.编写试用报告:是产品在实际工作条件下进行试用试验后所编制的文件,试用试验项目和方法由技术条件规定,试验通常委托用户进行,其试验程序、步骤和记录表格按试制鉴定大纲规定,由研究所设计室负责编制。

4.编制特种材料及外购、外部协作零件定点定型报告由研究所负责编制。

第四章　新产品鉴定

第十条　鉴定要求

1.在完成样品试制和小批试制的全部工作后,按项目管理级别申请鉴定。

2.鉴定分为样品试制后的样品鉴定和小批试制后的小批试制鉴定,属于已投入正式生产的产品的系列开发产品经过批准,样品试制和小批试制鉴定可以合并进行,但必须具备两种鉴定所应有的技术文件、资料和条件。

第十一条　鉴定作业

1.按鉴定大纲完成样品或小批试制产品的各项测试。

2.按鉴定大纲备齐完整成套的图样和设计文件要求;鉴定应具备的图样及设计文件;正常生产应具备的图样及设计文件——供产品定型后,正常投产时,制造、验收和管理用成套资料;随产品出厂应具备的图样及设计文件。

3.组织技术鉴定,履行技术鉴定书签字手续。技术鉴定包括:

(1)样品鉴定结论内容:审查样品试制结果、设计结构和图样的合理性、工艺性以及特种材料解决的可能性等,确定能否投入小批试制;明确样品应改进的事项,搞好试制评价(B 评价)。

(2)小批试制鉴定结论内容:审查产品的可靠性,审查生产工艺、工装与产品测试设备,各种技术资料的完备及可靠性以及资源供应外购外协定点定型情况等,确定产品能否进行批量生产;明确产品制造应改进的事项,搞好产品生产工程评价(C 评价)。

4.各阶段应具备的技术文件及审批程序。按照产品图样、设计文件、工艺文件的完整性原则和有关的审批程序办理。

第五章 新产品移交投产的管理

第十二条 新产品的开发都必须具有被批准的设计任务书(或建议书),由设计部门进行技术设计,工作图设计经批准、审核、会签后进行样试。样试图标记为"×",批试图标记为"×",批生产图标记为"×"。"×"和"×"的标记必须由总工程师组织召开会议确定。

第十三条 每一项新产品要力求结构可靠、技术先进,具有良好的工艺性。

第十四条 产品的主要参数、型号、尺寸、基本结构应采用国家标准或国际同类产品的先进标准,在充分满足使用需要的基础上,做到标准化、系列化和通用化。

第十五条 每一项新产品都必须经过样品试制和小批试制后方可成批生产,样试和小批试制的产品必须经过严格的检测,具有完整的试制和检测报告,部分新产品还必须具有运行报告。样试、批试均由总工程师主持召集有关单位进行鉴定,在确定投产与否后与下一步工作安排在同一系列中,个别工艺上变化很小的新产品经工艺部门同意,可以不进行批试,在样品试制后直接办理成批投产的手续。

第十六条 新产品移交生产线由总师办组织,总工程师主持召开由设计、试制、计划、生产、技术、工艺、全质办、检查、标准化、技术档案及生产车间等各有关部门参加的鉴定会,多方面听取意见,对新产品从技术上、经济上做出评价,确认设计的合理性,工艺规程、工艺装备没有问题后,提出是否可以正式移交生产线及移交时间的意见。

第十七条 批准移交生产线的新产品必须有产品技术标准、工艺规程、产品装配图、零件图、工装图以及其他有关的技术资料。

第十八条 移交生产线的新产品必须填写"××鉴定验收表"（略），并经各方签字。

第六章 新产品开发周期

第十九条 对于简单产品、工厂已具有成熟制造和应用技术的产品以及由老型发展出来的变型产品，允许直接从技术设计或工作图设计开始，开发周期定为××~××个月。

第二十条 从大专院校或有关科研设计机构移植过来的经过试验合格的产品，必须索取全部论证、设计和工艺（含工装）的技术资料，并应重新调查分析论证，开发周期定为××~××个月。

第二十一条 属于老产品在性能和结构原理上有大的改变的研究以及新类别产品的开发，开发周期一般定为××~××个月，最长为××年（特别情况不得超过××年半时间），具体程序周期规定如下：

1.调研论证和决策周期：一般产品为××个月、复杂产品为××个月。

2.产品设计周期（含技术任务书、技术设计和工作图设计）为××~××个月。

3.工艺（含工装制造）周期为××~××个月。

4.样试为××~××个月（合样品鉴定）。

5.批试为××~××个月。

6.产品鉴定和移交生产周期为××个月。

第七章 成果评审和报批规定

第二十二条 新产品根据鉴定级别，按照国务院、国家科委有关科技成果与技术进步有关奖励条列和本公司《关于××管理办法》办理报审手续。

第二十三条 为节省开支，新产品（科研）成果评审会应尽量与新产品鉴定会合并进行。

第二十四条 成果报审手续必须在评审鉴定后一个月内办理完毕。

第二十五条 成果奖励分配方案由公司研究所共同商定后报总工程师批准执行。

第八章 新产品试制经费

第二十六条　新产品试制经费

1.属于国家下达的新产品(科研)项目,由上级机关按照有关规定拨给经费。

2.属于工厂的新产品(科研)项目,由工厂自筹资金中按规定拨给经费。

3.工厂对外的技术转让费可作为开发新产品(科研)的费用。

4.新产品的试制经费按单项预算拨给,单列账户实行专款专用,经费由总工程师审查、厂长批准后,由研究所掌握,财务科监督,不准挪为他用。

第二十七条　新产品证书办理

1.新产品证书归总师办负责办理。

2.研究所负责提供办理证书的有关技术资料和文件。

3.在新产品鉴定后一个月内,总师办负责办理新产品证书的报批手续。

第九章　技术资料管理

第二十八条　图纸幅面和制图要符合有关国家标准和企业标准要求。

第二十九条　成套图册编号要有序,蓝图与实物要相符,工装图、产品图等编号应与已有的编号有连贯性。

第三十条　产品图应按会签审批程序签字。总装图必须经总工程师审查批准。工艺工装图纸资料由工艺科编制和设计,全部底图应移交技术档案室签收归档。

第三十一条　验收前×个月应将图纸、资料送验收部门审阅。

第三十二条　技术资料的验收汇总、归口管理由研究所负责。

第五节　新产品上市策划书

——✦撰写要领✦——

一、新产品上市策划书概述

新产品上市策划书主要由以下模块组成。

1.背景分析,包括对企业的成立时间,新产品的品种、规格、品牌知名度分析,行业内的竞争状况,产品的客户情况,销售网络的建立情况等方面的综合判断与分析。

2.上市推广目的。

3.产品定位。

4.产品远景。

5.产权保护策略。

6.消费群定位,主要目标群体与辅助目标群体分析。

7.价格组合策略。

8.渠道策略。

9.促销策略。

10.服务策略。

11.费用预算。

12.推广的组织分工、进度。

13.推广效果测评。

二、新产品上市策划书的注意要点

1.新产品的主要功能要与目标群的需求相对应,满足目标群的使用。

2.新产品的宣传与包装形式要与新产品特点相对应,并与顾客的心理需求相对应。

3.要重视产品的附加值,在符合顾客的潜在感情需求的前提上做好服务、文化等方面的策划。

4.新产品的推广渠道要体现立体化,比如平台推广包括新闻发布会、产品展示会、大型展会等;信息推广包括广告媒体、电话推广等,通过推广包括建立零售终端、网络推广与销售、连锁经营、特许经营等,确保新产品上市成功。

此外,在推广新产品时,在承受范围内,企业可以举行少量的优惠活动来吸引消费者,比如在活动当天购买新产品,凡购买本公司新产品一次性消费几千元或者是几款商品的(这个数量由公司自行定额)都可获赠精美礼品,或者是买二赠一或买三赠一,或者享受以后购买产品的 8.8 折或 8.5 折优惠权,或者免费售后服务 3 年或者几年,或者免费安装外加无限期免费售后服务,具体情况具体对待。

——❀ 经典范文 ❀——

范例① 摩托车新上市推广策划文案

××摩托车上市推广策划文案

摩托车行业的竞争已经由纯粹的产品、价格、服务的竞争转变为企业综合实力、品牌、核心技术、研发实力的竞争。合资品牌及国内的一线品牌有非常雄厚的资金实力和产品研发实力,更有优秀的渠道支持、完善的服务和健全的配套体系。对于本品牌的新产品来说,我们的出路在于:第一,核心技术——等离子发动机;第二,我们与×国××品牌的合资。

一、背景分析

1.行业发展情况

行业的竞争方式已经由价格竞争转变为"品牌+品质"的竞争。合资品牌及国产一线品牌凭借雄厚的品牌优势和渠道优势一次次发力,特别是××凭借自己合资品牌形象以及优良的品质一举突破百万台大关(××年国内销量实现××

万台),遥遥领先于行业其他品牌;xx、xx、xx等合资品牌同样异军突起,销量较xx年实现了翻番;国产一线品牌在加大自主知识产权产品研发的同时稳扎稳打,也闯出了属于自己的一片天空。二三线品牌由于缺乏以上优势,总摆脱不了价格战的纠缠,只能降价、降价,再降价,最后的结果是利润一落千丈,公司的发展陷入瓶颈,处于进退两难之境界。

2.主要竞争对手

xx合资品牌在中国市场可以说是横行天下(xx、xx、xx、xx),产品线从xxCC 延伸到xxCC 甚至更大排量, 价格也调整到市场及消费者普遍可以接受的区间(特别是xx排量的价格几乎没有突破万元大关的车型)。

二、推广目的

1.提升xx品牌摩托车的品牌形象。

2.刺激渠道成员(包括代理商、零售商)的经营积极性。

3.优化目前的销售网络(针对xx的上市推广,我们将建立网络准入、准出制度,对不符合准入要求的经销商进行取消其经营xx的资格)。

4.充分汲取xx公司的管理精髓,从而提高公司的综合管理水平。

5.不断总结出一套合资品牌、高端产品的市场推广经验。

6.通过xx部件的国产化,从而提高公司的赢利水平。

7.提高公司的抗风险能力和市场综合竞争力。

8.提高营销队伍的市场操作能力和水平。

三、产品定位

纯进口——高定位

xx前期车型所有部件采用的是全进口,而在国内所有的合资品牌中尚属先例(其他合资品牌要么采取技术合作、资金合作、发动机进口或关键部件进口等方式),这恰好为我们的产品定位提供了支撑和保障,因此,建议xx品牌定位为高端、形象产品切入市场,在国内同行业同类产品中以领导者的身份出现。随着部件的国产化的推进,逐渐对其定位作出相应调整。

四、产品远景

1.产品导入期

在此期间,我们将把××品牌以软文报道或故事情节连载的方式在行业媒体进行发布,同时,我们将在内部网站及行业媒体发布招商信息,达到预热的目的。

2.产品切入期

召集全国的代理商及部分零售商、相关媒体、政界要员以及相关的权威人士在××召开××品牌上市发布会,我们也将以此为契机将××推向市场。

3.产品推广期

按照准入制度的要求,对经营××品牌的代理商及零售商进行考察(成熟一家建立一家,而并非全面开花),对符合准入制度的代理商、零售商,公司将邀请其加盟××品牌的销售或代理,公司也将出台一系列政策(包括价格政策、促销政策、广告支持政策、开通绿色服务等)予以支持。

4.产品成长期

在此期间,××的销售网络逐步完善,销量与日俱增;另外,我们也将视市场的变化逐步引进××的其他车型以满足市场需求。同时,我们将加大力度对××车型零部件的国产化,从而降低整车进口成本,力争在20××年底使国产化部件达到××%以上,使××品牌成为公司的主要赢利产品之一。

5.产品成熟期

××品牌国内销售车型××%以上的零部件实现了国产化,采购成本大幅度降低,价格已经能适应市场的消费需求,消费者普遍认可××品牌,××的品牌形象也同步得到了空前提升;销量突飞猛进(年销售量达到××万~××万台)并步入一线品牌之列。因为零部件国产化程度的提高,工厂与渠道成员得到了很高的利润回报;××成为渠道成员争先恐后抢手的品牌之一。

6.产品衰退期:××年以后

五、产权保护策略

目前,合资品牌以及国内一线品牌将对侵权厂家给予毁灭性打击,政府也将采取各种措施和手段加强自主知识产权的保护。而本品牌的所有产品从一开始就完全拥有自主知识产权,为此,我们从××品牌推向市场的第一天起,将重点打自主知识产权这张王牌:"一是××;二是××。"通过对知识产权的宣传和打击提升××的品牌形象。

六、消费群定位

由于××产品定位是高端、形象产品,一般的消费群体,特别是农村消费群体购买力将大大减弱。消费群体具体定位如下:

1.年龄段:××~××岁之间。

2.消费者嗜好:热衷××国文化及××剧的追星族、摩托车追星族、玩车族及摩托车运动爱好者。

3.年收入:年收入在××~××元的白领阶层。

4.分布区域:以中心城市(省份、市、区、县)为主,以经济发达的乡镇为辅。

5.消费心理:追求时尚与高品质。

七、价格组合策略

为了扩大产品线,使××品牌产品形成系列化,我们将把××的3款出口车型(两款越野车、一款沙滩车)一并纳入××的上市推广方案中进行组合推广,凡是销售××品牌的经销商,××产品与××的3款出口车型必须按×:×的比例同时进行销售。具体策略如下:

1.价格执行策略:××品牌的所有车型全部执行全国统一零售价格(包括批发价格),所有的平面物资、行业杂志、电视广告等方面都将刊登全国统一零售价格,最终达到家喻户晓的目的。

2.终端价格控制策略:为了控制终端零售价格得以落实,代理商从工厂的提货价格便是它的批发价格,零售商从代理商处提货的价格便是它的零售价格;代理商和零售商应得的利润在次月××日前以返利的方式进行兑现(代理商的利润由工厂兑现,零售商的利润由代理商进行兑现)。对没有严格执行的代理商和零售商,公司将严格进行考核(公司同步出台渠道管理与考核办法)。

3.对于纯进口的两款××车型,我们采取市场倒推的方式进行定价(公司前期将采取平过或略亏的方式切入市场,随着部件国产化,以后逐步实现利润)。

4.价格定位:两款车型全国统一零售价分别定为××元和××元。

5.通路利润分配:①代理商返利:××元/台;②零售商返利:××元/台。

6.随着产品在市场进入不同阶段(特别是随着零部件国产化的不同程度以后),公司将采取不同的市场跟进价格策略,特别是工厂的利润来源主要依靠零部件的国产化来实现。

7.其他出口转内销的3款车型,具体价格由财务部按照成本顺推的方式进行定价(保证公司能获得较高的利润回报),随着销量的提高逐步下调产品价格。

八、渠道建设策略

1.以代理商模式为主,以小区域直销模式为辅

用《代理商准入制度》对全国中心城市代理商网络进行筛选,对符合要求的代理商区域,我们将执行代理制;对没有符合代理商要求的中心城市,我们将采取直销的模式。代理商的选择不受当前××品牌代理商的限制。

(1)代理商模式:对符合要求的代理商,我们将收取不少于××万元的品牌代理保证金,并签署代理商经销协议;对不能按照协议履行的代理商,我们将随时取消其代理商资格。

(2)小区域直销模式:对部分省份城市无法寻找合适的代理商,我们将取消该城市的代理商资格,从而将网络下放到中心城市或县级市;采取工厂直接对零售商的一种销售模式。对于小区域直销商的选取也必须符合我们的准入制度,并收取不少于××万元的品牌经销权,并签署直销协议。对无法履行销售协议的直销商,我们将随时取消其直销资格。

2.工厂直销策略

工厂直销策略是指工厂直接针对用户进行销售,没有任何中间销售环节,也没有任何中间销售费用(唯一收取的是运输费用)。

(1)网上订购:我们将选择××、××、××3家知名度非常高的网站作为我们进行网上订购的工具,在网站上发布大量的产品及销售信息;全面介绍××品牌,从而实现网上销售,计划在网站投入费用××元。

(2)其他特殊渠道:采取一系列公共措施,实现团队销售(如政府采购、集体采购、俱乐部团队购买等)。

3.分公司销售策略

针对我们锁定的××品牌的主要销售城市，我们将与当地实力雄厚的代理商或零售商组建分公司;在全国建立××品牌的样板店，以达到提高经销商积极性的目的。

4.形象店建设策略

在××上市推广期,针对符合准入制的代理商及零售商(包括分公司),在签订了书面保障协议后(包括保证金收取),我们将分阶段、分步骤投入形象店的建设。

(1)实行代理商模式:对代理商进行全方位的权衡,对忠诚度特别高的代理商,我们将采取厂商共同投资的方式建立××品牌形象店,计划前期在全国建立××~××家三星级形象店,单店按照××万元的标准进行建设,工厂和代理商按照×:×承担(工厂承担××万元,代理商承担××万元),小计××万元。

(2)实行直销模式:对实行直销模式的经销商,我们采取以上同样的方式进行考察,最后锁定在全国建立××~××家一星级形象店,单店投入建设费用××元;工厂和直销商各承担××元,小计××万元。

工厂在形象店建设方面承担费用总额××万元(包括物资在内)。

九、市场促销策略

1.前期市场炒作和专题片拍摄

(1)在切入市场前,利用行业媒体、内部网站和锁定的中心城市的报纸媒体等进行前期炒作,同时发布招商信息。招商书印刷费用为××元。

(2)向经销商邮寄招商信息,计划邮寄××份,每份为××元,合计费用为××元。

(3)在召开新品上市发布会之前拍摄一部××产品专题片,用于代理商会议前的气氛烘托,同时赠送给代理商、零售商以及随车赠送给用户,通过在代理商和零售商店面的热播达到家喻户晓的宣传效果。计划投入拍摄费用为××元。

(4)平面宣传物资制作:在上市发布会之前必须完成宣传物资的制作,计划制作宣传海报、折页、挂画等物资,预计投入费用为××元。

2.召开××品牌上市发布会

借厂庆之际,召集全国代理商、直销商及部分零售商(包括分公司)召开××

新品上市发布会,计划投入费用××万元(包括会议包装在内)。

3.市场跟进策略

(1)开展《××——终端展示、试骑试驾》活动,针对符合准入制的代理商区域,我们将在代理商所辖的中心城市及经济发达的零售市场开展以上活动。为了保障本活动的顺利推进,我们将提供以下支持(计划前期在全国10家代理商推行该活动)。

a.提供宣传条幅支持,大字内容为:×国风情——风行天下,××摩托车火热上市;小字为:××摩托,免费试骑试驾。预计制作宣传条幅××条,每条单价为××元;合计费用××元。

b.为试骑试驾的潜在用户提供小礼品(要求该礼品具有×国风情或文化)支持,预计制作××件乘以××元/件=××元。

c.每个活动点补贴试骑试驾摩托车折旧费××元,活动费用补贴××元,合计××元,共计费用为××元。

d.提供大量的平面宣传物资支持。

(2)随车赠送大礼包(由国内最流行的×国电视剧的 VCD 或 DVD 片、××专题片、具有收藏价值的×国风情礼品、××体恤衫及会员卡一张组成),价值在××元以内。××个乘以××元=××元。

(3)选择东、南、西、北、中 5 家在全国收视率最高的 5 家卫视滚动播出 3个月的××电视广告;要求在播放时间上错开半小时(如从××点××分播出第一次,以后每半小时出现一次;最后一次则是××点××分播出),即每天都能在不同的时间段上出现 5 次同样的电视广告,预计投入广告费用××万元。

(4)在全国开展"以旧换新"活动:消费者可以用他们手中的×国的××摩托车更换××摩托车,前提条件是他们愿意为××品牌摩托车做宣传。我们将重点通过行业媒体、平面广宣物资及试骑试驾活动现场等方式将该消息发布出去。我们将邀请用户一起对换到公司的××摩托车进行现场解剖,对整个解剖过程拍摄成××品牌摩托车宣传片,用于对渠道成员、导购员进行宣传和推广之用,预计投入费用为××元。

十、服务策略

1.售前服务策略：售前服务主要指公司有组织、有计划、系统地安排对业务人员、导购人员进行产品知识、车型卖点、××品牌规划、消费者消费心理研究、企业文化、×国风情文化等专业知识的培训，提高业务人员、导购人员综合水平和导购能力。为此，在××品牌上市前，我们将安排对市场人员（包括代理商的业务人员、零售商及终端导购人员）进行以上知识的培训；通过系统的培训来提高渠道人员的综合素质和导购能力。

2.售中服务策略：通过与消费者的沟通，充分了解消费者的购车用途及收入状况，为用户推荐量身定做的车型和款式；同时，为消费者详细介绍所推荐产品的特点、我们可提供的各项优质服务、公司的发展战略及×国的风情文化等。通过以上介绍，使消费者实现愉快、舒心的购买。

3.售后服务策略：售后服务策略包括以下方面：

（1）建立完整的用户档案资料（包括工厂、代理商和零售商），随时可以查阅。

（2）建立三心回访制度：零售商在实现销售的当天晚上必须对用户进行第一次电话爱心回访；代理商在零售商实现销售的半月内必须进行第二次电话用心回访；工厂在零售商实现销售的一个月内必须进行第三次电话关心回访。

（3）会员制管理：用户在购买××产品的同时也成为了××俱乐部的会员，他们将无偿享受会员的一切福利条件。同时，我们将选择在用户生日或重大节日为用户邮寄由×××公司董事长签字的纪念品一份，价值在××元左右。前期制作××份，预计费用××元。

（4）建立绿色通道（针对××产品，我们从工厂、代理商到零售商都必须建立应急绿色通道），同时出台服务承诺机制。

十一、费用预算（略）

十二、推广组织分工及进度

1.成立××项目组独立进行市场运作。

2.项目组织分工及时间推进（略）。

十三、推广效果测评

通过对××品牌的成功推广，我们将达到以下效果：

1.××的产品形象得到很大提升,知名度得到很大提高。

2.由于产品结构的优化,在刺激通路积极性的同时优化了当前的销售网络。

3.投入产出分析:××的两款车型在零部件未实现国产化以前,我们采取平过的价格策略;随着零部件国产化程度的提高而提高赢利水平;而其他3款出口转内销车型,我们必须确保有较高的利润回报;通过组合销售,确保平均赢利水平达到××元/台。因此,××车型零部件的国产化进度是影响公司赢利水平的根本保障。同时,我们前期投入××的品牌推广费用应视为是提高××产品形象的广告费用。

4.通过××前期产品的推广,为我们下一步成功推广××的其他产品打下了坚实的市场基础,也开辟了一条属于自己的销售模式。

范例② 饮水机系列新产品策划书

×××股份集团××饮水机系列新产品策划书

一、概述

×××股份集团公司利用自身的品牌效应与产品技术优势,在充分做好产品投入市场之前的准备工作后,最近又新推出了家电行业中的饮水机系列产品。该产品属于××产品,这是利用集团公司在家电行业的市场资源而制定的一个有价值的营销策略和战术,也是满足市场需求和获得卓越业绩的重要方略,故而这些营销策略和战术都是具有战略性质的。此次饮水机系列产品将"××"作为产品推广商标,侧重于"品牌、广告、分销"三大营销手段,采用"高、中、低"梯形价格体系于20××年××月底以前投放全国市场,其中××省区域家电市场为华中地区的率先启动市场。

二、目前营销状况

1.市场状况:饮水机市场发展快、规模大、品种众多、竞争激烈、起伏大;"广告开路"是营销的重要特点;市场价格普遍偏高,流通企业利润较大;最近两年,饮水机市场出现了较大的滑坡;"大打价格战",企业产品售后服务大多数并不完善。

2.产品状况:市场上的各类饮水机有几十种,较好的品牌有:××、××、××、××、××等;其他一般品牌,如××、××、××、××等。

3.竞争状况:竞争激烈残酷,市场起伏大,大打价格战,经常出现"各领风骚三五年"的情况。

4.分销状况:各个厂家的销售渠道一般主要有两条,一是批发商(一、二、三级),二是终端商场(一、二、三级)。另有一些具有一定实力的企业设立品牌专卖店。

5.宏观环境状况:随着中高层消费者收入水平进一步提高,其面临的工作环境压力大,对生活快节奏和"绿色消费"自然有较大的需求,以便减少工作中的麻烦之处。

三、SWOT 分析(态势分析法)

1.优势:×××集团有雄厚的经济实力和品牌优势,并有独立自主的科研与开发实力;集团高层领导高度重视;此阶段恰属于饮水机市场的"旺季";公司给予新品上市以优惠促销政策。

2.劣势:该产品为×××集团的新品饮水机,处于新品上市阶段,没有一定的市场份额。除××方式限制了市场发挥之外,维修等方面的费用居高不下影响了利润。采用这种方法在小家电市场运作,这样盲目地进入虽然成本低,但产品没有保证、市场反应缓慢、技术环节落后,这样无论对企业还是对消费者、经销商都会造成很大的损失,这样运作的企业很难有所作为。

3.机会:"无×不成军"——××区域市场属于全国重点家电市场,饮水机市场刚起步,市场发展空间大,而名牌又少,这种市场的不规范和不成熟创造了难得的市场机遇和空间。同时×××集团在××地区有较好与较全的市场营销网络体系。

4.威胁:饮水机市场品牌众多、竞争激烈、起伏较大、市场不规范和不成熟。

综上所述,利用本集团的资金技术优势和品牌,在自己熟悉的××地区采取全方位立体交叉式的促销和分销手段,以最强的竞争力迅速占领尽可能多的本地市场份额,并突出××饮水机品牌的特色,尽可能多地占领市场份额。

四、目标

1.财务目标(略)

2.营销目标(略)

五、营销战略

对任何一个公司而言,营销战略决策标志着未来的发展方向,体现了公司所向往的经营蓝图,又是一种营销策略和战术组合,也就是如何在市场中建立自己的地位,同时又战胜自己的竞争对手。

1.市场定位

(1)产品市场定位

针对知名品牌主要集中在大城市竞争的情况,××饮水机则可以先扬长避短,拓展××中小城镇,占领××区域市场,等时机成熟后再向全省大举进军。要一手创建自己的中高端品牌,不必拘泥于在门缝中求生存。

(2)细分市场定位

主要拓展××中小城镇,特别是××、××、××、××等地级市,这些地方将是有待开发的潜在消费市场。

(3)产品目标市场

目前主要以××省区域三级城市为主,以一二级城市为次。

(4)细分目标市场(略)

2.企业产品

质量是企业的生命,为确保××饮水机的稳定与高质量,集团公司研发推出适合××当地市场需求的产品,规格与包装符合消费者需求,价位适中。

(1)积极的产品创新(略)

(2)及时的产品更新(略)

(3)产品质量控制(略)

(4)产品包装设计(略)

3.产品市场定价

(1)主张高起点、低价格,使价格具有弹性。这样有利于保护渠道经销商的利益,也有利于控制我们自己的价格。所谓高起点,就是在定价方面要高出同行业的价格,或是相同,把所有的广告支持、返点和返利全部加在价格中。如在经销商提货时就可把返点给对方(比如说××%直接返点,就像×××平超市中买××元送××元一样,羊毛出在羊身上),通过扣除以后我们的价格,实则和同行业差不多。如果稍低几毛钱,又有这么多的优惠政策,代理商是比较愿意做的。

(2)在零售终端价格方面,我们要制定一个约束价格。可以在我们的价格上下浮动××%。当然,如果我们一个地方只设独家,一般就不会产生同一品牌相互竞争的问题。但为保住一个好的品牌和一个长久的市场,防止经销商在同行竞争中滥标价,损坏品牌,这一点是必须要注意的。

4.产品的售后服务

(1)保证不良产品控制在××%以内,并对整机保修一年,压缩机保修3年。

(2)在各地市(含县)建立售后服务站,提供优质售后服务。

(3)不定期拜访消费者和使用者,定期举办免费维修活动。

5.分销渠道(略)

6.渠道维护

(1)经销商的考核和权宜事项(略)

(2)渠道建设体制(略)

(3)渠道运作方式

由总经销商为中心转变为以终端市场建设为中心。

销售工作要解决两个问题:一是如何把产品推到消费者的面前,让消费者见得到;二是如何把产品推进消费者的心中,让消费者乐得买。企业把产品交给经销商,由经销商一级一级地分销下去。由于网络不健全、通路不畅、终端市场铺开率不高、渗透深度不足等原因,经销商无法将产品分销到厂家所希望的目标市场上,无法保证消费者在零售店里见得到、买得到、乐得买。厂家的销售政策无法得到经销商的全面执行,其结果是厂家的促销力度越来越大,但促销的效果越来越差。厂家与经销商的利益矛盾使得厂家无法确保一个稳定的市场,经销商无序经营、窜货、降价倾销现象屡禁不绝;厂家调动经销商积极性的成本越来越大,导致厂家无利经营,如此等等。实践证明,这种市场运作方式越来越成为销售工作的弊病,成功企业应以终端市场建设为中心来运作市场。厂家一方面通过对代理商、经销商、零售商等各环节的服务与临近,使得自身的产品能够及时、准确、迅速地通过各渠道环节到达零售终端;另一方面,在终端市场进行各种各样的促销活动,提高产品的出样率,激发消费者的购买欲,使消费者舍得买。

(4)市场重心由大城市向地、县市场下沉

以往许多企业是以大城市为重点开发的目标市场,在大城市,至少是在省会城市设立销售机构。当众多企业为争夺大城市市场而进行你死我活的竞争时,一些企业则已将市场重心转移到地区、县级市场,着眼于在地、县级市场上设立销售机构。企业以大城市为销售重心,靠一个或几个经销商来辐射整个省级市场,受经销商销售网络广度和深度的局限,容易出现市场空白点,造成市场机会的浪费。同时,市场重心下沉是一个细化市场的过程,这种细化也反映在对经销商的选择上,销售机构下沉,客户也要下沉,企业对经销商的政策也由此发生了变化,从重点扶持大客户转移到重点扶持二三级经销商。

(5)渠道激励

由让经销商赚钱变为让经销商掌握赚钱方法。

我国现有的经销商队伍是以个体户为基础发展起来的,整体的素质不高。许多经销商是在经商大潮中靠着"敢干"而发家的,他们具有4点不足:一是市场开发能力不足;二是促销能力不足;三是管理能力不足;四是自我提高能力不足。厂家对渠道的激励措施已不再仅仅是给经销商送"红包",而是让经销商掌握赚钱的方法,对经销商进行培训。

7.广告宣传

(1)流动性广告。

(2)利用传统和现代宣传媒介进行商品促销,同时构建形象专卖店。主要是通过报纸杂志、电台电视广告、张贴广告、实物广告等方式向广大消费者进行促销。

(3)积极参加社会活动,扩大社会影响。

(4)利用名人效应,扩大企业知名度。

(5)社会承诺,提高产品信誉度。

8.促销组合

促销、终端、通路,每一个环节都可以克敌制胜,重要的是要找到对手的弱点,避实击虚,长己之长克敌之短,方能百战不殆。

首先是促销上的对抗。促销是大小商家常用的竞争手段,面对竞争对手的促销,新产品不能盲目跟风,大打价格战,而是要通过详细的市场调研,发现对手在促销过程中的"暗门",一举击中对方要害。

其次是强化终端市场。终端是产品直接面对消费者的窗口,一个新产品即使品质再好,如果只是缩在角落里孤芳自赏,终究不能吸引消费者的眼球。如何为新产品创造一个登台亮相的大舞台也是企业不能不考虑的问题。第一,紧贴对手;第二,大造声势。进行终端卖场传播需要注意的原则是:传达越少,消费者接受得越多。现在的广告信息太多,消费者乐于接受的是简单明了的信息。终端卖场布置要力求清楚简明,不论是产品包装、店头宣传还是店内陈列等都令消费者一望便知,这样不仅便于消费者识别品牌,方便消费者的购买,也有效地传播了品牌知名度。

最后是稳定通路。在通路方面,与经销商建立契约式的合作关系、重奖专营商是新品入市抢占市场的重要举措。由于属新品入市,一般中间渠道价差要比现有的品牌有一定的优势,这也是中间商最看重的一点,要严守现有价格体系,在月度返利等方面设立高出对手的返利政策或相对较高的"××奖励",同时通过当地的办事处或分公司提供协销服务,强化经销商经营信心。具体的方式:①通过订货会、返点、定量等方式对经销商进行促销。②零售终端可通过和其他××厂家合作,和当地经销商合作也可,实行卖×送×活动。③一切促销活动由总公司统一安排。

9.市场调研

组织人员做好先期的市场调研,掌握市场的第一手材料,努力做到"知己知彼,百战不殆",形成市场营销策划方案,并使该方案突出"农村包围城市"的营销战略精髓,并具有可行性和科学性。

10.具体的实施步骤(略)

第六节　订货会策划文案

❧撰写要领❧

一、订货会策划文案概述

订货会主要包括准备工作、策划活动以及注意细节等内容。订货会的准备工作要确定订货会的邀请对象,包括批发商、分销商及大的卖场或连锁超市的主要负责人等,这些人员在订货会中起决定作用;确定订货会的主推品种;制定主推品种的订货政策;做好订货会事前造势和客户摸底;做好场地的选择;做好时间安排和订货资料的准备等。

订货会的策划包括主题的确定、会场的布景、订货会在会中的沟通、制造气氛等内容。

二、订货会策划文案的注意要点

1.订货会不要开成吃喝会,防止订货会现场一片斗酒声,货没订出多少,费用却白花,订货会成了吃喝会。

2.订货会不要开成纯粹的沟通会,由于对订货会目的不明确,在开订货会时与客户过多注重与感情沟通,推介产品拉不下面子或认为只要关系好,客户肯定会要自己的产品,结果忽视自己要将货物订出去的目标,使订货会成为了经销商与客户的沟通会。

3.订货会不要开成答谢会,事前对活动内容没有详细说明,客户没有准备,结果客户参加了订货会,但由于没有心理准备,结果使货没订出,使订货会成为答谢会。

4.订货会结束后要及时跟进。一方面要将货及时送达订货客户的手中;另一方面要做好电话的及时跟踪与走访追踪,收取保证金,确保真正达成意向。

经典范文

范例 1　订货会策划文案

订货会策划文案

一、准备过程

1.派专车、工作人员到机场、车站迎接客户。

2.发送邀请函。

3.布置场景。

4.地点、时间的确定。

5.模特、化妆师的选定。

6.产品款式准备齐全。

7.加盟手册、产品标志视觉识别系统说明书。

8.赠送客户入场证。

二、订货会策划

1.公司副总发言。

2.公司负责人发言,概述公司远景,加盟优势、简介公司。

3.模特秀活动。

4.播放幻灯片(有条件的前提下),展示产品风格,给人以直观、方便的感觉。

5.在有条件的情况下邀请媒体参与,扩大公司形象。

6.产品标志视觉识别系统解说。

7.进入加盟程序:赠发加盟手册;客户出示必备条件(三证,专卖店地点);公司核实;签约。

8.客户代表发言,赠送礼品。

9.负责人总结发言。

10.公司负责人陪同客户参观公司。

11.晚宴就餐。

12.欢送客户。

三、补充

1.会场大厅应展示产品。

2.会场应设置咨询台、医疗台、会场标志等。

3.治安保证。

4.停车场秩序维护。

5.没有入场证人员不得入内。

四、所需道具

1.产品款式。

2.加盟手册。

3.邀请函。

4.产品标志视觉识别系统说明书。

5.模特、化妆师。

6.横幅条联、花篮、氢气球、拱门。

7.公司迎接牌。

8.入场证。

9.礼品(必须带有公司标志)。

10.发言稿。

11.全场平面图和方向标。

12.幻灯片(含公司产品内容)。

第七节　产品的包装策划

❦撰写要领❦

一、产品的包装策划概述

调查表明,在消费终端,有 63% 的消费者是根据商品的包装和装潢进行决策购买的;而在超市中,商品精美的包装和设计的吸引可使消费量超过顾客预计购买量的 45%。由此可见,商品的包装在产品促销中发挥着不可忽视的作用。

产品包装策划是从包装对促进销售的角度来进行的策划,它主要包括以下几个方面:

1.确定包装的形状与结构

主要从产品的运输、诸存、陈列、销售等角度来策划包装,要求做到结构合理、运输方便,尽可能缩小体积,节约包装材料,节省仓储费用。而这些一般又都是由产品的自然属性、用途、销售对象、包装材料、技术条件等来决定的。

2.确定包装的图案

对产品的主要对象及衬托主要对象的配物、配料、配色等应作如实的描绘。一般来说,包装策划中的图案设计主要有以下几种形式:

(1)摄影图案。

(2)绘画图案。

(3)抽象图案。

3.包装的文字策划

文字是产品包装画面的重要组成部分之一,它不仅在画面中起装饰作用,更重要的是达到宣传产品、介绍产品的目的。现在有不少包装策划设计是以文字的组合与变化来组成画面的。这种包装的表现手法没有图案形象或实物照片,仅运用一些文字的构成与组合,根据产品的特点和销售意图采用艺术手法,力求画面美观、文字醒目,从而达到宣传效果。

表现商标和品牌的文字对宣传产品有重要作用,因此,文字必须简练、鲜明、位置突出,使消费者易于识别,便于记忆。

4.包装色彩的策划

色彩运用得当,能起到宣传产品、美化产品的作用,从而增强包装作为"无声推销员"的魅力。在运用色彩时,既要考虑习惯色,又要有所创新,以奇取胜。

5.包装标签的策划

包装标签是指附着在包装上的文字、图形、雕刻及印刷说明,用以标明制造者或销售者的名称和地址、产品成分、品质特点、包装内数量、使用说明、生产日期、有效期限、产品编号等内容。成功的标签设计策划可以提高产品自身的竞争力,增进消费者对产品的好感和信任,促进销售。

经典范文

范例 1 产品包装管理文案

××公司"酒心巧克力"外观包装调查文案

酒心巧克力的销路在很大程度上取决于其外观包装,因此,在进行新产品开发时,必须首先对外观包装作出调查。

一、外观包装的调查内容及要点

1.消费商品实际形态

2.现存商品的不足之处

3.对新产品的评价

(1)商品的形态与样式

(2)味道

(3)与其他商品的比较

(4)名称

(5)包装与装潢

(6)价格

二、外观的调查

1.外形调查

(1)半椭圆形

(2)瓶形

(3)四角形

(4)圆形

2.包装的调查

(1)上开盖

(2)横开盖

(3)小包装

3.装潢的调查

(1)插图

(2)美术字结构

(3)图案

三、调查的程序

第一步,放置4种形状不同的酒心巧克力,让消费者观摩与评价。先不予品尝,只就其外形进行评价。

1.这形状有意思吗?有趣吗?

2.喜欢还是不喜欢?

3.外形与内装的各类名酒是否相称?

第二步,请消费者逐一品尝,并要求品尝者慢慢品味,以体会各类内装名酒之间的微妙差异,并判断其中各类名酒的牌子,选择各自认为最好吃的酒心巧克力。

其实,所有不同外形的酒心巧克力装的都是同一种酒,但目的是要考察外形对味觉的影响。

1.发甜还是发苦?

2.发涩还是发黏?

3.能准确明白地说出是什么味吗?

4.品位是否高雅?

5.有什么特色?

6.知道是什么名酒吗?

7.你最喜欢哪种酒心巧克力?

第三步,告诉消费者,所有不同形状的酒心巧克力装的都是同一种酒;在这种情况下,再一次询问消费者:

1.你真正喜欢的是哪一种外形?

2.你是否认为这种外形与这种内装名酒相称?

第四步,请消费者对各种外观装潢的要素进行组合,使每个消费者自由且自主地组合出自己最满意的结果。

第八节 产品推广策划书

❧撰写要领❧

一、产品推广策划书概述

产品推广策划书是产品进入市场的具体实施方案。撰写产品推广策划书时应侧重于市场推广的大方向,主要从产品目标、市场定位和广告定位等方面入手。

二、产品推广策划书的写作格式

1.市场背景分析

针对目前的市场及消费趋势进行分析,发现消费者的特点、购买动机,预测市场未来的发展情况;对市场上竞争企业产品的情况进行分析,了解竞争产品的价格、渠道、促销等方面的情况。

2.企业背景分析

根据企业的具体情况、所开发产品的特点分析市场上面临的环境机会与威胁。

3.产品开发目标

根据市场竞争状况和企业自身的特点制定产品开发目标,进行市场定位,选择目标市场。

4.营销操作流程

针对产品的具体情况,制订价格、分销、促销等具体营销操作方案。

5.效果评估

对策划方案实施效果和所要达到的目标规定评价的标准,以便方案实施后进行客观评价。

——❀ 经典范文 ❀——

范例 ① 家用电器居民小区推广文案

××DVD 城市居民小区推广文案

根据总公司 20××年度营销策略,××DVD 系列产品作为差异化竞争产品,将是今年市场推广的重中之重。针对目前各地××DVD 的市场情况,公司整合各地的 DVD 推广的成功经验,希望在全国推广展开,以此提升××企业形象。

一、推广背景分析

××DVD 作为差异化竞争产品,具有对手无法比拟的优势。××DVD 目标消费群有着较大的市场成长空间,但××DVD 产品在全国市场知名度较低。为提高消费者对××DVD 的认知度,以奖励形式开展演唱比赛、知识问答,企业、产品介绍等活动来达到与消费者互动的效果。

二、居民生活小区推广办法

1.活动目标

(1)鉴于受众对于××产品概念认知上的不足,提高受众对于××DVD的认知度。

(2)在消费群体中传达××DVD的概念。

(3)实现厂家与消费群体的互动、沟通,力求通过活动为下一季度的市场工作做好铺垫。

2.活动主题

在小区间开展活动,进行××DVD的市场推广。

3.活动时间

每个星期的周末或者节假日的上午×:××~×:××。

4.活动地点

全国一二级城市的居民生活小区。选择入住居民数达80%以上,各类设施齐全且内部具有较大的空阔场地的小区,交通便利者为佳。

5.活动方式

在居民生活小区间开展卡拉OK比赛,并辅以产品知识问答的形式,以此来提高消费者对于产品的认知度。

6.活动组织形式

以居民生活小区居委会的名义来对整个活动进行组织和规划,也可以方便操作。为了淡化商业气息,公司仅以赞助商的身份出现。

7.活动工作人员安置

(1)活动主管

负责整个活动的规划、组织及相关工作的部署。

(2)活动督导

监督活动的现场执行,若促销员非本公司人员,负责规范、培训活动促销员。

(3)促销员

负责现场消费者问题的咨询、产品的讲解、促销品的传送发放、宣传资料的发放、现场秩序的维持。外聘人员或由本部的工作人员担任,年纪为20~35岁。

(4)助手

协助活动主管进行相关的活动工作。

(5)活动主持人

负责主持现场活动,并充分调动现场气氛。要求:外表端庄、能言善辩、反应敏捷、善于调动现场气氛、言语具有煽动性,年纪在25~35岁者为佳。

(6)产品功能演示人员

由公司内部人员担当。负责看护展示产品,并向观众演示产品、示范操作。

8.组织准备

以介绍信的方式与小区居委会或物业联系,与其商谈,达成协议。为了淡化活动商业化气息,以小区居委会的名义进行活动,公司仅以一个赞助商的身份出现。

9.物料准备

(略)

10.活动执行

(1)信息的先期传达:

在活动前两天于小区的进出口处或者人流相对集中的地点张贴活动海报,广而告之,如小区超市、幼儿园门口、小区菜场等。

海报张贴后,在居委会设立报名点,对活动参与人员进行登记。

活动开始前一个星期在当地有影响的媒体刊登相关的广告,进行造势。

活动前4天以小区居委会的名义向小区的居委会、幼儿园发送担任评委邀请函。

(2)现场布置:在活动开始前4个小时进行现场布置。

①在活动现场张贴活动条幅和挂旗。

②以拉网方式把现场划分为现场比赛区、产品展示区、咨询区3个部分。

③摆放好各类设备,接配好机器。

④调试机器至最佳状态。

⑤在产品资料架上插放好产品宣传彩页。

注:活动组织者在活动开始前三四天要密切关注天气情况,若海报张贴出去,而天气情况不好,请即时贴出告示,告之活动延期或取消。

11. 活动进行

(1)活动分为现场有奖比赛及自由欢唱两部分,其中自由欢唱在有奖比赛颁奖后进行。

(2)主持人开场白,营造气氛,号召大家参与活动。开场白请看后附样。(略)

(3)小区物业或居委会相关人员讲话。

(4)现场促销员向现场观众分发宣传问答题及相关的产品彩页。

(5)现场工作人员号召观众参与活动。

(6)产品演示人员向现场观众进行产品演示。

(7)咨询人员对消费者疑问进行解答。

(8)主持人插播×××公司介绍或××DVD介绍,或现场问答。(根据实际情况,灵活运用)

(9)评委依据参赛人员演唱情况评分,公布结果,进行评奖。

(10)现场促销员为答对问题的现场观众发放促销纪念品。

(11)评委为获奖人员颁奖。

(12)现场观众自由欢唱。

(13)工作人员进行现场摄像或拍照。

(14)工作人员维持好现场秩序。

12. 活动执行细则

(×:××~×:××)工作人员提前到场,张挂横幅,布置现场,调试机器,营造活动气氛,所有工作人员各就各位,准备开始活动。

(×:××~×:××)工作人员开始发放问答题双色宣传页。

(×:××~×:××)评委到场入座。

(×:××~×:××)主持人开场白,请活动举办者居委会代表人员发言致辞,主持人宣布活动开始。

(×:××~×:××)参赛者献唱比赛,评委评分。

主持人在歌唱比赛过程中穿插有奖知识问答,调动现场气氛,并随时为答题者发放奖品,观众参与报名。

工作人员为在场观众进行咨询,发放宣传品,演示产品。

(×:××~×:××)根据参赛者得分的高低,评出一、二、三等奖,发放奖品,其余参赛者获得纪念奖。

(×:××~××:××)小区居委会代表人员进行总结。

(×:××~×:××)主持人根据活动情况进行总结,宣传活动进入自由欢唱阶段。

(×:××~×:××)现场观众自由欢唱。

(×:××~×:××)工作人员清理现场。

注意:现场所有的工作人员要求着装统一,佩戴统一制作的活动工作牌,举止彬彬有礼,落落大方,言语热情、恳切,富有亲和力。

13.效果评估

(1)现场观察统计:对活动现场进行拍照(录像),统计参加活动人数,访问参赛选手,总结活动开展的效果。

(2)资料统计:对现场发放的宣传单进行统计。对活动期间或活动之后购买产品的消费者的人数进行统计,调查、分析活动进行的情况和产生的效果。

第九节　产品售后服务书

撰写要领

一、产品售后服务书概述

产品售后服务书是销售方为了消费者的合法利益,完善产品质量,向消费者提供的一种信誉保证,它包括产品"三包"承诺服务书、售后协议书、服务承诺等。

二、产品售后服务书的内容

一般来说,产品售后服务书正文需写明的内容有:

1.属于产品"三包"的服务范围。

2.不属于产品"三包"的服务范围。

3."三包"时间范围;售后服务的具体规定。

4.为用户提供的服务承诺。

5.其他。

目前,很多企业已通过向客户提供用户服务指南、用户手册的方式将产品有关信息传递给消费者,这种实用的、方便的、全面的文书设计深受广大消费者喜爱。

经典范文

范例 1 设备售后服务书

×××公司产品售后服务书

尊敬的客户:

您好!×××有限公司衷心地感谢您选择我们的产品,并郑重向您承诺,我们将为您提供周到的服务。

具体实施措施如下:

1.建立客户档案,实行一机一档管理方案,严格执行调试维修单制度,确保设备正常运行。

2.对于大批量订单或有需要的客户单位,我公司将派遣资深工程师免费对设备进行安装调试。

3.公司免费为客户提供技术指导及使用培训。

4.我公司所有泵类产品质保期为1年,阀门管道类产品质保期为两年,质保期内如出现任何质量问题免费三包(包修、包换、包退),并终身维修,详细实现方法见《×××公司产品售后服务办法》。

5.我公司对所售产品一律实行终身跟踪保养和维护,在因用户使用不当或保修期外的维修及配件仅收取配件成本费。

6.以诚信为本、客户至上的原则服务于客户。

×××有限公司售后服务部

范例②　产品售后服务承诺书

产品售后服务承诺书

×××科技本着"高质量,优服务,求发展"的精神,以"优质产品、合理价格、贴心服务"的理念和负责、公开的原则向您郑重承诺:

产品配发检验合格证书和使用说明书,以确保用户能正确安装使用我公司产品。

我公司保证出厂的产品均按有关国家标准生产和检验,不合格的产品绝不出厂。保证严格履行、兑现产品三包,严格执行国家工业产品售后服务有关规定,对出厂产品自发货日起的××个月内或产品安装××个月以内(以先到者为限),若买方能够证实产品是符合本公司建议的方法正确安装与使用;能够证实产品本身确有设计、材料或加工缺陷,并向本公司提出书面申请,本公司将负责将缺陷产品免费召回维修,更换或按订货价全额退款。

用户对我公司产品提出质量异议,公司保证在接到用户提出异议后××小时内作出处理意见。若需现场解决的,保证派出专业技术服务人员,并做到质量问题不解决,服务人员不撤离。对每件用户反馈的产品质量问题及处理结果,我公司将予以存档。

在任何情形下,本公司均不承担因缺陷产品维修、更换而导致的劳务、材料、设备、工程或其他相关的连带费用。本公司此项产品售后服务承诺可以代替其他明示或暗示形式产品质量担保,并且可视为买方的唯一赔偿和卖方的唯一责任。

我公司服务宗旨:高效、负责、解惑

我公司服务目标:只为客户服务

第三章

营销价格类公文写作

第一节 渠道价格分析报告

——⊰撰写要领⊱——

一、渠道价格分析报告概述

渠道的价格要保持相对的稳定性,企业常常对渠道价格进行调查分析,目的在于两点:一是制定合理的渠道价格,保证经销商和利润的稳定;二是保证公司市场价格体系的稳定。

为此,渠道价格分析报告的重点是分析经销价格、制定合理的渠道价格,并检查经销商是否严格按照公司的指导价格进行销售。

二、制定渠道价格分析报告时应遵守的原则

1.拉大批零差价,调动批发商、中间商的积极性。

2.给予适当数量的折扣,鼓励多购。

3.以成本为基础,以同类产品价格为参考,使产品价格更具竞争力。若企业以产品价格为营销优势的,则更应注重渠道价格策略的制定。

——⊰经典范文⊱——

范例 1 渠道价格分析报告

×××啤酒上市的渠道价格分析

由于××啤酒行业中小企业居多,整体素质较差,供求矛盾突出,市场竞争激烈程度和市场秩序混乱程度在全国屈指可数,普通啤酒市场更是如此,一、二级经销商利润在××~××元之间，终端零售价格在××~××元/瓶加上瓶子销售利润为××~××元/只，单瓶利润在××~××瓶之间。相对来说经销商利润较低，积极性不高，企业利润就更加微薄。随着能源、原料、运输、营销费用的大幅增长，许多企业普通酒卖得越多赔得越多。由于作为中国名牌的××啤酒始终坚持普通酒低档不低质的原则，综合成功率较高，同档次产品均比竞争对手高到××~××元/瓶，而终端零售价却一样，经销商积极性受到影响。如何充分发挥品质、服务、利润和品牌优势，走出低价竞争的怪圈，增强普通啤酒市场的赢利能力是需要深入考虑的问题。

经过我们广泛的市场调查，发现在××啤酒市场，普通啤酒零售价在××~××元/瓶，而中高档啤酒价格在××元以上，却没有零售价在××~××元价位档次的啤酒；而且随着消费者消费能力和品牌意识不断增强，城市消费者对××啤酒忠诚度不断提高，而且中等收入消费者对普通啤酒的价格敏感度越来越低，消费者越来越关心并对产品的品质、口感鉴别能力越来越强。为此，××决定充分利用自身品质和品牌资源优势，开发中档价位的新产品，以避开竞争对手的价格竞争，提升××啤酒在普通啤酒市场的竞争力。

第二节　产品成本分析报告

——撰写要领——

一、产品成本分析报告概述

产品成本分析报告是指企业对产品或服务价格形成的各组成部分进行分析，以作为产品或服务定价的依据而形成的汇报材料。

二、产品成本分析报告的写作格式

1.定价目标

定价目标，是指企业通过对特定产品价格的判定或调整所要达到的预期目的。定价目标大致有以下几种：

(1)追求赢利最大化

(2)维持或提高市场占有率

(3)实现预期的投资回收率

(4)实现销售增长率

(5)适应价格竞争

(6)保持营业额

(7)稳定价格、维护企业形象

2.成本构成分析

成本构成通常包括技术成本、安全成本、配送成本、客户成本、法律成本和风险成本等。

3.问题分析(略)

4.建议与意见(略)

━━━━━ ❀ 经典范文 ❀ ━━━━━

范例① 电子商务成本分析报告

×××公司电子商务的成本分析报告

一、电子商务的定价目标

网上购物的成本包括上网费、信息费、网上支付、信息安全以及送产品到客户手中等所有费用的总和。这种费用的总和只有在低于传统方式购物的情况下，顾客才会乐于采用。此外，产品的外观、质量保证和送达时间、售后服务等一系列购物操作必须能够满足顾客的购物心理，而且这种满足感至少不能低于传统方式购物的度量指标。

但总的来说，电子商务必须要让所有的用户体会到"更快捷、更方便、更价廉"的基本特点，必须满足网上交易用户"放心、满足"的购物心态，这是电子商务定价的终极目的。

二、电子商务的成本分析

电子商务的成本是指客户应用其中的软硬件配置、学习和使用、信息获得、网上支付、信息安全、物流配送、售后服务以及产品在生产和流通过程中所需的费用总和。

(一)技术成本

1.软、硬件成本。

2.学习成本。

3.维护成本等。

(二)安全成本

1.软、硬件的安装使用。

2.安全协议规章的学习。

3.培训。

4.技术学习等。

(三)配进成本

1.存储费用。

2.运输费用。

3.配送人员的开支等。

(四)客户成本

1.上网费。

2.咨询费。

3.交易成本。

4.操作学习费用等。

(五)法律成本

1.网上交易纠纷的司法裁定、司法权限;跨国、跨地区网上交易时,法律的适用性、非歧视性等。

2.安全与保密、数字签名、授权认证中心(CA)管理。

3.网络犯罪的法律适用性:包括欺诈、防伪、盗窃、网上证据采集及其有效性。

4.进出口及关税管理:各种税制。

5.知识产权保护:包括出版、软件、信息等。

6.隐私权:包括对个人数据的采集、修改、使用、传播等。

7.与网上商务有关的标准统一及转换:包括各种编码、数据格式、网络协议等。

(六)风险成本

风险成本是一种隐形成本,成本的形成是由不好确定、不易把握的因素构成的,如网站人才的流失,病毒、黑客的袭击,新技术的迅速发展所导致的硬、软件的更新换代等。

三、问题分析(略)

四、建议与意见(略)

第三节　市场价格调查报告

❧撰写要领❧

一、市场价格调查报告概述

市场价格调查报告是指企业对产品的主要目标市场的价格行情进行调查分析,并针对企业自身情况提出建设性意见的文书。

二、市场价格调查报告的内容

通常来说,市场价格调查报告包括3部分内容:

1.目标市场价格现状。

2.预计价格变动对市场的影响程度。

3.存在的问题与建议。

————✧**经典范文**✧————

范例 *1* 　竞争对手产品价格调整情况调查报告

×××公司关于主要竞争对手产品价格调整情况调查报告

一、市场现状

目前,本企业目标市场的同类产品的主要生产厂商有:A 钢厂、B 钢厂、C 钢厂、D 钢厂、E 钢厂、F 钢厂、G 钢厂、H 钢厂、I 钢厂、J 钢厂等。总的来看,这些厂商的主要产品出厂价格未变,只是部分钢铁企业对其主要钢铁产品作了调整。

二、调整状况

(一)**A 钢厂**

目前钢材产品销售情况一般,根据市场行情,去年××月产品自销挂牌价格又有调整,其中线材、螺纹钢、圆钢均上升,普通线材升××美元/吨,高速线材升××美元/吨,螺纹钢、圆钢分别升××美元/吨;等边角钢、槽钢均降价,其中小规格降××美元/吨,大规格降××美元/吨。新产品部分:低碳易拉丝钢、标准件用钢、优线 3 个品种的出厂价格均上升××美元/吨。从钢材市场现款销售价格看,普通线材降××美元/吨,高速线材××美元/吨,普通圆钢××美元/吨,螺纹钢××美元/吨,槽钢××美元/吨,普通中板××美元/吨。

(二)**B 钢厂**

去年××月钢材产品出厂价格与上月相比,下降幅度较大,吨材价格平均下降××美元/吨左右。其中,普通线材降××美元/吨,高速线材降××美元/吨,普通贺钢降××美元/吨,螺纹钢降××美元/吨,普通中板降××美元/吨,热轧薄板降××美元/吨。

(三)**C 钢厂**

去年××月调整部分产品出厂价格,普通线材降××美元/吨,螺纹钢降××美元/吨,普通圆钢、槽钢、角钢出厂价格未变,销售优惠政策在此价格基础上优惠××美元/吨。

(四)D 钢厂

去年××月下调钢材产品出厂价格,其中螺纹钢下调××~××美元/吨,普线下调××~××美元/吨,高速线材下调××美元/吨,圆钢下调××~××美元/吨。

(五)E 钢厂

目前市场销售情况不是很乐观,据此去年××月调整部分品种出厂价格,普线、高线均下调××美元/吨,优碳固钢下调××美元/吨,焊管由捡尺交货价格改为国际交货价格,其交货价格上调××美元/吨,其余品种出厂销售价格未变。

(六)F 钢厂

从目前市场销售情况看,热轧板卷平稳,冷轧硅钢片及不锈钢产品销售困难,据此去年××月调整部分品种出厂销售价格,即热轧硅钢片降××美元/吨,冷轧硅钢片降××美元/吨,其余品种出厂销售价格未变。

(七)G 钢厂

目前钢材产品销售情况稳中趋降,市场交易不太活跃,提货较少,导致库存居高不下,估计今后情况会有所改善。为此,去年××月下调钢材产品出厂销售价格,螺纹钢降××~××美元/吨,普通圆钢降××~××美元/吨,槽钢降××美元/吨,角钢降××美元/吨,普通中板降××美元/吨,造船板、锅炉板降××~××美元/吨。

(八)H 钢厂

去年××月对中板、型材进行了近半年来价格的第一次调整,迫于市场价走低,而其他钢材纷纷下调了出厂价格,这次重钢调整价格如下:高速线材降××美元/吨,普通圆钢降××~××美元/吨,螺纹钢降××美元/吨,工字钢降××美元/吨,槽钢降××美元/吨,角钢降××美元/吨,造船板降××美元/吨,锅炉板降××~××美元/吨。

(九)I 钢厂

螺纹钢上升××美元/吨,热轧薄板降××美元/吨,热轧硅钢片降××美元/吨,热轧带钢降××美元/吨。

(十)J 钢厂

去年××月调整部分产品出厂价格,焊管降××美元/吨,热轧无缝管降××美元/吨,冷轧带钢降××美元/吨。

三、行情分析

从以上情况看,去年××月份钢铁企业市场销售行情一般。根据市场行情,结合各企业的生产情况,部分钢铁企业调整了部分品种出厂价格。在调整价格的品种中,线材、螺纹钢、圆钢、工字钢、槽钢、角钢以小幅下调为主;普通中板、薄板、造船板、锅炉板等板材类价格也都有小幅下调。下调幅度最大的是 B 钢厂,其价格平均下调××美元/吨。与普钢品种相比,特钢品种的出厂价格比较平稳,只有少数企业小幅下调小部分品种的出厂价格。

总之,目前钢铁企业的钢材产品出厂价格仍比较平稳,是稳中略降,市场销售还处于稳定的态势。

范例② 市场商品价格变动调查报告

市场商品价格变动调查报告

20××年以来,我县居民消费价格总水平呈上升趋势,其中粮油、肉、蛋以及房地产价格普遍上涨,根据××月××日市场调查,今年以来,部分与居民生活关系密切的重要商品价格变动情况如下:

一、粮食价格涨势趋稳

自从××月份小麦、玉米价格出现上涨后,一直趋于平稳。××月份小麦的收购价格为××~××元/××克,零售价格为××~××元/××克,××月××日收购价格为××~××元/××克,零售价格为××~××元/××克,零售价格涨幅为××%;玉米××月份的收购价格为××~××元/××克,零售价格为××元/××克,××月××日收购价格为××元/××克,零售价格为××元/××克,零售价涨幅××%。

据业内人士分析,到新粮(小麦)上市时,小麦价格存在下降趋势,而玉米价格则趋升。

二、食用油价格呈上涨趋势

××月份,食用油价格开始上涨,一级桶装(××升)××牌花生油由××月份的××元/桶上涨到××月××日的××元/桶,涨幅××%;散装花生油由××月份的××元/

××克上涨到××元/××克,涨幅××%。

花生油价格上涨的主要原因是花生的收购价格上涨。

三、牛、羊、猪肉价格出现不同程度上涨

牛肉××月份价格为××元/××克,××月××日价格为××元/××克,涨幅××%;羊肉××月份价格为××元/××克,××月××日价格为××元/××克,涨幅××%;猪肉中肋和后座价格分别由××月份的××元/××克和××元/××克上涨到××月××日的××元/××克和××元/××克,涨幅分别为××%和××%。

猪肉价格上涨的原因一是受去年疫情的影响,生猪存栏较去年有所下降;二是饲料价格上涨,饲养成本增加;三是生猪收购价格上涨,截至调查时,生猪收购价格为××元/××克,根据上述原因,业内人士分析,猪肉价格还有进一步上涨的趋势。

四、鸡蛋价格呈上涨趋势

××~××月份鸡蛋价格持续上涨,××月份价格为××元/××克,春节期间价格为××元/××克,××月××日价格为××元/××克,与××月份相比涨幅××%。

据有关人士分析,鸡蛋价格上涨一是受近年禽流感疫情影响,养鸡风险增大,影响养殖户养鸡的积极性,蛋鸡存栏明显下降;二是饲料价格上涨,养殖成本增加。据目前情况分析,鸡蛋价格有进一步上涨趋势。

五、房地产价格上张依然较快

今年××月份,我县房地产均价为每平方米××元左右,××月××日均价为每平方米××元左右。

据业内人士分析,我县房地产价格持续上涨,主要是因为我县地处××近郊,邻近××市区,交通便利,受市区价格拉动较大;其次,全国房地产价格上涨的大气候对我县房地产价格也有一定的影响,因此,今年以来房地产价格依然上涨较快。

第四节　价格促销文案

撰写要领

　　价格促销是用来应对竞争的手段。价格是职能性很强的战略与策略,相对于其他战略定位来说,受到不确定因素影响很多,难度大、风险强,容易限制经营者对市场的灵活反应,因而不容易像其他战略那样被企业津津乐道。世界著名的企业在它们的经营中都自觉或不自觉地表现出了对价格促销的偏爱。

　　价格促销可以很好地拓展市场,从而在竞争份额上取得优势。

　　价格促销方案主要包括主题、时间、地点、对象和内容的制定。

经典范文

范例 1　宾馆节假日价格促销

××黄金周价格促销

　　北京×××宾馆为了感谢客户长期以来的大力支持,在××期间推出了××黄金周优惠活动。

　　活动主题:"××,××"返现悬赏招募进行中。

一、参与方式:

1.告知商家本条促销信息的来源页面。

2.参与商家返现促销优惠活动。

3.享受商家推出促销优惠项目。

活动时间:本活动仅限××黄金周有效。

注意事项:

1.通过本信息预约无须任何费用,即可享受各项优惠活动。

2.消费时请提前一天电话预约,活动有效期限继续生效。

二、具体价格优惠:

1.客房价格均享受×折优惠,具体价格如下:

普通标准间(促销价):¥××元/间夜(净价)

商务标准间(促销价):¥××元/间夜(赠送双人早餐)

商务大床房(促销价):¥××元/间夜(赠送双人早餐)

2.餐饮方面的优惠:

(1)推出不同价位的经济"××套餐",以特色菜、家常菜为主。

3人用:¥××元/套(×凉、×热、×点心、×拼盘、酸奶/人)。

6人用:¥××元/套(×凉、×热、×点心、×拼盘、酸奶/人)。

8人用:¥××元/套(×凉、×热、×点心、×拼盘、酸奶/人)。

(2)零点客人将享受××折优惠(不含酒水),同时赠送酸奶。

3.康乐方面的优惠:

(1)凭房卡到康乐部每日可免费享受以下项目中任意一项活动。

(2)营业时间:×:××~×:××

室内游泳(××小时)

保龄球(××局)

落袋式台球(××小时)

乒乓球(××小时)

健身(××小时)

以上丰富多彩的促销活动将为下榻北京×××宾馆的宾客带来更多的实惠与惊喜!

范例② 商场节假日价格促销

××百货××促销文案

活动背景分析:

××节日期间,各商家相互比较打折让利销售的行为让人担忧,认为从表面上看起来红红火火的假日销售只是消费者将昨天、明天或下个月的消费集中在几天内进行。为了引导消费,激发节日冲动性消费,并且要想在××期间取得较好的销售业绩和较有影响力的社会效应,提升××百货的形象及以文经商的特点,××百货应该举办与节日相应的各种活动,推出文化营销,使营销过程与文化享受有机结合起来,使消费者在享受多元化服务的同时增加随机消费的欲望。从本质上区别与其他商家大同小异的一味让利打折手段来带动假日消费,真正做到从社会角度提升××的形象,树立高层次的文化消费来吸引消费者,笼络高层次的消费群体,展现名店风范,拟策划以下"繁花似锦××月天,欢乐假期乐无限"××节日主题系列活动,活动方案如下:

一、系列活动主题:

1.××月购物赠大礼,欢乐假期全家游

2.心系千千结,十万爱情大展示

3.迎××旅游大礼回馈会员

4.春季时装周

5.打折促销活动

6.印制××百货《××购物指南》春季版一期

二、活动时间:

1.××月购物赠大礼,欢乐假期全家游:20××年××月××日~××月××日

2.心系千千结,十万爱情大展示:20××年××月××日~××月××日

3.迎××旅游大礼回馈会员:20××年××月××日~××月××日

4.春季时装周:20××年××月××日~××月××日

5.打折促销活动:20××年××月××日~××月××日

三、系列活动范围：

××商城××店、××广场

四、系列活动内容：

1.××月购物赠大礼,欢乐假期全家游

活动内容：

为在××黄金周提升××商城人气,创造销售佳绩,特举办"××月购物赠大礼,欢乐假期全家游",即购物赠××情侣、全家旅游套票活动。

实施细则：

（1）××月××日~××月××日,凡当日累计消费正价商品满××元,凭发票及有效证件登记即可获得××旅游两人情侣套票××张。（不累计赠送）

（2）凡当日累计消费正价商品满××元,凭发票及有效证件登记即可获得××全家旅游标准套票（限××人）××张。（不累计赠送）

（3）凡当日累计消费正价商品满××元,凭发票及有效证件在相应品牌专柜登记即可获得××全家旅游套票（限××人）××张。（不累计赠送）

（4）凡当日累计消费正价商品满××元,凭发票及有效证件登记即可获得豪华旅游两人情侣套票××张。（不累计赠送）

（5）凡当日累计消费正价商品满××元以上,凭发票及有效证件登记即可获得豪华港澳旅游两人情侣套票××张。（不累计赠送）

注：此次活动仅限于服装品牌（会员卡只积分不打折）,厂家自愿参加,不参加厂家需参加打折促销活动,××不承担费用。顾客旅游费用在购物××~××元消费金额前提下产生,厂家承担费用仅相当于商品打折额度××折,较通常节日打折促销活动费用少且促销效果显著。（附：旅游价格表一份,略）

2.心系千千结,十万爱情大展示

活动内容：

爱情专线　尽显温馨

××期间推出独具特色的爱情专题活动,以"×××,×××"为响亮口号,抓住现代年轻人趋于真情表露的开放心态,积极调动热恋中情侣们自我表白的参与热情,将写有每对情侣爱情誓言、姓名、祝福等内容的手绢相互连接,这五彩缤纷、心心相结的"×××"在春风吹拂之下自然形成一道靓丽的风景线,而形形色色的爱情誓言则向每位顾客敞开心扉,与人们共同感受挚爱的甜蜜与温馨。

实施细则:

(1)××期间,活动在商城前广场举办"××,××"活动,用红色软绳连接用于悬挂手绢,每对男女顾客可现场领取手绢一块,提供油性马克笔供顾客撰写爱情誓言、真实姓名(用于抽取幸运顾客)、祝福等内容,凡经顾客同意的手绢由顾客亲手系在绳上,后一对顾客接着前一对顾客用手绢打结连接,以此类推,挂满为止。

(2)每日抽取一对幸运情侣,可获赠五一期间济南近郊旅游两人情侣套票××张。每日幸运顾客名单在网站公布,次日凭有效证件领取赠票。

3.迎五一旅游大礼回馈会员

活动范围:××商城

为感谢××会员多年来对××百货的支持,截止到20××年××月××日,会员卡累计购物积分排名前3名的××会员,于20××年××月××日~××月××日期间,可凭××会员卡及身份证到总台登记并领取相应的旅游套票奖励。(过期不候,排名情况于××结束后统计在网站及各大报纸公布)

第一名的××会员凭××会员积分卡及身份证登记可领取幸福之家(限××人)豪华旅游套票××张。

第二名的××员凭××会员积分卡及身份证登记可领取情侣豪华旅游套票××张。第三名的××会员凭××会员积分卡及身份证登记可领取济南近郊家庭旅游套票(限××人)×张。

注:此活动幸福之家豪华旅游套票价值:××元/人乘以××=××元;情侣豪华旅游套票价值:××乘以××=××元;济南近郊家庭旅游套票(限××人)价值:××乘以××=××元,总计××元,由商城承担活动费用。(附:旅游价格表,略)

4.20××春季服装局

活动时间:20××年××月××日~××月××日

活动主题:

每天推出一个或两个品牌服饰在商城地下一层中厅举办精品静态展及现

场时装秀,参展品牌可在T型台的南侧设立自己的形象展位,介绍品牌历史、服饰风格,营造时装周的氛围。

活动期间,让观众、消费者投票选出我最喜爱的品牌服装,观众可有机会参加抽奖,奖品为扑克牌等小奖品。

5.××商品打折促销

(1)限时抢购

活动时间:20××年××月××日～××月××日

活动内容:

每天不定时,部分穿着类、床品举行××~××折限时抢购,每次抢购时间限定一个小时。品牌由各商场联系厂家,于××月××日之前报策划部统一安排。

(2)××打折促销

活动时间:20××年××月××日～××月××日

活动内容:

不参加"××月购物赠大礼,欢乐假期全家游"活动的厂家应参加节日打折促销活动,即穿着类、床品全场××折起。

注:a.打折商品继续积分,打折价格低于会员优惠的不再享受会员折扣;

b.要求厂商全部参加打折活动,特殊商品不参加的要报总经理批准;

c.××百货不承担费用。

6.印制××商城《××购物指南》春季版一期

为迎接××旅游旺季的到来,为向全省前来省城旅游观光的顾客更多地介绍××百货,提升商城人气,更好地树立××百货在全省的形象,突出××商城新品、独有品牌的魅力,引导时尚消费,印制《××购物指南》春季版一期。

7.延长节日期间营业时间

因××节日期间为旅游黄金周,来济南旅游顾客较多,在节日购物高峰到来之际,为抓住商业黄金时机创造销售佳绩,营业时间延长至晚上××:××,进一步提升××百货引领时尚消费的经营特色。

五、系列活动费用预算:

(略)。

第五节 产品定价方案

撰写要领

一、产品定价方案概述

产品定价方案指企业对产品或服务价格如何确定而制订的计划与安排的文书。

二、产品定价方案的写作格式

1.基本情况。

2.产品或服务介绍。

3.费用构成。

4.产品或服务功能。

5.定价方案。

6.其他要求。

经典范文

范例1 产品服务定价方案

xxx公司地区化网络服务定价方案

一、基础设施

xxx公司作为全球远程因特网接入服务供应商,目前通过世界最大的由xx多个"存在点"(POPS)组成的远程接入网络,使公司的服务已覆盖了xx个国家和地区。

二、产品服务

×××公司的"公司接入"(Corporate Access)、"全球漫游"(Global Roa—ru-ing)和"管理接入"(Manage Access)产品及服务,使得公司、通信公司和因特网服务供应商能够在全球任何地方访问因特网以及它们的公司网络。许多公司的移动雇员,在非常广泛的通信和电子基础设施环境中开展业务。这些雇员能够简单地以本地电话的费用访问因特网和他们公司的网络。

公司的客户可以任意选择拨号或综合业务数字网(ISCDN)服务,它提供安全、可靠的远程因特网接入和全球漫游解决方案,并从囊括全球主要商业中心××覆盖面中获益。

三、费用构成

1.×××公司网络接入的费用。

2.一次性商业服务收费。

3.按照客户要求进行改制的特殊需求收费。

4.×××公司客户使用的革命性新"网络界面"客户软件应用费。

四、作用

1.全球远程因特网接入服务,使亚洲商家能够以大大降低的成本来提高通信能力和生产率。

2.通过标准化的收费,×××公司的客户管理成本降低,与拨打国际长途(IDD)相比,可节省××%的费用。

五、定价方案

1.简化地区定价计划方案,公司客户在公司已开展服务的同一个地区以同一价格付费。

2.全球统一计价服务地区分为××区、××区、××区和××区。

3.原来各个"存在点"定价被一个地区内所有"存在点"的统一价格所取代。

4.全球统一收费标准平均每分钟低于××美元。

5.公司客户有权选择一个国家(或地区)作为他们的"通讯服务注册地",并享受更大幅度的费用节省,因为在所在国家或地区上网价格将更低。

6.客户可以根据公司旅行雇员的使用量来选择他们合适的"通讯服务注册地",不必一定是公司或办事处所在的国家或地区。

六、要求

1.费用即时结付。

2.为了增加安全性,客户需保存密码。

3.客户需具备"虚拟专用网"(VPN)。

第六节　产品调价分析书

——撰写要领——

一、产品调价分析书概述

产品调价分析书是指企业对产品的价格组成部分进行分析,并结合目前市场状况,确定相应的价格调整意见的文字说明材料。

二、产品调价分析书的写作格式

1.产品编号、名称、规格。

2.销售状况。

(1)产品售价。

(2)估计销售量。

(3)月销售额。

3.成本分析。

(1)材料成本。

(2)总材料成本。

(3)单位人工成本。

(4)制造费用。

(5)销售费用。

4.利润分析。

(1)单位利润。

(2)估计利润。

(3)利润率。

5.价格调整意见。

———❀ 经典范文 ❀———

范例 1   公司产品调价分析书

公司产品调价分析书

一、产品编号:××   产品名称:×××

产品规格:××

二、销售现状

1.产品售价:××

2.估计销售量:××

3.月销售额:××

三、成本分析

1.材料成本:××

2.总材料成本:××

3.单位人工成本:××

4.制造费用:××

5.销售费用:××

四、利润分析

1.单位利润:××

2.估计利润:××

3.利润率:××

第四章

营销定位类公文写作

第一节　市场定位报告

❧撰写要领❧

定位这个概念是经由美国的广告经理 Ries 和 Trout 于 1972 年提出后并开始流行起来的。市场定位并不是要对产品本身做什么事，而是对潜在顾客的心理采取行动，即把产品在潜在顾客的心中确定一个适当的位置，让产品在客户头脑中独树一帜。市场定位是设计者通过设计、提供产品形象，从而使其能在目标顾客心目中占有一个独特的、有价值的位置的行动。

市场定位是成功地创造出一个市场导向的价值建议，其实质是向顾客提出一个购买该产品的强烈理由。在实际应用中，独特的定位要抓住核心，不能面面俱到，在实践中可以借鉴以下几种形式：

1.单一利益定位或第一名定位，比如××突出防蛀。

2.双重利益定位，比如××汽车将其定位于"××"、"××"。

3.三重利益定位，比如牙膏强调"××"、"××"、"××"，就是三重定位。

❧经典范文❧

范例 ① 汽车市场定位报告

××汽车的市场定位

一、市场分析

半个多世纪以来，世界经济危机此起彼伏，汽车业市场竞争愈演愈烈，汽车厂家生死存亡等现象层出不穷,高档轿车市场就涌现出了×国的××、×国的××、×国的××与××、××的××等品牌,汽车市场呈现品牌林立的局面。为了建立和巩固品牌形象,汽车厂商不惜重金制作大量的品牌广告和企业形象广告。

世界汽车市场一直处于不断地变化发展之中,众多的影响因素,如供求关系、政府的关税政策、环保法规、经济形势、原材料和能源的价格等,更是加大了汽车市场的复杂性与不确定性。竞争态势、消费者、环保问题是汽车竞争的最重要的3个视角。在汽车行业众多的品牌中,××车强调的是"×××",××强调"××",××的"××",××的"××",××的"××",××的"××",这些定位观点是各不相同的。

二、××的市场定位:××驾座

××的定位是"××、××、××、××",××的 TV 广告中较出名的系列是"世界××使用最多的车"。

高品质、信赖性、安全性、先进技术、环境适应性是××造车的基本理念,凡是公司所推出的汽车均需达到5项理念的标准,缺少其中任何一项或未达标准者均被视为缺陷品。

×××公司对品质的追求精益求精,在价格定位上,也选取了高价位,与××车的价格相比,一辆××车的价格可以买两辆××车。价值定价成为×××公司最重要的制胜武器,消费者为了得到身份与地位的心理满足感而不惜重金。

三、新卖点之一:大打"安全"牌

据统计,每年全球因交通事故死伤的人数高达××万人,汽车的安全问题尤其突出。×××公司一向重视交通安全问题,它首创的吸收冲击式车身,SRS 安全气囊等安全设计被汽车工业界引为标杆,并导致各汽车大厂竞相投入研究开发的行列。

翻开×××公司的历史,从××世纪××年代开始,它就致力于安全问题的研究。20××年,×××公司发明的框形底盘上的承载式焊接结构使得衡量车身制造的标准朝着既美观又安全的方向迈出了第一步。在××型的基础上,×××公司又研制出"×××":载客的内舱在发生交通事故时不会被挤瘪,承受冲击力的是发动机箱和行李箱这两个"缓冲区",为了不让方向盘挤坏驾驶员,转向柱是套管式的,可以推拢到一起;每一部小轿车上,从车身到驾驶室部件共有××个零部件是为安全服务的。

四、新卖点之二：环保至上

尽管汽车给人们带来很多的好处，但遗憾的是汽车加速了环境的污染。汽车马达的发动增加了城市的噪声；汽车排出的废气污染了人们呼吸的空气……环境污染成为汽车的两大克星之一（另一个是能源危机）。未来的汽车是环保汽车，比如利用电能的电车，石油、太阳能、煤、核能、水力、风力都可以用来发电，这就使得汽车能源不局限于某一种能源，又可彻底地消除噪声与废气的污染。

×××公司把对环保问题的关切作为其诉求重点，长期以来重视环保技术的研究，研制节能和保护环境方面的新型汽车。石油危机发生后，××公司着力研究汽车代用能源，例如乙烷、甲烷、电子发动或混合燃料发动装置。

×××公司每年定期推出强化企业形象的广告，表现其对环境问题的高度关心是它的重要内容。一般汽车公司是以美国环保法规为最终标准，多数的商品开发也以满足美国的标准为前提，但××公司除了这些之外，另外制定了一套比美国标准还严格的品管规定，"××"就是××广告的口号。

第二节 产品定位报告

❧撰写要领❧

一、产品定位概述

产品定位是指企业对用什么样的产品来满足目标消费者或目标消费市场的需求，这有别于市场定位，市场定位是指企业对目标消费者或目标消费者市场的选择。从理论上讲，应该先进行市场定位，然后才进行产品定位。

二、产品定位报告的写作要点

产品定位是对目标市场的选择与企业产品结合的过程，也即是将市场定位企业化、产品化的工作。

在产品定位中,可能涉及以下内容:

1.产品的功能属性定位:解决产品主要是满足消费者什么样的需求?对消费者来说其主要的产品属性是什么?

2.产品的产品线定位:解决产品在整个企业产品线中的地位,本类产品需要什么样的产品线,即解决产品线的宽度与深度的问题。

3.产品的外观及包装定位:产品的外观与包装的设计风格、规格等。

4.产品卖点定位:提炼出产品独特的销售主张。

5.产品的基本营销策略定位:确定产品的基本策略——做市场领导者、挑战者、跟随者还是补缺者,以及确定相应的产品价格策略、沟通策略与渠道策略。

6.产品的品牌属性定位:主要审视产品的上述策略的实施决定的品牌属性是否与企业的母品牌属性存在冲突,如果存在冲突,如何解决或调整?

❧ 经典范文 ❧

范例 1　保健品定位报告

××产品定位

一、背景分析

保健品作为一种特殊产品,虽对人体起着十分有益的作用,但总体而言,其疗效没有药品直接迅速,其价值又比食品昂贵,因此导致其生命周期比较短暂。市场上做得不错的品牌,比如"××"、"××"、"××"、"××"等,它们之所以能在市场上立足,主要得益于其鲜明的功能定位、特定的渠道选择和强大的宣传支持。

二、产品分析

××小麦草片作为一种纯天然、高科技、功能性的保健食品,意欲参与国内同行业的激烈竞争,首先面临的问题就是如何看待这个产品,也就是说,如何在消费者心目中给产品进行形象定位的问题,它关系着产品上市后的销售成败。作为保健品看待,势必影响到产品的生命周期,很可能企业刚刚收回前期的投资,消费者已经对产品产生了厌倦,产品的生命周期已经进入了衰退期;作为食品看待,一方面在定价上难以保证高价位,另一方面其药品式的外观也难以得到消费者的认同。而作为药品看待,一方面它是由食品企业生产,属于保健食品,另一方面在销售渠道的选择上也必然受到限制。

三、产品定位

经过综合分析,我们认为应把产品形象定位于类似药品的功能性、高价位保健食品。这样,虽不能使产品进入大众流通渠道,却能够保证产品较为持久的生命周期,同时还可以通过强调其组成成分稀有元素硒进行高价格定位,保障企业的高额利润。

为保证能够成功地树立起产品形象以推动市场销售,应注意以下几点:

1.在宣传上弱化其保健食品的概念,转移消费者的注意力,突出功能性诉求;在包装及宣传资料上印刷生产厂家时应采用其他形式出现(如×××实业等)。

2.在销售渠道上采用药品的销售途径,禁入食品或其他日用品流通渠道。

3.突出产品所含稀有元素(硒)组成成分以支持高价位诉求,应更换产品名称(如××硒片等),这样可使产品成为第一个以稀有元素硒为个性诉求的产品,容易让人产生深刻记忆,易于率先占领一块属于自己的市场,同时通过对硒这种稀有元素独特作用的介绍来统领众多的产品功效,有利于避免功能诉求太广泛、不明确。

4.改进包装。考虑到国内消费者的价格接受程度和购买习惯,将原包装缩小,降低每盒售价,以降低市场切入的门槛;同时在内外包装上使产品突出功能性、纯天然、稀有珍贵的形象识别,在硒片色彩上也可进行尝试,如采用浅绿色等,以此强化产品含有特种××小麦草中稀有元素硒,同时与众多常见药片形成视觉差异。

5.差异化的功能定位。对产品进行差异化功能定位,功能上以"×××,×××"统领,根据不同区域病例比重差异进行针对性诉求,如有的地域着重强调防治糖尿病,而有的地域强调防治高血脂、青春痘等。

第三节　企业定位报告

❧撰写要领❧

一、企业定位概述

企业定位是指企业通过其产品及其品牌,基于顾客需求,将其企业独特的个性、文化和良好形象塑造于消费者心目中,并占据一定位置。

二、企业定位报告的写作要点

1.经营思想和方向定位:包括为什么我选择的客户要向我购买?我的价值判断与竞争对手有何不同?特点何在?哪些战略控制方式能够抵消客户或竞争对手的力量?

2.客户群定位:要解决的是"我希望对哪些客户提供服务?"其中内容包括:我能够为哪些客户提供价值?哪些客户可以让我赚钱?我希望放弃哪些客户?

3.价值定位:如何得到回报?要解决的是"我将如何获得赢利?"其中内容包括:如何为客户创造价值,从而获得其中的一部分作为我的利润?我采用什么赢利模式?

4.业务范围定位:公司从事的经营活动、提供的产品和服务。要解决的是"我将从事何种经营活动?"其中内容包括:我希望向客户提供何种产品、服务和解决方案?我希望从事何种经营?起到何种作用?我打算将哪些业务进行分包、外购或者与其他公司协作生产?

——《经典范文》——

范例 ① 医院广告宣传定位报告

××整形美容医院广告宣传定位

一、企业经营思想定位

经营方向定位：××整形美容医院在整体经营中必须确立明确的方向及项目定位。建议作出如下规范：

进一步确立医学整形美容项目的主导及支柱产业地位，在整体宣传策划、资源调度上给予足够的力度支持，确保支柱产业健康、稳定、深入地发展。

皮肤美容项目居于次要地位，辅助、完善整个医院的经营类别，在管理资源的使用上与医学整形美容进行配合，共同构筑完整的××整形美容医院的整体形象及品牌。

在上述定位下，努力使××整形美容医院以全新的姿态重新站在××乃至全国的医学整形舞台上，将××整形美容医院建设成为中国西南地区的集医学整形美容、医学创伤修复、医学畸形矫正、医学皮肤治疗及美容的权威机构，真正成为学术型的医院及涵盖相关领域的企业。

二、经营思想的定位

医学整形美容产业是为人类塑造美丽，改善、提高人民生活品质，提高社会文明程度的神圣产业。××在几年的发展过程中通过不断地摸索，对于上述社会意义以及相应的经济价值的认知已经非常明确。××的经营定位、思想应该以战略眼光重新认识"美丽产业"所带来的巨大社会资源及潜力，以及巨大的社会影响力，切不可因追求目前的短期利益而放弃了对战略资源的整合开发，丧失整个社会市场。

××整形美容医院的经营思想可以提炼为："美丽××，美丽××"。

上述经营思想的确立、成型将彻底改变目前在经营过程中奉行的原则及指导思想。虽然在执行过程中肯定会有若干的问题，但主线的明晰、思想的超前才是真正的战略优势。

三、经营方式定位

××整形美容医院是立足于市场成长起来的专业型医院，市场化运作是企业生存、发展的关键及活力所在。同时因医疗行业的特殊性质决定了作为一个医院必须立足于雄厚的技术实力，只有具有准确的市场定位、精致的服务才能在竞争激烈的市场中找到属于自己的空间，因此市场化的运作才是××整形美容医院生存、发展的根本支点，适应市场的需求、反应、速度才是××整形美容医院适应市场的管理方式。

××整形美容医院在关键环节上应该像国有医院一样按照严格的医疗技术标准建立、管理自己的医技部门与技术人员队伍，但营销队伍的组建、市场的拓展部门以及相关流程的建立必须是快速的、有效的、市场化的。

四、企业类型的定位

××整形美容医院在广大消费者中究竟是一个什么样的医院？这是一个亟待解决的问题。

××整形美容医院作为一所以具有高新医疗、科研技术，以同步国际的高精尖医学设备为基础，从事高难度人体医学整形、医学型皮肤美容以及相关附属产业，承载了亚洲先进整形技术的正规化、专业化的技术型医院。上述定位是与其他美容门诊部有截然不同的本质性差异。

××整形美容医院集多年在医学整形美容领域以及皮肤美容领域积累了丰富经验，已经形成了独具特色的医疗技术体系，其系统性、独创性在同行中居领先水平，在整形技术方面已经成为西南地区的领头企业及行业的标志，因此，此项定位的明确化将进一步划清××与其他小规模整形机构的界限，明确塑造××的差异化需求。

五、营销目标定位

××整形美容医院将以目标清晰的企业产品、技术、价格定位重新进入市场，塑造技术型企业的实力及以合理的价格体系，以时尚的消费理念重新引导市场，创造新的消费高峰，从而实现业绩的稳定增长及企业的发展，同时不断深化进行企业内部的管理优化，不断提高医疗技术、医疗服务以及综合服务，逐步杜绝医疗纠纷及提高处理水平,为企业高速地发展打下坚实的基础。

六、价格体系的定位

价格是企业在市场经济中实现利润、扩展和发展的根本性工具,违背企业实际能力的价格策略不仅不会促进企业的发展,反而会起到竭泽而渔的效果,令企业失去持续成长的动力。××历来推崇高端的定位,但实际情况是除了定价高,其他的配套服务体系没有能够及时跟进,顾客所付出的与得到的不成正比,往往引发一系列的负面问题,并导致了大量的不利口碑传播,影响了企业固有的顾客资源循环,因此,现有的价格策略必须要进行调整,真正回到企业的产品与服务水平能得到市场认可的定位上来,以实现企业对市场的重新激活。

七、营销形式定位

现在的市场已经进入了相对低迷阶段,顾客素质提高、消费行为的逐渐理性以及"货比三家"的常规消费行为,还有媒介的负面报道加大了市场开发的难度;再加上企业本身在转制过程中的一系列决策的不稳定,导致了企业形象不明,定位不清,顾客的认知度及知名度下降,没有突破性的发展,因此,新年度的营销决策及营销推广形式必须是多管齐下,从过去的单一营销形式转变为复合营销形式,从医学整形美容市场的培育、医院日常经营业绩的保持、提升,企业品牌的塑造、二级市场的开发等多种营销形式配合,共同构筑新的营销体系,才能实现企业的逐步复苏。

八、营销手段定位

××在使用的营销手段上总体看来是比较单一的。因行业特性及消费者隐私的限制,在医学整形美容行业推行折扣的营销手段总体看来是有效的,但随着市场的变化,除了打折以外的诸多手段如"套餐"形式、VIP会员拓展、附加值服务等对企业综合实力要求较高项目的提供等,也因为企业内部存在的种种制约以及转制过程中一些部门的取消而丧失了工作能力,因此,上述工作的恢复将是下一步工作中的一个重点。

九、营销机构、机制定位

广告部从引导医院运作的策划部缩编到只负责平面设计的广告部,而医院另设的营销策划中心却在长达数月的时间中处于瘫痪状态,实际的销售活动的设计、组织、推广还是要由广告部来负责。缩编后的广告部负担了媒介开发、广告设计、发布、监控、二级市场的开发等工作,人力资源已经显现出紧张的状态,其中设计人员的短缺及现有设计人员的思维老化已经严重影响了公司广告水平的提升,因此,要对公司的营销机构重新进行清晰的定位与重组,补充新的设计人员,设置新的工作结构,重新配置现有人员,采取切实有效的措施激发大家的工作热情是关键。

十、广告机构定位

广告部:现有的工作结构在年末的工作变动中已经发生了变化,要完成新年度的工作计划及目标,就必须建立新的组织机构,完成人力资源的重新搭配,根据上述工作内容建立新的组织机构。

媒介部:负责媒体的预定、投放、监督,媒体发布财务结算工作以及日常广告投放数据的统计、核算;报刊广告合办栏目的监督、协调;电视广告的设计、制作、发布,电视合办栏目的设计、开发、制作、投播,单项电视广告片的设计、制作等工作。

拓展部:负责医院促销活动的设计、组织及实施,负责与医院其他部门人员、医生等配合进行医院所需二级市场的开发、推广等事项的执行。

上述组织机构的调整要本着分工明确、专业清晰、人员尽量精简的原则进行。

第四节 内容定位文案

✎ 撰写要领 ✎

在制作广告系列时,要注意到内容的定位。在网络营销中的内容定位主要是关键字定位,比如在网络搜索时有了关键词为内容的相关广告定位,当您输入每个产品类别时,才有可能被列为搜索对象在客户的列表中搜索到。

在展示广告中,广告的定位是通过内容体现的。比如,在消费者搜索网络广告时,会根据一个广告组中的所有关键字来确定其主题,然后再用这一主题来寻找相关的网页内容。

内容定位主要包括主题与目标定位、内容定位及构成、消费者定位、市场定位、广告定位等。

———— ❧ **经典范文** ❧ ————

范例1 时尚礼品目录手册策划文案

××目录手册策划文案

一、主题与目标

以体现"××·××·××·××"主题,以强势姿态出现,以精良的产品、真诚的投入、温和的态度及亲和的方式强行制造和推行独有的语言,使之成为品位象征,与读者共同进步,达成目标与远景。

目标是成为中国最声誉卓然、最具时尚魅力的男性时尚礼品目录手册;远景是成为创新的引领中国人时尚理念的《××礼品目录手册》,中国高档时尚礼品的领袖。

二、内容定位及构成

(一)内容定位

展现切实的时尚生活,体现社会生活中的精品人文精神;用摄影镜头捕捉生活中体现时尚中人文精神的真善美,满足读者轻松阅读的快感;以具有现场感、震撼力的图片吸引注意力,触及读者心灵深处,满足读者好奇、追求时尚的多层次需求。

(二)内容结构

主题内容:约占××%,包括以每期"××"为中心,培养读者持续阅读的习惯;时尚人物;时尚生活;时尚娱乐;"时尚××"内容以新闻组图为主,辅以计算机制图、文字。

时尚礼品目录内容约占××%,包括产品美图,历史产品的升值瞬间。

时尚礼品企业资讯约占××%。

三、栏目定位

时尚专题故事:比起部分具体的持续发展的事件中截取出来的单幅报道图片,图片故事对于事先安排的依赖要小得多,因而也更具现场动感并更加丰富。

时尚时事焦点:最具现场感的拥有震撼力的图片。强力推出的集照片、图表、文字为一体的报道。

时尚栏目:人物不局限于"大人物",也包括"小人物",尽量使人物多流露一些内在细节的东西,而不是表面化的动作本身,体现时尚的人文文化。

时尚前沿:以时尚视觉展现新时尚对我们生活的影响和变化。

时尚企业资讯:提供时尚领域的图片资讯,用礼品目录手册自己的时尚摄影师去捕捉独特内容镜头,配合广告引入。

四、读者定位

××~××岁,接受过和正在接受良好教育,具有和将会具有稳定或较高收入的主流人群,包括男性和女性读者。这一人群是社会中坚,他们正在和将成为各个领域的主导,是市场未来最具成长潜力的中高端消费阶层。

五、市场定位

与小众媒体不同;面向大众发行;实现较大发行量为基础;覆盖多层次广告受众。

六、广告销售定位

面向大众的各行业精品广告(着重强调广告设计的视觉效果)。广告内容包括:品牌企业形象、品牌产品。

主要行业:

IT 行业——摄影、摄像器材生产商及其产品;家用电器、家具等日常消费品;电脑、高档办公设备等高档消费品;手机等通信产品运营商、经销商及其产品。

金融行业——银行、保险、基金等金融业系列产品。

汽车行业——名牌汽车。

房地产业——精品楼盘、星级酒店。

日常用品——酒、化妆品、手表、服装等高档日用品。

七、发行营销定位

直接向目标客户投递,含会员。另外,邮发零售+自办零售+邮发征订+自办征订。以服务、执行功能为主,建立以联合营销为基础的终端营销服务网络。

第五节　品牌定位文案

——❧撰写要领❧——

一、品牌定位概述

品牌定位是指企业在市场定位和产品定位的基础上,对特定的品牌在文化取向及个性差异上的商业性决策,它是建立一个与目标市场有关的品牌形象的过程和结果。换言之,即指为某个特定品牌确定一个适当的市场位置,使商品在消费者的心中占领一个特殊的位置。

二、品牌定位文案的写作要点

品牌定位要考虑目标消费者的需要。借助于消费者行为调查,可以了解目标对象的生活形态或心理层面的情况。消费者有不同类型,不同消费层次,不同消费习惯和偏好,企业的品牌定位要从主客观条件和因素出发,寻找适合竞争目标要求的目标消费者,要根据市场细分中的特定细分市场满足特定消费者的特定需要,找准市场空隙,细化品牌定位。品牌定位一定要摸准顾客的心理,唤起他们内心的需要,这是品牌定位的重点。所以说,品牌定位的关键是要抓住消费者的心理。

品牌定位要给消费者以实际的利益,满足他们某种切实的需要。企业品牌要脱颖而出,还要尽力塑造差异。只有与众不同的特点才容易吸引人的注意力,所以说,企业品牌要想取得强有力的市场地位,应该具有一个或几个特征,看上去好像是市场上"唯一"的。这种差异可以表现在许多方面,如质量、价格、技术、包装、售后服务等,甚至还可以是脱离产品本身的某种想象出来的概念。

三、品牌定位文案的注意事项

品牌定位对于一个品牌的成功起着十分重要的作用。品牌定位的核心是展示其竞争优势,通过一定的策略把竞争优势传达给消费者,因此,对品牌经营者而言在确定目标后最重要的是选择正确的品牌定位策略,建立消费者所希望的,对该目标市场内大多数消费者有吸引力的竞争优势。

品牌定位从产品开始,除了产品定位以外,作为品牌定位重要内容的就是品牌整合营销传播过程中的广告诉求。

品牌定位与产品差异化既有关联,又有显著区别。传统的产品差异化是在产品供过于求的条件下,生产者对现有产品的变异求新,以实现与竞争者产品的差异,其差异化主要通过产品本身的性能和质量等有形因素来实现的。而品牌定位则不同,品牌定位不仅仅是为了实现产品差异化,也是为了实现品牌差异化。随着市场竞争的日益加剧,同一行业中各企业产品的差异化越来越难以形成。除了利用影响消费者选购产品时的有形因素以及其给消费者带来的物质和功能性利益,还要利用产品的风格、文化、个性等无形因素及其给消费者带来的精神和情感性利益,来塑造企业及其品牌的独特而有价值的形象,以期占据有利的心理据点,就成了企业竞争的理性选择。可见,产品差异化不是品牌定位的全部内容,它是品牌定位的基础或手段。品牌定位是全新的、更高层次上的营销思路与营销战略。

因此,品牌定位不仅要明确,而且要个性鲜明,让消费者感到商品有特色、有品位,甚至成为某一层次消费者文化品位的象征,让顾客得到情感和理性的满足感,从而有别于同类产品,形成稳定的消费群体。

经典范文

范例① 凉茶品牌定位文案

××品牌定位

一、品牌释名

凉茶是××、××地区的一种由中草药熬制,具有清热去湿等功效的"药茶"。在众多老字号凉茶中,又以××最为著名。××凉茶发明于清道光年间,被公认为凉茶始祖,有"××"之称。到了近代,××凉茶更随着华人的足迹遍及世界各地。

××世纪××年代初由于政治原因,××凉茶铺分成两支:一支完成公有化改造,发展为今天的××药业股份有限公司,生产××凉茶颗粒(国药准字);另一支由×氏家族的后人带到香港地区。在中国大陆,××的品牌归××药业股份有限公司所有;在中国大陆以外的国家和地区,××品牌为×氏后人所注册。××是位于××的一家港资公司,经××药业特许,由中国香港地区×氏后人提供配方,该公司在中国大陆地区独家生产、经营××牌罐装凉茶(食字号)。

二、背景

××年以前,从表面看,红色罐装××(以下简称"××")是一个经营得很不错的品牌,在××、××地区销量稳定,赢利状况良好,有比较固定的消费群,××饮料的销售业绩连续几年维持在××亿多元。发展到这个规模后,××的管理层发现,要把企业做大,要走向全国,就必须克服一连串的问题,甚至原本的一些优势也成为困扰企业继续成长的障碍。

而在所有困扰中,最核心的问题是企业不得不面临一个现实难题——将××当"凉茶"卖,还是当"饮料"卖?

(一)现实难题表现一:××、××消费者对××认知混乱

在××区域,××拥有凉茶始祖××的品牌,却拥有一副饮料化的面孔,让消费者觉得"它好像是凉茶,又好像是饮料",陷入认知混乱之中。而在××的另一个

主要销售区域××,主要是××、××、××三地,消费者将"××"与××茶、××牛奶等饮料相提并论,没有不适合长期饮用的禁忌。面对消费者这些混乱的认知,企业急需通过广告提供一个强势的引导,明确××的核心价值,并与竞争对手区别开来。

(二)现实难题表现二:××无法走出××、××

在××以外,人们并没有凉茶的概念,甚至在调查中频频出现"××××"、"我们不喝×××,×××茶"这些看法。向消费者倡导凉茶概念显然费用惊人,而且,××的消费者"降火"的需求已经被填补,他们大多是通过服用牛黄解毒片之类的药物来解决。

(三)现实难题表现三:推广概念模糊

如果用"凉茶"概念来推广,×××公司担心其销量将受到限制,但作为"饮料"推广又没有找到合适的区隔,因此,在广告宣传上不得不模棱两可。很多人都见过这样一条广告:一个非常可爱的小男孩为了打开冰箱拿一罐××,用屁股不断蹭冰箱门。广告语是"××,××"。显然这个广告并不能够体现××的独特价值。

在××前几年的推广中,消费者不知道为什么要买它,企业也不知道怎么去卖它。在这样的状态下,××居然还平平安安地度过了好几年。出现这种现象,外在的原因是中国市场还不成熟,存在着许多市场空白;内在的原因是这个产品本身具有一种不可替代性,刚好能够填补这个位置。在中国,容许这样一批中小企业糊里糊涂地赚得盆满钵满。但在发展到一定规模之后,企业要想做大,就必须搞清楚一个问题:消费者为什么买我的产品?

三、重新定位

××销售问题首要解决的是品牌定位。××虽然销售了××年,其品牌却从未经过系统、严谨的定位,连企业都无法回答××究竟是什么,消费者就更不用说了,完全不清楚为什么要买它——这是××缺乏品牌定位所致。如果这个根本问题不解决,那么无论拍什么样"有创意"的广告片都无济于事。

××的消费者饮用××主要在烧烤、登山等场合,其原因不外乎"吃烧烤容易上火,喝一罐先预防一下"、"可能会上火,但这时候没有必要××药"。而在××,饮用场合主要集中在"外出就餐、聚会、家庭"。

消费者的这些认知和购买消费行为均表明,消费者对××并无"治疗"要求,而是作为一个功能饮料购买，购买××的真实动机是用于"预防上火"，如希望在品尝烧烤时减少上火情况发生等，真正上火以后可能会采用药物，如××药、传统凉茶类治疗。

再进一步研究消费者对竞争对手的看法，则发现××的直接竞争对手，如菊花茶、清凉茶等由于缺乏品牌推广，仅仅是低价渗透市场，并未占据"预防上火的饮料"的定位。而可乐、茶饮料、果汁饮料、水等明显不具备"预防上火"的功能，仅仅是间接的竞争。

综上所述，××的品牌定位是"预防上火的饮料"，独特的价值在于喝××能预防上火，让消费者无忧地尽情享受生活：吃煎炸、香辣美食、烧烤、通宵达旦看足球等。

这样定位××，是从现实格局通盘考虑，主要益处有 4 个：①利于××走出××、××，由于"上火"是一个全国普遍性的中医概念，而不再像"凉茶"那样局限于××地区，这就为××走向全国彻底扫除了障碍。②避免××与国内外饮料巨头直接竞争，形成独特区隔。③成功地将××产品的劣势转化为优势，如淡淡的中药味成功转变为"预防上火"的有力支撑；××元的零售价格，因为"预防上火"的功能，不再"高不可攀"；"××"的品牌名、悠久的历史，成为预防上火"正宗"的有力的支撑。④利于××企业与国内××药业合作。

正由于××的××定位在功能饮料，区别于××药业的"药品"，因此能更好地促成两家合作共建"××"品牌。

四、品牌定位的推厂

××的推广主题是"怕上火，喝××"，在传播上尽量凸显××作为饮料的性质。在第一阶段的广告宣传中，××都以轻松、欢快、健康的形象出现，避免出现对症下药式的负面诉求，从而把××和"传统凉茶"区分开来。

为更好地唤起消费者的需求，电视广告选用了消费者认为日常生活中最易上火的 5 个场景：吃火锅、通宵看球、吃油炸食品薯条、烧烤和夏日阳光浴，画面中，人们在开心享受上述活动的同时纷纷畅饮××。结合时尚、动感十足的广告歌反复吟唱"不用害怕什么，尽情享受生活，怕上火，喝××"，促使消费者在吃火锅、烧烤时自然联想到××，从而促成购买。

第五章

广告文案类公文写作

Success

Success

第一节　广告策划书

❧撰写要领❧

一、广告策划书概述

广告策划又称广告企划,是在市场调查研究的基础上对广告整体活动或某一方面活动的预先设想和策划。广告策划书把在广告活动中所要采取的一切部署都列出来,指示相关人员在特定时间予以执行,它是广告活动的正式行动文件。

二、广告策划书的写作格式

一份完整的广告策划书至少应包括如下内容:

1.前言

应简明概要地说明广告活动的时限、任务和目标,必要时还应说明广告主的营销战略。这是全部计划的摘要,它的目的是把广告计划的要求提出来,让企业最高层次的决策者或执行人员快速阅读和了解,使最高层次的决策者或执行人员对策划的某一部分有疑问时,能通过翻阅该部分迅速了解细节,这部分内容不宜太长,以数百字为佳,所以有的广告策划书称这部分为执行摘要。

2.市场分析

市场分析主要包括以下 3 个方面的内容:

(1)背景资料。

(2)目前同类产品的情况。

(3)同类产品的竞争状况。

3.产品分析

分析被策划产品有哪些优越性及其不利因素,主要包括以下两个方面:

(1)产品的特点。

(2)产品优劣比较。

4.销售分析

销售是市场营销的重要组成部分,透彻地了解同类产品的销售状况将为广告促销工作提供重要的依据。销售状况分析应包括下列内容:

(1)地域分析。

(2)竞争对手销售状况。

(3)优劣比较。

5.广告重点

一般应根据产品定位和市场研究结果阐明广告策略的重点,说明用什么方法使广告产品在消费者心目中建立深刻的印象;用什么方法刺激消费者产生购买兴趣;用什么方法改变消费者的使用习惯,使消费者选购和使用广告产品;用什么方法扩大广告产品的销售对象范围;用什么方法使消费者形成新的购买习惯。有的广告策划书在这部分内容中增设促销活动计划,写明促销活动的目的、策略和设想,也有把促销活动计划作为单独文件分别处理的。

6.广告对象

主要根据产品定位和市场研究来测算出广告对象有多少人、多少户。根据人口研究结果,列出有关人口的分析数据,概述潜在消费者的需求特征和心理特征、生活方式和消费方式等。

7.广告地区或诉求地区

应确定目标市场,并说明选择此特定分布地区的理由。

8.广告策略

要详细说明广告实施的具体细节。撰文者应把所涉及的媒体计划清晰、完整而又简短地设计出来,详细程度可根据媒体计划的复杂性而定,也可另行制定媒体策划书。一般至少应清楚地叙述所使用的媒体、使用该媒体的目的、媒体策略、媒体计划。如果选用多种媒体,则需对各类媒体的刊播及如何交叉配合加以说明。

9.公关战略

公关活动旨在树立良好的企业形象和声誉,沟通企业与公众的关系,使消费者对企业产生好感。公关战略要与广告战略密切配合,通过举办一系列有社会影响力的活动达到上述目的。

10.媒体战略

媒体战略指根据广告的目标与对象选择效果最佳的媒体来达到广告的目的。媒体战略的内容主要包括以下几个方面:

(1)媒体的选择与组合。

(2)媒体适用的地区。

(3)媒体的频率。

(4)媒体的位置、版面。

(5)媒体预算分配。

11.广告预算及分配部分

要根据广告策略的内容详细列出媒体选用情况及所需费用、每次刊播的价格,最好能制成表格,列出调研、设计、制作等费用,或将这部分内容列入广告预算书中专门介绍。必须把年度内的所有广告费用列入预算之中,一般包括调研、策划费、广告制作费、媒介使用费、促销费、管理费、机动费等。

12.广告统一设计

广告统一设计指根据上述各项综合要求,分别设计出报纸、杂志、广播、电视等不同媒体广告的设计稿或脚本,以为年度内广告制作的统一设计提供参考或依据。

13.广告效果预测部分

广告效果预测是预计广告策划可以达到的目标或效果,明确反馈、检测的方法。主要说明经广告主认可,按照广告计划实施的广告活动预计可达到的目标。这一目标应该和前言部分规定的目标任务相呼应。

在实际撰写广告策划书时,上述 13 个部分可有增减或合并分列。如可增加公关计划、广告建议等部分,也可将最后部分改为结束语或结论,根据具体情况而定。

三、广告策划书的写作要点

1.一般要求简短、易读、易懂。

2.不要使用过多代名词。

3.在每一部分的开始最好有一个简短的摘要,说明所使用资料的来源,使计划书增加可信度。

4.字数最好不要超过两万字。如果篇幅过长,可将图表及有关说明材料用附录的办法解决。

5.在撰写过程中,视具体情况,有时也将媒体策划、广告预算、总结报告等部分专门列出,形成相对独立的文案,随后分而述之。

───❀❀ 经典范文 ❀❀───

范例 ① 化妆品广告策划书

化妆品广告策划书

一、广告目的

谋求××男性化妆品,在上市初期4个月中(本年××~××月)以××万余元广告预算造成很哄动的知名度,并能有良好的指名购买率,从而普遍受消费者欢迎。

二、市场分析

男性化妆品(发胶、发蜡、面霜、刮胡泡、刮胡水等)在××地区市场中被认为是大众化的消费品。大众化的产品在市场中销售时首先普及知名度,其次为创造知名度。如果知名度高,知名度强,产品的销路就能容易获得拓展。

当前××市场中男性化妆品计有下列××余种牌子。(略)

××牌之男性化妆品××上市虽不久,但因××地区市场中极多消费者对××牌的商标有很大的信任,随之对××亦多有好感。

发蜡中,以××牌销路最好,采用报纸广告多。

在洗发水中,××推出此类洗发水。

花露水中……

爽身粉中……

上述各种品牌的知名度均很高,欲与此××余种同类产品竞销,必须先从打开知名度做起,使消费者深切明白产品的名称与内容,进一步追求改变消费者的使用习惯,而渐渐改用××。

××在国际市场中虽已具有深厚的地位,但在××地区,一般消费者对之尚陌生。在运用广告后,其知名度当较一般在国际市场中无名之产品容易打开。

此外,在××地区市场中,一般的男性消费者对化妆品的使用尚不普遍,若能采取教导性的广告方法并配合销售广告,则有益于促使消费者增加。

三、广告重点

以"××××××××,×××××××"两句为主题,并配合显示男性优美风采的图片.以求吸引消费者的注意力。

以"×××××××××××××××"一句为副题,说明此种产品在国际市场已有很高价值,以增加消费者对产品的信任。

第一个月之广告(即上市最初广告)拟普遍运用报纸、电视两大类媒体。

从第二个月起,即减少运用报纸,着重运用电视等媒体。

四、诉求对象

以××~××岁之男性消费者为主,并促使其妻子及女友们为其丈夫或男友购买此种化妆品。根据调查统计,××××年初,××~××岁之男性人口数字如下:

(略)

此一数字,在××地区人口总额中占××%。

再根据较保守之估计,此一数字中,已婚男性及拥有女友的男性当占××%,因此诉求对象中又可增加××%之女性消费者,合计占××%。××~××岁男性均有普通消费能力,若再退一步估计,××地区××万人口中,有××%可作此种化妆品之诉求对象。

五、诉求地区

以……等五大都市以及消费力量都较强之县与镇为重点。

消费力量较弱之乡镇为次要地区。

六、广告进行方法

1.上市之初,选择××家发行量高的报纸在第一版刊登半××批或半××批广告,各报轮流刊登,连刊××天。第二个月起,每月只选择最主要之报纸,刊登××次或××次半×批广告。

2.自上市之日起,选择两家电视台,在甲级时间每周作××次插播,每次××秒,连播××个月。

七、广告预算分析

1.上市之初之报纸广告方面,所选择之××家报纸名单如下:(略)

(以上××家每一家各刊半××批一次,第一版。)

此部分小计广告费用为××元。

第二个月至第四个月报纸广告方面,选择《××日报》等××家,轮流在第四版再刊半××批××次。预定第二个月刊出××次,第三、第四两个月各刊出××次。

此部分小计广告费用为××元。

报纸广告之费用预算,合计为××元。

2.在电视广告方面选择两家电视台,名单如下:

××电视台(创立已有多年,拥有极高收视效果的商业电视台),每周在甲级时间中插播××秒广告××次。

××电视台(虽创立时间不长,但也是在节目表现方面已渐渐具有竞争力的商业电视台),每周在甲级时间中插播××秒广告××次。

此部分××~××月4个月中,共插播××次,费用预算合计为××元

3.电影院广告方面,所选择放映之地点如下:××市(××地区消费力最强之国际性都市)、××市(××地区中部富有消费力之都市)在此四大都市选择××家票房纪录最高之电影院,每天各放映××分钟广告影片××场,从××~××月共××个月,每月需花费××元,此部分小计广告费用为××元。

4.杂志广告方面,所选择之两家杂志如下:

××周刊(××地区杂志中发行量最高的一种,每期发行量已超出××万份),在此杂志刊出广告××次。

××月刊(读者多为知识分子之杂志),在此杂志刊出广告××次。此部分计广告费用为××元。

5.4个月广告预算费用合计:

报纸广告为××元(约占××%);

电视广告为××元(约占××%);

合计××元。

6.广告主预定之广告预算为××元,本计划所拟之预算略超出××元。

八、效果预计(略)

九、此4个月之广告计划在执行后,预计可收获3种具体效果:

1.××之知名度定可在全××地区之诉求对象中普遍打开,使得此种男性化妆品之知名度绝不低于其他任何牌子之男性化妆品。

2.××之指名购买率将可不断提高,且能使一般消费者渐渐养成使用××之习惯,进而使若干使用其他品牌化妆品的消费者改用此种品牌。

3.能增进男士们修饰自己的心理,使××产品的销路逐步打开。

范例 2 手机广告策划书

××手机广告策划书

前言

×××广告公司受××公司委托,进行××手机的广告活动策划。本策划根据双方协议,于20××年××月开始,至20××年××月结束,历时××个月。现提交广告活动策划方案文本。

本策划文本包括市场调查与分析、广告策略、广告计划、促销活动计划、附录等组成部分,全面涵盖了本次策划运作的内容,为本次广告活动提供策略和实施方法的全面指导。如果贵方认可此方案,希望本次广告活动能够完全照此执行。

如果贵方不采纳此方案,希望能够尊重我方劳动,不在广告活动中直接或间接使用本方案全部或者部分内容。

第一部分 市场调查分析

企业在市场营销中面临的主要问题在于:国外品牌夹击。

企业在市场营销中的优势在于:本土优势。

企业面临的市场机会点在于:随着通信技术环境的开放,欧、美、韩、日企业的技术垄断优势已不存在,国产厂商与国际品牌的技术差距日益拉近。

一、营销环境分析

1.营销环境中宏观的制约因素

(1)心腹重镇的中部发展政策:国家对××的重视在近几年尤为明显。市政交通的日新月异让××人的眼界日趋开阔,对新发明、新事物都有极强的接受能力。

(2)××的××市场:与全国同等规模的其他城市相比,××消费者接触各层次商品机会比较多,使消费者形成了比较强的价格评判能力,形成了稳定的消费心理和市场格局。在××市场中,不同消费能力的消费者的消费心态比较稳定,一般对自己消费什么档次的产品有比较明确的认识,使各档次的产品都能够稳定地占有部分市场,并且拥有稳定的消费群。

(3)不断提高的教育质量对高科技产品的需求:唯楚有才的××一直是教育先锋,高教育水平下高素质的消费者追求高生活质量成为××部分消费者的迫切需求,也带动了科技零售总额的大幅度提高,××公司所面临的正是这样一个规模不断扩大的市场。

2.影响市场营销的微观因素

(1)企业与供应商的关系:由于××实力雄厚、名声响亮,因此可以得到供应商的信任,在产品供应方面不存在问题。

(2)企业与经销商的关系:由于企业已有的广告和促销活动,实际销售情况已经比较理想,经销商获利不少,所以销售产品的积极性也很大,企业可以进一步在营销渠道方面多作努力。

3.市场概况

(1)市场的规模。

据信息产业部最新统计数据显示,20××年××~××月,全国通信业务总量累计完成××亿元,比上年同期增长××%;通信业务收入累计完成××亿元,比上年同期增长××%⋯⋯

(2)市场的构成。

①构成这一市场的主要产品的品种:

××手机:××系列 ××系列 ××系列 ××系列 ××系列 ××系列

②与本品牌构成竞争的品牌:

女性群体:××

商务人士:××

学生群体:××

××有小巧美丽的外观,深受女性群体喜爱,而且已经有一定的垄断市场形成;×××经典简约的款式和适当的功能占据了较大部分商务市场;××坚持高科技、低价格的策略为广大学生所接纳。

针对以上情况,××推出智能娱乐功能×系列、时尚学习功能×系列、豪华高科×系列补全产品多样化发展,突出产品个性。

③本品牌市场变化的可能。

本品牌在未来的市场中有可能出现以下几种变化:

其一,继续保持现有的占有率,但是因其他品牌占有率上升而相对下降。

其二,占有率下降。

其三,占有率上升。本品牌的市场占有率上升自然是最为有利的态势,因此本次广告活动的主要目标也在于此。

(3)市场构成的特性。

品牌类型的特性:

××——××品牌

××——××品牌

××——××品牌

××——××品牌

4.营销环境分析总结

(1)市场机会:整个市场将继续扩大,需求量将逐步提高。市场没有一个品牌占据突出的优势地位。

(2)市场威胁:由于这是一个比较饱和的市场,而且更多的品牌都在开发更新的功能,尤其是已有合资的品牌在市场上垄断。

(3)企业在市场中的优势:××企业具有比较雄厚的实力,因此有能力改变产品在市场上的现状。而且由于产品上市的时间还不长,消费者还没有形成对国有品牌的印象,因此有通过适当的营销手段吸引更多的消费者的可能。

(4)产品在市场中的劣势:××产品的市场占有率一般,而且市场对国有品牌的不信任,部分消费者可能因为品牌原因而不愿意选择本产品。

(5)重点问题:基于企业长远的发展,以低价迅速提高产品的市场占有率,再以实力争取到市场满意度,从而在现有的主要品牌中获得优势地位。

二、消费者分析

1.我们对消费者进行的关于手机消费的抽样调查表明,消费者选择手机的观念具有以下特点:

高像素、高清晰摄像头××%

金山词霸××%

短信群发功能××%

大储存 USB 接口可作 U 盘××%

丰富游戏××%

希望满足以上要求的消费者主要的年龄层:

音质清晰××岁以上

大储存可作 U 盘××~××岁

金山词霸××~××岁

丰富游戏××~××岁

2.消费者购买手机时比较喜爱的促销方式:

返还话费××%

打开包装有奖品××%

附件加量但是价格不变××%

降价或者打折××%

送不同种类的礼品××%

3.消费者购买的时间频率分析。

购买的时间:多数消费者在一周的某一天(一般为周末)集中购买,部分消费者在不固定的时间购买。

购买的频率:多数消费者每三至五年购买一次,没有消费习惯的消费者则没有固定的购买频率。

4.消费者的品牌忠诚程度。

通过调查发现,多数消费者在购买时有品牌的观念,但是品牌忠诚度较弱,这也是××可以利用的机会,因为消费者尚未形成非常稳固的品牌忠诚度,××可以利用广告来提高消费者对本品牌的认知,逐步培养忠诚消费者。

5.潜在消费者分析。

(1)潜在消费者的特性:在调查中,我们还发现一个现有的多数品牌都没有充分开发的潜在消费者群体,他们具有以下的特性:

年龄在××岁左右,独立生活但是还没有独立的家庭;××岁以上,独身生活。

职业和收入:一般分布于中等收入以上的职业。

受教育程度:一般受过中等以上的教育。

希望拥有比较高质量的生活,没有固定的品牌选择,但是由于喜好和身份的考虑,很少买流行的机型。

(2)潜在消费者现在的购买行为:他们现在主要消费较有口碑的合资品牌。由于这些品牌多,而且没有特异性,因此他们对这些产品有一定程度的盲目感。他们有能力消费,但是由于手机的广告主要针对商务人士或者学生,所以他们对于手机的需求还没有被充分调动起来。

6.消费者分析的总结。

(1)现有消费群体:以中青年为主,具有中等以上收入。

(2)现有消费者的需求:高科技、美观、廉价。

(3)现有消费者的消费行为:主要在电信局和商场购买,品牌忠诚度较低。

(4)现有消费者的态度:无特别偏好。

7.××面临的机会和问题。

(1)机会:现有消费者对已有市场品牌无特别偏好,品牌忠诚度较低;而潜在的消费者没有得到同类产品的充分重视。

(2)问题:产品的知名度和市场占有率低于其他品牌。

三、产品分析

1.产品特征分析。

(1)产品的质量:

①产品质量较高。

②消费者对产品质量比较满意。

③企业凭借先进的技术和设备能够继续保持现有的产品质量。

④消费者在质量方面有新的需求,产品的质量还有提高的潜力。

(2)产品的价格:

①产品价格在同类产品中居于比较高的档次。

②以高档为主,兼顾中档。

③产品的价格与产品的质量比较吻合,基本做到优质优价。

④消费者认为产品的价格偏高,因此购买的积极性较差。

(3)产品的品种:

①产品现有××个品种,在数量上居于同类产品的一般水平。

②与同类产品相比,没有特有的品种。

③有些同类产品具有的品种,本产品没有。

④产品的品种自上市后,没有增加和改变。

(4)生产工艺:×××移动通信科技有限公司以技术竞争为本,组建起了一支富有行业经验和创新精神的研发队伍。公司下属的国家级无线通信研发中心依托××研究院形成二级研发体系,并与国际知名厂商紧密合作,从而具备了强大的通信技术研发能力,掌握了手机研发的核心技术。

2.产品生命周期分析。虽然整个手机市场处于消退期,但是现有的主要品牌因为上市时间的不同,处于不同的生命周期。×××集团于20××年××月开始,经历了开拓市场的阶段和市场占有率逐步上升的阶段,现在市场占有率已经基本稳定,因此处于产品的市场成熟期。

××手机由于没有积极开拓市场,因此销路还没有打开,实际上处于市场导入期。

从××企业自身来看,产品上市的时间还比较短,处于打开市场的阶段,对消费者进行调查也表明,多数消费者也认为××是一种新产品,因此,从各个方面来看,××产品都处于市场导入的阶段,能否通过广告活动迅速打开市场,关系到产品未来在市场上的前途,因此,尽快制定合理的市场营销和广告策略非常重要。

3.产品定位分析。企业对产品的预期定位:企业将产品定位于全部消费者。

第二部分　广告策略

1.本次广告活动的主要目标为提高××手机的市场占有率。

2.本次广告活动以××为目标市场。

3.本次广告活动以××消费者为诉求对象,以中青年为诉求重点。

4.本次活动采取线上兼线下的媒介策略。

一、广告目标

1.广告目标。通过广告活动,在半年内市场占有率提高××%~××%,使××成为知名度居于领先水平的品牌。

2.根据市场情况可以达到的目标市场占有率,赶上或超过其他品牌。

3.本次广告活动的目标。通过半年的广告和促销活动,使产品的市场占有率提高到××%以上,使产品的知名度达到××%。

二、目标市场策略

1.企业原来的目标市场

(1)企业原来所面对的目标市场。企业原来面对××市所有需要购买手机的消费者进行营销,对不同消费者的需求是不加区分的,其中既包括根本不考虑国产品牌的消费者,也包括有国产品牌消费习惯的消费者,还有偶尔购买国产品牌的消费者,消费者对手机的需求和他们的共性特征很难描述。

(2)表面看来,市场的规模非常大,但是其中有相当数量的消费者根本不是国产品牌的消费者,这些消费者的数量又很难估算,整个市场的规模是不确定的。

(3)对原有市场观点的评价。

①机会与威胁:目标市场的不确定是企业原有的市场观点的主要欠缺,但是由于企业所面对的是一个不加区分的广阔市场,而不是已经确定的错误的

目标市场,所以企业还有改进目标市场策略的机会。

②优势与劣势:在产品自身,其高质量可以满足部分注重品质的消费者的需求,这是产品内在的优势,而产品的高价格又有可能阻碍部分消费者产生购买愿望,这是产品内在的不足。

③主要问题点:本次广告活动在目标市场方面所要解决的主要问题是对整个市场进行细分,找出企业的目标消费者,确定合理的目标市场策略,以产品现有的高品质的特性吸引部分对手机品质要求较高的消费者,争取他们对产品的认知,促使他们产生购买行动。

④重新进行目标市场策略决策的必要性:依据企业现有的市场观点很难解决上述的问题,因此有必要重新进行目标市场策略决策。

2.市场细分

(1)市场细分及各细分市场的评估。一个消费者能否成为××手机的消费者,受他的年龄、家庭生命周期、收入、生活方式、追求的利益等因素的影响,因此,我们以这些因素为标准,将全部的消费者划分为不同的群体。(略)

(2)对企业最有价值的细分市场:从上面的分析可以看出,对××企业最有价值的细分市场具有以下特性:

①20~40 岁之间的中青年;

②独立生活或者有独立的家庭、有未成年的子女;

③中等以上收入;

④适应现代生活,采取时髦——变动的生活方式;

⑤注重产品的质量,有较高的价格承受能力。

3.对细分市场的评估

(1)细分市场的规模和发展。在所有消费者中,具有这种特性的消费者只是其中的一部分,但是并不是很小的一部分。事实上,他们具有比较强的消费能力,是诸多高质量、高价格的产品的主要消费者。

××是一个正在迅速发展的大都市,而这一消费群体最能够适应社会生活的发展,而且其数量将不断增加,所以如果企业选择这一消费群体为目标市场,市场规模的扩大将非常有潜力。

(2)细分市场结构的吸引力。这一细分市场中的消费者具有稳定的购买能力，而且其他品牌的同类产品尚未明确选择这一市场作为目标市场，所以企业不会面临同类产品的激烈竞争，而且暂时没有替代产品的威胁，因此这一细分市场是结构比较合理的细分市场。

(3)公司的目标和资源。企业有能力在这个细分市场上进行营销，而且企业在这个市场上的发展有助于提高企业形象和品牌形象，从而实现企业建立领先品牌的营销目标。

4.企业的目标市场策略

有以下两种目标市场策略可以选择：一是完全市场覆盖的策略；二是选择特定的细分市场进行营销的策略。

企业市场营销的实践已经证明，完全市场覆盖的策略对于××这种并非适合所有消费者的产品并不是一种理想的市场营销策略，而根据产品的特性和我们对于按照不同的标准划分的各个细分市场的评估可以看出，选择最有可能选择本产品的消费者群体进行营销将有可能吸引更多的目标消费者，使产品获得稳定的消费群体，所以我们建议企业以我们上面总结过的细分市场为企业营销的目标市场。

三、产品定位策略

在前面的产品分析中，我们已经指出了企业以往的产品定位策略的不合理之处，而消费者分析和市场细分的结果也证明，针对消费者的需求，对产品重新进行定位非常必要。

1.产品定位的前提。对××产品的定位应在两个前提下进行，一是产品保持现有的质量；二是产品保持现有的价位。此产品定位的任务就是为这种优质优价的手机找到与目标消费者需求相吻合的恰当的定位。

2.定位机会点。××产品的定位可以朝着高科技和全面两个方向进行，但我们建议仍旧采取高科技的定位，原因有以下几个方面：

(1)消费者对于手机的需求可以分为两个阶段：在手机出现之初，他们主要的需求是方便，而在这种方便的需求为众多品牌的产品所满足后，他们的需求就从比较低层次的方便转向比较高层次的高科技。

（2）现在虽然多数品牌都采取高科技的定位,但是如果××为了回避竞争而采取方便的定位,无疑会很难适应消费者需求的发展,被消费者认为是一种低层次的产品。

（3）高科技的定位包含比较丰富的内涵,可以从多方面挖掘出与众不同的内容,而现在众多的品牌虽然都采取高科技的定位,但是多数都停留在表面的层次,没有做更深的挖掘,因此显得千篇一律,缺乏特色。

（4）对产品细分市场的分析也表明,对于最有可能消费××产品的消费者来说,高科技比方便更有吸引力。

3.产品可以选择的定位。在突出产品的高科技的总体指导思路下,产品定位可以有以下几种选择：

（1）定位出发点及定位表述；

（2）产品差异更加接近消费者需求的手机功能；

（3）为讲求高质量生活的现代人设计的通信工具；

（4）使用形态和使用时帮助忙碌的工作者提供便利；

（5）竞争者定位产品优于普通手机的高质量产品；

（6）对顾客有益、使生活具有高质量的通信产品。

以上的几种定位都不同程度地表现了高科技产品的优势,但是它们都不同程度地都缺乏独特性,因此还不能说是理想的定位。高质量的生活是消费者的需求,但是高质量生活的表述却过于空泛,难以对消费者产生独特的吸引力。因此,定位需要解决的核心问题就是将二者完美结合,挖掘出富有创造性、对消费者更有吸引力的定位。

四、广告媒介策略

1.媒介策略

由于本次广告活动是××开展广告活动,而且企业准备投入比较多的费用,所以我们建议突破其他产品,只做电视广告的模式,采取全方位的媒介策略。

（1）以电视广告为主导,向目标消费者做重点诉求,争取以电视广告达到最广泛的覆盖面。

（2）以报纸广告为补充,向目标消费者传达关于产品的更丰富的信息,同时将各种促销活动的内容及时告知消费者。

(3)以招贴广告作为售点广告,对消费者进行提醒性诉求,以促使他们即时采取购买行动。

2.媒介选择的标准

(1)选择武汉地区对消费者生活最有影响力的媒介。

(2)选择武汉地区消费者接触最多的媒介。

(3)选择最家庭化的媒介。

3.所选媒介

(1)××有线电视台:是××地方电视台,也是××地区收视率最高的电视台之一,一般家庭都收看这一台的节目,而且其费用低于××电视台。

(2)《××都市报》:是××唯一一家××报,也是以家庭订阅为主的报纸,其广告费用较高,但是广告覆盖面广,能对电视广告做有效的补充诉求。

(3)广告发布的时间:各媒体的广告在广告活动开始时同时发布。

(4)广告发布的频率:各媒体在广告发布的时间和频率上互为补充。在广告开始的一个月内采取集中发布的策略,即在各媒体上持续发布广告,以快速打开市场。一个月后采取间歇发布的策略,以节省广告费用,保持广告的连续性,起到持续的说服和提醒作用。

第二节　网络广告策划

❧撰写要领❧

一、网络广告策划概述

网络广告是指运用专业的广告横幅、文本链接、多媒体的方法,在互联网刊登或发布广告,通过网络传递到互联网用户的一种高科技的广告运作方式。

二、网络广告策划的写作要点

1.语言简洁生动

由于各网站对广告尺寸有一定限制,而且网络媒体也不适合长时间阅读,因而简洁、生动的网络广告词才会有较高的注意率。至于深人的信息传播,可以通过吸引受众点击链接到企业主页实现。

2.注意语言与画面的配合

动画技术的运用为网络广告增强了不少吸引力,因而在一般的网络广告中,语言更应服务于画面,起到画龙点睛的作用。

3.语言风格的适应性

由于网络可以根据不同兴趣爱好,把受众高度细分化,因而在针对目标受众诉求时应注意运用他们所熟悉的语气、词汇,会增强认同感。

4.语言形式受投放的网站决定

虽然网络无国界,但受众还是会受到语言的限制,因而要根据企业的传播目标选择站点,决定运用何种语言。

经典范文

范例① 网上专卖店推广策划书

××网上推广专卖店

××的名字和商标已经享誉全世界,现在他们想向网络用户宣传开设在全加拿大的"×××"中的××迷你店。为了达到这个目的,这位运动服装界的巨人利用互联网的互动性和图形功能制作了旗帜广告和一个网站,并在××月份投入使用。

××××网站的目标受众是十几岁的青少年和稍微年长一些的青年顾客。设立网站的目的是建立知名度并传达产品信息,网站由设置在×××.com、×××.com和×××.com上的广告来推广,有×个不同版本的广告轮流投放。其中一个版本以赢取××元××购物券为号召,并直接链接到网站上;其他几个版本截取运动员训练的一个片段并配上一句广告语"×××/××/××",这句话与网站的网址交替出现在广告上。为了吸引年轻的访问者,网站使用了各种设计元素,如挖苦式的导语、嬉皮音乐、游戏式的表现方法和多彩的形象等。×××公司在×××分部的广告经理×××说:"××××××××××,××××××××××。"

网站的导入页面在强劲的电子音乐中表现了几个出入大脑的句子。

××针对青年群体突出嬉皮而积极的态度:"××××××"和"××××××"就是这样的两个例子。进入网站的访问者会受到鼓励,通过把运动员们的"泡泡"照片进行拼接来得到产品的详细信息。

访问者还可以操纵鼠标在"quick-time 虚拟现实部分"从各种角度观看产品或进行商店定位。网上竞赛和反馈问卷还提供了赢取××元××代金券的机会。在网站上,黑色背景上鲜艳的××色字告诉访问者"××××××××××,××××××××"。

第三节　广告计划书

❀撰写要领❀

一、广告计划书概述

广告计划是对整个广告活动所作的规划,包括广告目标以及为实现广告目标而采取的方法和步骤。广告计划按时间来分,可分为长期、中期及短期计划。广告计划按广告媒体来分,可分为媒体组合计划和单一媒体计划。

广告计划包括广告调查、广告任务、广告策略、广告预算和广告工作活动计划等。

二、广告计划书的写作格式

1.前言

详细说明广告计划的任务和目标,并阐述广告主要的营销战略。

2.市场(前景)分析包括

(1)企业经营分析；

(2)产品分析；

(3)消费者分析；

(4)市场细分及市场定位：目标市场、市场竞争态势、市场优势机会、业务定位。

3.广告目标

(1)促进指名购买；

(2)强化商品特性；

(3)传播影响程度。

4.广告时间

(1)在各目标市场的开始时间；

(2)广告活动的结束时间；

(3)广告活动的持续时间。

5.广告的目标市场

6.广告的诉求对象

7.广告的诉求重点

8.广告表现

(1)广告的主题；

(2)广告的创意；

(3)各媒介的广告表现：平面设计、文案、电视广告分镜头脚本；

(4)各媒介广告的规格；

(5)各媒介广告的制作要求。

9.广告发布计划

(1)广告发布的媒介；

(2)各媒介的广告规格；

(3)广告媒介发布排期表。

10.其他活动计划

(1)促销活动计划;

(2)公关活动计划;

(3)其他活动计划。

11.广告费用预算

要根据广告策略的内容详细列出媒体选用情况、所需费用及每次刊播的价格,最好能制成表格,列出调研、设计、制作等费用,也有人将这部分内容列入广告预算书中专门介绍。以下为主要内容:

(1)广告的策划创意费用;

(2)广告设计费用;

(3)广告制作费用;

(4)广告媒介费用;

(5)其他活动所需要的费用;

(6)机动费用;

(7)费用总额。

12.广告效果预测

主要说明经广告主认可,按照广告计划实施广告活动预计可达到的目标。这一目标应该和前言部分规定的目标任务相呼应。

三、写作广告计划书时的注意要点

1.把握定位原则

(1)定位所提及的事项,不必再编列于计划书内。

(2)若计划书的分送单位较多,或须实施比较性的定位,则应将有关事项逐件记载。若须具体地提出市场目标或广告目标,则应将其要求列出。

2.如何提示广告目标

(1)应在计划书的某一部分提及广告对营销策略的功用。

(2)假若广告效果可利用计量方法预测,则应将广告目标予以数字化。

(3)在无法以计量方法预测广告效果时,可运用以往经验大略预测,但也应将广告目标予以数字化。

(4)在无法以计量方法预测广告效果时,则可利用文字将广告目的加以叙述。

3.现状分析及优劣点的提示

(1)有关广告计划现况的掌握。

(2)若将现状分析与优劣点相互比照并依其先后顺序提示,则极易显示出两者之间的关系。

(3)若将现有资料与实际情况相互印证,则有助于新信息的产生。

(4)记述内容应注意到因果关系。

(5)避免一再提示客户所熟悉的资料,但应大量提供客户所缺乏的资料。

(6)即使所提供资料对本公司不利但有益于广告建立,应将其提出。

4.广告计划资料的处理方法

(1)除了提案或问题验证的有关资料,其他资料概不列入广告计划书。

(2)广告计划的有关统计资料,以附录方式编入于广告计划书内。

(3)定位使用的有关图表,也以附录方式编入广告计划书内。

(4)附加资料应加以选择,并非仅限于公开资料。

(5)供拟定计划用的市场调查报告,应和广告计划书分别编制。

5.预算表或实施进度表的编拟方法

(1)以简单明了为原则,一张报表不可列入不同的资料。

(2)须提出两种以上的计划方案时,则应分别编拟。

(3)若须依地区划分,则应依客户的销售地区划分。

(4)时间单位应以客户惯用的单位为基准。

─────❧ **经典范文** ❧─────

范例① 网络广告计划书

××网广告计划书

一、背景资料

伴随着中国信息产业市场多元化进程的加快和中国即将加入 WTO，电信市场的竞争日趋激烈。中国××通信公司除了与中国××、××、××等国内企业竞争，还必须面对跨国公司的疯狂扩张。迫于目前严峻的形势，中国××通信公司必须寻求新的经济增长点来取胜于激烈的竞争。××网——传统的语音业务向数字业务领域扩展的技术平台正是在这一形势之下推出的。

二、业务简介

目前新推出的数字业务主要有：××、××业务、××，××、信息点播、英汉字典、"××"储值卡。

三、市场前景分析

××网是中国××通信公司对外信息的窗口，也是数字新业务的技术平台，它依托中国××通信集团公司的雄厚实力，从真正意义上实现移动互联，引领时代的潮流。据初步统计，西安高校在校大学生手机普及率在××%~××%之间，上网人数超过××%，手机持有者基本全部上网，但在所有上网同学中知道××网的同学不足××%，登录过××网网页或了解其数字业务的则更少。由此可见，中国××通信公司对××网及其新业务在大学生中的宣传力度还不足。

从长远战略看，大学生在未来××~××年内××%以上都会成为手机用户，这是一个巨大的潜在消费市场。并且大学生毕业后分散到各行各业，通过他们能够带动和影响部分社会消费者，从而将市场拓展向全社会，因而在大学生中做好××新业务的宣传是非常重要的。

四、市场细分及市场定位

1.目标市场。以目前在校大学生作为目标消费者,对××网及其业务进行宣传,既可以争取现有的市场份额,又极大地开拓了未来广阔的潜在市场。以高校宣传作为首要切入点是一个很明智的选择。根据××网的业务特点,将目标人群分为:

(1)目前没有手机,但即将拥有手机;

(2)目前拥有手机,将来需要××新业务。

2.消费者分析。目标消费者定位于文化程度较高、经济状况较好、经常上网、拥有手机的人群。对于目前拥有手机的人群,应让他们了解并应用新业务,要尽力争取这份市场;对于目前没有手机但将来会拥有的一族,应首先将其发展为中国××的用户,然后上他们了解并应用新业务。

3.市场竞争态势。从目前的移动通信市场来看,有××、××、××等多家通信运营商,随着我国加入 WTO,将有更多、更强的外国电信公司参与竞争,××通信市场将变得更加激烈、残酷。从互联网的角度看,网民首选的是比较著名的专业门户网站,而很少选择别的网站(如我国网民一般选择"××"、"××"、"××"等),只有将二者结合起来,才能增强××网的竞争实力。

4.市场优势机会。××网将××通信与互联网很好地结合在一起,实现了××互联的统一,这在目前看来属于首家,比单纯的××通信或互联网存在很大优势,尚未存在很大的竞争威胁,须尽早抢占商机,并利用××网做好互联网上的移动新业务宣传。

5.业务定位。如果说以前很多人是通过电子邮件来了解互联网,那么现在则是通过 QQ 来了解的,而高校上网的同学中每人至少拥有一个××,所以在高校中将主要的宣传业务定位于××QQ,让他们通过对 QQ 的了解及应用去了解别的业务,从而全面拓展移动的数字业务。

五、行销组合策略

1.户外广告

(1)为了增强消费者的注意力,形成印象积累效果,在大学校园内设立户外广告牌、灯箱、霓虹灯等,使人们以欣赏艺术的轻松心情自然地接受广告信息。具体地点可以选择在人流集中的地方,如食堂、阅报栏、校园主干道、草地、球场等。

（2）广告应着眼于宣传××网的清新亮丽的形象及其新业务,要避免过于商业化,结合大学的校园文化,着重体现企业形象及企业文化,使同学们易于接受。广告内容应形式多样,全方位体现出××网及随之而推出的数字新业务的特点。

（3）广告语言应着重体现出××互联网的业务特点及移动企业的形象,应选择生动活泼、表意丰富的广告语言,如"××网,把××的梦变成现实"、"××"等,让××网的广告牌在××高校中既体现××的企业文化与人文精神,又成为一道靓丽的风景线,融××的企业文化于高校的校园文化。

2.领导讲座

（1）利用大学生对成功的渴望及对成功人士的创业经验的渴求,请××的领导做一些讲座,引导大学生更多地去了解××企业是很有必要的。讲座内容可以结合各高校不同的人文环境和科学环境,以展望大学生的美好前景,定位于以××倡导的××互联,展望未来的美好生活,穿插××的企业文化,使学生无形中对×××通信公司产生好的印象。运用煽动性较强的语言深化刺激,使同学们对××网产生一定的探索欲望,进而产生购买欲望,达到营销的目的。

（2）讲座时间应选在学期开始至中间的某一个周末,以避免与学期末的考试复习相冲突。讲座主题可以选取如"××互联,未来生活新时尚"、"××通信的发展前景"、"中国××的人才战略"、"××领导谈成功经历"等大学生感兴趣的题目。

（3）讲座中注意适量穿插××企业及业务介绍,但要避免过于商业化,更多地体现出人情味,表现出××通信公司对人才的重视和渴求,并愿意为人才的发展提供更多的机遇和更好的环境,使同学们对×××公司产生亲切感。

（4）讲座时同时向听众散发企业的业务及形象宣传材料,也可分发小纪念品。

3.××杯足球赛

（1）针对大学生对足球的热爱,立足于各高校每年都要举行足球赛,可由××通信公司牵头,每校选拔一支队伍参加,借鉴甲A联赛的经验,按地域将高校分为4组,实行主客场制,小组赛选出八强角逐冠军。

（2）提前在比赛学校设立宣传点,进行全方位宣传,并可和学报、广播站、足协等组织连手,制造浓厚的氛围。在球场边制作氢气球条幅广告,悬挂横幅,并设立××宣传资料发放点,并且由××通信公司统一冠名队服广告。

(3)比赛时向球迷免费赠送小喇叭,上面系一张制作精美的××网及××企业的宣传资料;对于足球情结不浓的同学,可制作一些精美的过塑的书签,上面简洁而又明了地点出××网及××通信公司的企业形象,向同学们免费赠送,使每一位同学每天一翻书就能看到××网及××通信公司的形象,使同学们对××网及××通信公司有一种亲切感,将宣传活动提升到高潮阶段。

(4)在整个活动中可邀请大众媒体进行跟踪报道,增强宣传力度,提升××形象,提高社会影响力。

4.文艺巡回演出

(1)文艺演出可丰富校园文化生活,深受同学们的喜爱。可结合元旦或国庆之际学生自己的文艺演出节目,由×××通信公司统一策划,并承担一部分文艺节目, 在各校巡回演出。×××通信公司负责演员全部的服饰及部分设备,以××通信公司的节目为基础,将各高校的节目穿插于×××通信公司的节目中。

(2)在演出前进行为期一周的海报等宣传,营造气氛,整个活动突出××网的形象,在演出的高潮阶段进行一段具有专业品位的宣传表演,既活跃现场气氛,又加深同学们对××网的了解。

5.设立奖学金

(1)就目前×××通信公司在××学院设立的××奖学金而言,效果不甚理想。据对获得奖学金的同学们调查显示:他们把获得××奖学金看做一项荣誉,而对×××企业及其业务没有任何更深的了解。由于目前许多院校都有不同的公司设立奖学金,奖金数额也不尽相同,以至于获奖同学更关心奖金数额,而对是什么公司不是很关心,使设立奖学金的公司得不到预期的效果。

(2)颁发奖金时可举行隆重的由××领导亲自出席的颁奖仪式,并发表热情洋溢的讲话,以扩大××通信公司的影响力。

6.××——环保

(1)针对当前全社会关注的热点问题——环保,提高大学生的环保意识,体现××通信公司的社会责任感。

（2）由××组织，从各校环保协会选出精英组成"××环保考察小组"，对××条河流的污染情况进行分站考察，同时对经过之处进行环保宣传，散发由××制作的环保宣传资料，并邀请媒体全方位跟踪报道。之后，组织进行考察结果摄影展览，同时举行报告会，在各高校举行"××环保有奖征文"活动。

7.宣传材料

对以上各活动中使用的宣传材料，在其制作上应力求精美，务实地宣传××通信公司的新业务。形式可以是招贴、挂历、图卡、广告小装饰品、公司纪念品等，结合不同的目标消费层次，有的放矢地对新业务进行宣传，如在高校大学生中重点宣传"××"、"××"等，对社会成功人士重点宣传"××"、"××业务"等。

8.消费者信息反馈

召开消费者意见采纳会，广开言路，并成立"××消费者信息处理中心"，设立消费者意见热线电话、意见信箱。定期做市场问卷调查，动态掌握消费热点及消费心理，并根据反馈信息及时调整战略。

六、效果评估

1.从广告的经济效果看，通过以上长期及短期的广告宣传和诱导，自然会吸引一部分学生消费群体，获取一定的市场份额，给企业带来利润。更重要的是稳定了大部分未来的、潜在的消费者，从而达到广告的最基本、最重要的效果——经济效果。

2.从广告的社会效果看，定位于高校，赞助高校各项活动，就是对社会文化教育的贡献，对社会主义精神文明和物质文明的促进，从而产生深远的影响和意义。

3.从广告的心理效果看，通过对各种活动的赞助，拉近了消费者与企业和产品的距离，培养了消费者对产品的信任和好感，树立了良好的品牌形象和企业形象。

第四节　创意广告策划书

撰写要领

一、创意广告策划书概述

创意是广告的核心与灵魂，一则广告的效果如何，最关键的因素就在于创意。创意文案主要是将广告作品的表现及形式用完整的文字表达出来，其中，除了产生画面的构想之外，还包括广告语言的表现内容（如平面的标题、引文、正文、随文、广告语等，影视的音效、旁白、字幕、广告语等）。其中至关重要的就是新颖的创意和传神的文字表现。

二、创意广告策划书的注意事项

被收看的广告中，只有 1/3 的广告能给观众留下一些印象，而这 1/3 的广告中只有 1/2 的内容被观众正确理解，仅有 5%能在 24 小时内被观众记住。也就是说，一则广告如果没有创意，只会被湮没在其他的广告之中。要做出有创意的广告，可以从以下五大原则着手。

1.相关性：就是广告创意必须与产品个性、企业形象相关。

2.原创性：就是广告创意要突破常规，出人意料，与众不同。

3.简明性：就是指广告创意必须简单明了、切中主题，使人过目不忘，印象深刻。

4.合法性：就是指广告创意必须符合广告法规和广告发布地的伦理道德、风俗习惯。

5.真实性：就是广告必须真实，不能为了吹捧某件产品而有不符合实际的言论出现。

———❦ 经典范文 ❦———

范例 ① 汽车广告创意策划书

××汽车创意文案

一、标题

"这部新型的××汽车在以每小时××英里的速度行驶时,最大声响来自它的电子钟。"

二、副标题

是什么原因使得××成为世界上最好的车子?一位知名的××工程师回答道:"根本没什么真正的戏法——这只不过是耐心地注意到细节而已。"

三、正文

1.行车技术主编报告:"在以每小时××英里的速度行驶时,最大声响来自它的电子钟。"引擎是出奇的寂静,三个消音装置把声音的频率在听觉上拨掉。

2.每个××的引擎在安装上都先以最大气门开足××小时,而每辆车子都在各种不同的路面上试车数百英里。

3.××是为车主自己驾驶而设计的,它比国内制造的最大型车小××英寸。

4.本车有机动方向盘、机车刹车及自动排挡,极易驾驶与停车,无须雇用司机。

5.除驾驶速度计以外,在车身与车盘之间没有金属衔接,整个车身都是封闭绝缘的。

6.完成的车子要在最后测验室里经过一个星期的精密调试。在这里分别要受到××种严酷的考验。例如,工程师们用听诊器来细听轮轴所发出的微弱声音。

7.××保用3年。从东岸到西岸都有经销网及零件站,在服务上不会再有任何麻烦了。

8.汽车车身的设计制造,在全部××层油漆完成之前,先涂××层底漆,每次都用人工磨光。

9.使用在方向盘柱上的开关,就能够调节减震器以适应路面的情况。(驾驶时不觉疲劳,是该车的显著特点。)

10.具有两种不同传统的机动刹车、水力制动器与机械制动器。××是非常安全的汽车,也是十分灵活的车子,它可在时速××英里时安静地行驶,最高时速可超过××英里。

11.另有后窗除霜开关,它控制着××条隐布在玻璃中的热线网,备有两套通风系统,即使你坐在车内关闭所有的门窗,也可调节空气以求舒适。

12.座位的垫面是用××头英国牛皮制成,这些牛皮足可制作××双软皮鞋。

13.镶贴胡桃木的野餐桌可从仪器板下拉出,另外两个可从前座的后面旋转出来。

14.你还可以有以下随意的选择:煮咖啡的机械、电话自动记录器、床、冷热水盥洗器、一支电动刮胡刀。

15.你只要压一下驾驶座下的橡板,就能使整个车盘加上润滑油。仪器板上的计量器可指示出曲轴箱中机油的存量。

16.汽油消耗量极低,因而不需要买特价油,这是一部令人十分愉悦的经济车。

17.××的工程师们会定期访问汽车的车主,替他们检修车子,并在服务时提出忠告。

18.××也是×××公司所制造。除了引擎冷却器之外,两车完全一样,是同一个工厂中的同一群工程师所设计制造的。而×××的引擎冷却器较为简单,所以要便宜××美元。对于驾驶××感觉信心不太足的人士,可以考虑买一辆××。

四、价格

如广告画面所示的车子,若在主要港口交货,售价是××美元。

第五节　公益广告策划书

❧ 撰写要领 ❧

一、公益广告策划书概述

公益广告策划的内容同广告策划的内容大体一致,主要包括广告目标、广告对象、广告主题、广告策略、广告创意(广告方案的撰写)、广告媒体选择、广告经费、广告评估等。主要不同的只是公益广告要体现公益性,创意的空间相对自由一些,因为商业广告必须受到广告主的制约,而公益广告只需符合本国的道德规范和法律,受制约较小,创作者有更大的发挥余地。

二、公益广告策划书的注意事项

公益广告可以体现出不同的创意风格,可以直言相告、启迪心智;可以妙喻惊人、针砭时弊;可以措辞警策、发人深思;可以画龙点睛,让人茅塞顿开。

总之,公益广告由于没有商业性的约束,可以在创意上充分发挥,通过声、像、字幕、音响等电视手段充分体现其创意效果,以求产生最好的社会效益,达到警世和教化的目的,同时创意好的公益广告也让人产生一种艺术享受。

❧ 经典范文 ❧

范例 ① 水资源保护公益广告策划书

水资源保护公益广告策划书

一、广告主题

水资源的保护与节约。

二、广告目的

1.引起社会对中国水问题和水危机的关注。

2.提高公众对水与健康、水与环境及水与经济可持续发展的认识。

3.倡导人们科学用水、保护水资源、防止水污染。

三、背景简介

我国人均淡水为世界人均水平的××/××,属于缺水国家。全国已有××多个城市缺水,已有××%的人正在饮用不良水,其中已有××万人正在饮用高氟水。每年因缺水而造成的经济损失达××多亿元,因水污染而造成的经济损失更达××多亿元。

四、宣传重点

1.呈现水之美,倡导人与自然的和谐。好江、好河、好湖、好海;好山、好水、好景;水美人才美。

2.认识水对人类健康的重要性。世界上××%的疾病是通过水传染的,水的清洁、饮用水的质量与人类健康息息相关。

3.反映水资源的破坏与污染。水量短缺、水质恶化、水体功能均降低和丧失,水源环境的生态遭到了不同程度的破坏,比如草场退化、大漠荒化、湖泊退缩、水资源减少、干旱、雪害等。

4.警醒依赖科学技术过度开发利用水资源。水资源的综合开发利用有赖于科学技术的全面介入,包括充分发挥现有供水工程效益、调整地区用水不平衡、提高污水治理回用能力、建立良性的水能资源机制等。然而,人类在征服自然方面取得伟大成就的同时,由于无止境地侵入自然而破坏了生态环境,造成无可挽回的损失,这是值得我们深思和警醒的。

5.倡导人人参与节约水源,从身边做起,从一点一滴做起。

五、广告目标对象

1.广大公众。

2.污染水资源的厂商、企业。

3.对于水资源改善具有影响力的政府部门。

六、使用场合

1.电视、广播、报刊、新闻事件等各大媒体传播。

2.网络传播。

3.户外传播。

七、实施方案

1.电视广告

（1）年久失修的水管"滴答滴答"地漏着水（镜头由远到近，声音为"滴答声"）。

（2）离水管不远有一人正用水龙头的水××，准备××，洗完后扬长而去，还忘记了关水龙头（镜头特写是自来水击打在人手上的动作还有水哗哗的背景声音）。

（3）水沿着下水道排入了一条已经严重污染的河道（运用剪辑把水流入下水道和排出到河道连接）。

（4）河面上吹起了一股夹杂着脏东西的小龙卷风（镜头从河面往上推到天空，风声）。

（5）天空中依然还是一阵风，但是风的下面却是一望无垠的荒漠（镜头是从上往下推，更加猛烈的风声）。

屏幕打出：×××××××（有旁白）。

（6）已经维修一新的水管的不远处，一只手正把水龙头紧紧地拧上（近景）。

（7）顺手把水龙头边上刚刚收集的淘米水拿去浇花（镜头由浇水的根部向上特写美丽的花朵）。

（8）花朵由实变虚到远方青山相傍的湖泊（鸟鸣声由强到弱，屏幕慢慢变黑）。

2.平面报刊广告

方案一：由企业赞助举行公益广告设计大赛，在新闻事件中进行宣传并将获奖作品作为本次宣传的户外、报刊、网络广告。

方案二：由策划方提供海报，作为本次宣传的户外广告和报刊广告，由媒体或企业赞助。

第六节　广告策划预算书

——❧撰写要领❧——

一、广告策划预算书概述

广告策划目标与广告策划预算有着密切的联系，广告策划目标说明广告策划者想做什么，而广告策划预算则限制广告策划者能做什么。按照广告宣传目标和活动方案所需的费用分成若干项目，列出经费清单，准确地预算出单项活动和全年活动的成本，有利于企业统筹、事后核对和考察效绩。

广告策划预算表的基本内容有：市场调研费、广告设计费、广告制作费、广告媒介租金、演员酬金、广告机构办公费与人员工资（服务费）、促销与公关费、其他杂费开支（如邮电、运输、差旅、劳务费等）。

二、广告策划预算书的注意事项

广告预算不同于企业的其他财务预算。一般财务预算包括收入与支出两部分内容，而广告预算只是广告费支出的预算，广告投入的收益由于广告目标的不同而有不同的衡量标准。它或许反映在良好社会观念的倡导上，或许反映在媒体受众的心理反映上，也有可能体现在商品的销售额指标上。有许多企业错误地认为，广告投入越大，所取得的效果也就越大。广告策划者通过对大量广告活动效果的实证分析得出：当广告投入达到一定规模时，其边际收益呈递减趋势。

❧ 经典范文 ❧

范例 1 广告策划预算书

广告策划预算书

内容	费用	执行时间
项目调研费:		
1.问卷设计		
2.实地调查		
3.资料整理		
4.统计分析		
5.上机费		
6.其他		
策划、设计费:		
1.报纸		
2.杂志		
3.电台		
4.电视台		
5.其他		
制作费:		
1.印刷费		
2.摄制费		
3.工程费		
4.其他		

内容	费用	执行时间
媒介费： 　1.报纸 　2.杂志 　3.电台 　4.电视台 　5.其他		
服务费：		
促销、公关费： 　1.促销 　2.公关		
机动费		
代理费		
其他		
总计		

最新
适用版

第六章

促销文案类公文写作

第一节 促销计划书

撰写要领

一、促销计划书概述

促销计划书是指为促进目前既有客户及潜在客户的购买而制订的一种计划文案。

二、促销计划书的写作格式

1.计划概要。

2.计划的目标与方向。

3.销售方法的改进。

4.对促销实施的管理等。

经典范文

范例① 公司促销计划书

×××公司促销计划书

一、计划概要

(一)本公司积极制订下列各项计划,以促进本公司的销售工作;

(二)本计划的实施与日常的业务处理工作应同步进行,因而不得因日常工作繁忙而疏忽本计划,或者只专注于本计划的执行而忽视日常业务;

(三)在实施本计划时,首先销售部门的管理人员应对工作的执行加以设

计、处理,以加强执行控制能力;

(四)不仅要重视计划的拟订过程,更要重视计划的具体实施。

二、产品开发

(一)应加强纪念品的设计及接受订单的工作;

(二)策划推出附赠品的特卖活动,并在方法上加强设计;

(三)加强年初、年底的赠送品设计,以此促进销售;

(四)争取更多的××产品以外的加工订单。

三、潜在客户开发

(一)对销售额不断增长的客户,应尽量加以联系和了解;

(二)通过洽谈会说明公司的方针并促成交易。

四、销售渠道扩张

(一)设法成立新的代理店、特约店或扩张其规模,以便利用各类业务来往提高本公司产品的交易额;

(二)为达到以上目的,首先需制订代理店的交易规定;

(三)拓展销售渠道,使产品广销各地;

(四)代理店的管理必须先进行合理的规划,并积极施行及修正;

(五)对于业绩突出的代理店,可采取使其持有股份或出资参与的形式加以发展,将有潜力的零售店发展成批发店。

五、交易达成的促进

(一)改革目前协作会的已有规则,并灵活运用;

(二)基于上述目的,协作会的运作方式也应设法改善。

六、销售机构的改进

(一)业务部:负责销售的企划、事务处理及管理方面的工作,其具体业务如下:

1.销售的计划与管理;

2.进行市场调查;

3.企划并实施广告宣传;

4.处理外来订货业务,负责产品出库及处理电话订货业务;

5.制作、寄送销售网点名录；

6.计算销售额及负责催收款项。

（二）特殊业务室：负责处理特殊的政府机构、公司及工厂的订货业务。

（三）客户联络部：负责访问市内客户，并负责订货的处理及收款；负责出差访问外地客户及订货处理、收款等业务。以上的相关业务也可委托公关部的高层人士去进行。

七、销售奖励的实施

销售奖金暂定为4类：

（一）与全店有关者；

（二）只限于百货公司者；

（三）有关特定产品者；

（四）有关新开发产品者。

八、薪金制度的改革

（一）改进目前所采用的固定薪金制度，一半的薪金采用固定薪金，另一半则以工作效率决定薪金幅度；

（二）效率给薪方式与固定给薪不同，每××个月依照本人的工作成绩进行一次上下调整。

九、企划与实施

（一）设计各种广告，以邮寄方式发送宣传；

（二）设计特卖方式；

（三）做各种销售的设计，如举行展示会或样品会等；

（四）筹划、提供各零售店的促销费用及所需物品。

十、促销培训

（一）制定对外销售的各种处理标准，依据此标准指导各相关销售人员进行重复性的演练；

（二）对零售店及其他相关销售网点做销售技术的指导。

十一、销售管理

（一）对于销售人员的活动，一切都须制订计划，依照预定计划来进行。另外,对于其活动方式也必须有计划性地加以规范管理。

(二)采用日报制、访问预定制、访问管理制。

十二、经营方针的检查与修正

(一)使客户在实质上感到亲切,激发顾客的购买欲望,价格可以适当提高。

(二)今后不以现金销售及现金进货为重点。成立协作会,使其会员享有特别权利,并可赊销固定的产品。

(三)目前的客户大都属于销售额很低的小型商店,今后应致力于拓展销售成本低但效率高的客户。

十三、产品计划

(一)以生产独特、优良的新产品及全力拓展销售为重点。要充分认识到销售独特的产品比销售普通的产品利润更大而且操作简便。

(二)设法掌握独特且利润可观的特选产品。

(三)批发商除代理销售之外,应该也有自己公司的特有产品。这种产品可以自己注册,也可以由外部承购。

(四)纪念产品的销售计划。

制作目录,利用它来进行销售,一般可以经营以下5项产品:纪念创立的纪念品、结婚的纪念品、祝贺生日的纪念品、新年宴会的纪念礼物、客户招待会的纪念品。关于以上各项,可以在店内设置样本,并标出每一件产品的零售价格。这样不但可以提高特约店的销售意愿,当特约店介绍客户前来公司时也可提供直观的参考。

十四、销售促进计划

(一)长期性地设置新产品的展示场所,不断展示新颖、独特的产品,另外展示场所须布置气派,以维护公司的形象。

(二)每月举行一次产品展示会。客户购买产品时,应立即将该产品送达对方,货款可于下次的展示会再缴付,即将产品借给对方直到下次展示会,或者可采用一半现金一半预期支付的方式。

(三)每年可举办几次样品会,可以采用与厂商合资举办的方式,也可单独由厂商独资提供。

（四）偶尔也可把较零杂的零售品拍卖（以零售店为对象）。

（五）在销售时，可考虑用特卖招徕的方式进行促销。利用招徕的机会吸引顾客，价格可以稍微提高。

十五、协作会

（一）使与会的会员享有特别的交易条件与交易价格。另外，还可享有固定的回扣。

（二）推举有公关能力及名望的人为会长，借助其力量来使公司的经营顺利进行。

（三）对于会员的考核与确定须慎重，应严格进行资格审查。

（四）经常举行交易各店的经营研讨会或各种演讲，让零售店的店员及店主参与，借此统一观念和认识。

（五）每年举行××至××次的招待会、参观及旅行，其经费由回扣的公积金中支出。

（六）每年征收××元的会费。另外，依情况需要，可要求会员缴纳入会费。

（七）协作会的会员可以持有公司的股票。

（八）会员可以在某些特定的产品销售上拥有独占的权利。

十六、特约店体制

（一）除了设立协作会外，一般还可依照产品类别设立特约店体制；

（二）设立此体制之前，必须先决定销售区域、产品种类、范围以及甄选的条件；

（三）与特约店之间必须要有一定的交易制度，例如奖金制度、支付方法，等等。

十七、直销部门

（一）设置独立的直销部门，并甄选适合的人才；

（二）直销部门销售人员的素质、销售方式与零售店必须有所区别；

（三）直销部门的销售对象以大公司、工厂及政府机构等大量需求者为主；

（四）与零售店之间发生竞争时，应改换为公司组织或特约店组织的方式来解决。

十八、销售业务管理制度的实施

(一)先决定对所有客户的访问次数及赊欠限度额,然后再采取行动;

(二)决定每日查阅访问的资料,进行销售指导;

(三)针对所有销售人员的销售区域及所分担的客户部分,进行有效率的调查分析,必要时应随时加以修正;

(四)每笔交易的销售价格都须认真查阅,以便实施利润管理。

十九、进货方式的确定

(一)本公司所设定的进货商以小厂商及当地工厂为主,大工厂目前尚不拟进货;

(二)今后也应该尝试与大工厂、大公司交易;

(三)由董事长负责进货审批,由相关部门负责处理该项业务;

(四)今后有必要根据具体情况调整对外包厂及大厂商的策略;

(五)有些生产者对于产品的质量重视不够,一般的批发商也大都与生产者持有相同的观念,对这种情况必须加以控制。

二十、对抗竞争者的策略

(一)公司的主管应针对进货与销售问题研拟计划,随时以互相协作的态度树立公司的方针与对策来对抗自己所面临的竞争者;

(二)在进货、销售、广告、融资、物流等方面,应制订妥善的协同计划。

二十一、创建新公司的准备工作

(一)集合有实力的投资者,举行洽谈会以讨论设立公司的相关事宜。首先决定设立与否的问题,如果谈论有进展,或有希望成立新公司,再进一步讨论每个人所能出资的份额。

(二)邀请有诚意提供协助的重要客户作为新公司的后援会员或创立委员。

(三)通过单独性的联络等方式继续推动工作,并以董事长名义寄出问候函,同时进行募股。此外,还应合理安排日程,拜访有可能成为后援者的客户。

二十二、为促进目前既有客户及未来预订客户的购买力,以董事长名义向客户寄发委托函

（一）函件内容须依据收件人的具体情况而决定；

（二）函件内容包括介绍公司的现状、未来的发展前景，等等。

二十三、常务董事及经理须拟定日程，拜访主要客户，并借机了解市场情况及存在问题，加强彼此的联络与友好关系

（一）了解客户的不满，听取意见以设法改善现状；

（二）访问之前，应先与负责人员进行讨论以研究访问方法。

二十四、邀请主力客户及购买能力可能增加的客户举行洽谈会，以促成交易

（一）洽谈会以董事长或常务董事为主体；

（二）问候方式须巧妙得当，掌握销售计划的根本主题；

（三）洽谈会应依地区、产品种类分别举行。

二十五、开拓新交易或提高现有的交易额，除要积极实行计划外，还要致力设置有一定基础条件的代理店

（一）通过工商名录、专业厂商名录、电话簿或其他方式取得批发商、销售店、加工业者等的名单资料后，应立即制订开拓计划；

（二）有效地与协会、交易银行、相关公司往来，凭借其帮助来拓展交易；

（三）对于新开发的客户，应事前进行充分的信用调查；

（四）确立代理店的交易规定，以充实代理店的体制。代理店的体制应依产品种类来建立。

二十六、销售另设有特卖制，采取自主诱导购买的方式。这种方式应在交易的清淡时期及产品推出太慢时采用

对于特卖地区、特卖的品种、数量及奖励内容都须仔细研究。

二十七、对交易客户设立交易奖励制度，以此促进购买欲望

（一）实施时，先以特定地点为主，接着再依顺序逐渐对外扩大。

（二）将每个客户的平均购买额区分等级，再依等级发给奖金或按比例退还部分金额。奖励期间以一个月左右为主，每段期间再各自制定截止日期。

（三）交易方式另采用预约制度，利用预约方式进行交易者，届时可依比例退还部分优待额。不依规定时间交接货品时，依本公司的另行规定处理。

（四）对于销售业绩良好的交易客户，公司将为其负担一半的广告费，或另

外赠送其他产品,以示奖励。

二十八、对于新闻发布或新产品的推广,公司将举行单独或联合展示会、样品展示会,以扩大宣传。原则上按下列4点实施

(一)展示会由公司单独举行,或借助其他单位的帮助,或协同批发商共同举行,也可由业务部负责举办;

(二)会场展示适用于本公司的新产品;

(三)举行展示会时,除了要选择会场场地之外,对于展示内容也须加以考虑;

(四)样品展示会及展示会中,可直接接受订单或预约。

二十九、对于销售人员应依开拓新市场、提高销售额等绩效加以区分,发给奖金,以示激励

(一)本奖励以一定期间为限。

(二)对于开发新客户一项,必须令其事前提出有关对方的调查资料。奖金应于交易拓展成功后的第三个月以不同等级的平均额作为激励奖金。

(三)当过去××个月的平均额超过上年度同月份××个月平均额的××成时,则视为对提高销售有贡献,并依据一定的比率(或一定的金额)发给奖金。

三十、业务部应根据客户类别(或产品类别)将销售额、收款、销路、不佳产品与畅销产品等做成当月份的合计,并累计、增减统计资料,再将此统计数字与过去实绩进行比较,以掌握销售额及回笼资金的预估。预估确定后,指示给各负责人并进行督促(在每月例行销售会议上也应督促要求)。

三十一、业务部须就各地区、客户及业界的需求动向等状况进行调查,以便修正自己的销售计划并督促、指示销售人员增加销售。

三十二、业务部须针对各销售人员的活动及实绩制作有关其能力与实际绩效的比较统计表,同时提出批评与检查,借此提高销售人员的效率及业绩。根据销售人员所进行的访问、业务开拓,接受的订货、交货、折扣及退货等销售活动比较其预订与实际的差距及个人效率。

第二节　促销活动方案

❧撰写要领❧

一、促销活动方案概述

促销活动方案是企业在某一确定时间针对某项促销活动的整体运作和安排的计划性文书。

二、促销活动方案的写作格式

1.活动目的

对市场现状及活动目的进行阐述。市场现状如何?开展这次活动的目的是什么?是处理库存、是提升销量、是打击竞争对手、是新品上市、还是提升品牌认知度及美誉度?只有目的明确,才能使活动有的放矢。

2.活动对象

活动针对的是目标市场的每一个人还是某一特定群体? 活动控制在多大范围内?哪些人是促销的主要目标?哪些人是促销的次要目标?这些选择的正确与否会直接影响到促销的最终效果。

3.活动主题

确定活动主题,淡化促销的商业目的,使活动更接近于消费者、更能打动消费者。

4.活动方式

这一部分主要阐述活动开展的具体方式,要确定伙伴,伙伴可以是政府、媒体、厂家、经销商等,也可以是其组合。

5.活动时间和地点

活动时间:×月×日~×月×日　　活动地点:×××

6.广告配合方式

一个成功的促销活动需要全方位的广告配合。选择什么样的广告创意及表现手法?选择什么样的媒体炒作?这些都意味着不同的受众抵达率和费用投入。

7.前期准备

(1)人员安排。

(2)物资准备。

(3)试验方案。

8.中期操作

中期操作主要是活动纪律和现场控制。

(1)与公司、客户等有关部门沟通,申请支持和协调分工。

(2)宣传单、海报设计制作。

(3)相关人员统一说辞、分工培训。

(4)宣传造势。

(5)检查库存、赠品和现场物料。

9.后期延续

后期延续主要是媒体宣传的问题, 即对这次活动将采取何种方式在哪些媒体进行后续宣传。××产品在这方面是高手,即使一个不怎么样成功的促销活动也会在媒体上炒得盛况空前。

10.费用预算

对促销活动的费用投入和产出应作出预算,包括:

(1)促销调查预算

(2)促销策划预算

(3)设计制作预算

(4)促销实施预算

(5)广告媒介费用

(6)其他活动所需要的费用

(7)机动费用

要根据策划的内容详细列出媒体选用情况及所需费用、每次刊播的价格,最好能制成表格,列出调研、设计、制作等费用。也有人将这部分内容列入广告预算书中专门介绍。

11.意外防范

每次活动都有可能出现一些意外,比如政府部门的干预、消费者的投诉、天气突变导致户外的促销活动无法继续进行,等等。必须对各个可能出现的意外事件做必要的人力、物力、财力等方面的准备。

12.效果预估

预测这次活动会达到什么样的效果,以利于活动结束后与实际情况进行比较,从刺激程度、促销时机、促销媒介等各方面总结成功点和失败点。

以上 12 个部分是促销活动方案的一个框架,在实际操作中,应大胆想象,小心求证,进行分析比较和优化组合,以实现最佳效益。

有了一个有说服力和操作性强的活动方案,才能让公司支持你的方案,也才能确保方案得到完美的执行,使促销活动起到四两拨千金的效果。

❧经典范文❧

范例 1 商场促销活动方案

××百货20××年3月份营销策划案

(计划时间:××月××日~3月××日)

一、活动前言

1.3 月份的主要节日:

(1)3 月 8 日国际妇女节

(2)3 月 15 日消费者权益日

(3)××百货首届××购物节

2.行业动态:

3 月处于春节消费后期,也正值春装上市之期,众多商家,包括我公司均在 3 月进行了对比,3 月如果没有特殊情况,估计不会再有大规模的促销活动。各商家基本开始进行冬季产品清仓及春季产品促销的活动。

3.消费者分析:经过春节的各种产品促销,3 月相对而言处于消费疲惫阶段,以春季必需品及节假日消费为主,因此各商家把新品春装及防晒护肤品等作为本月的营销重点。

4.鉴于目前商家的经营现状,不宜举行商家分担较多、参与较深的促销活动,所以近期以公关活动为主要工作方向。

二、活动口号及执行目的

活动总主题:××3 月××女人

活动主题分期:

第一阶段:

1.活动主题:××女人炫目登场(春装上市,冬装清仓);时间:3 月××日~3 月××日;执行目的:3 月初正值春装全面上市、冬装下柜之时,为了让商家减少冬装库存,加强新品上柜,以保证春季后期各项促销活动有效进行,在活动执行过程中以直接折扣为主要促销方式,以最直接的方式刺激消费者的购买欲望。

2.活动主题:"三八同庆扮靓女人"

时间:3 月××日~3 月××日

执行目的:

(1)××活动:3 月 8 日为国际妇女节,在此之际邀请全国著名造型师来××开设色彩搭配讲座,使我们最大的目标消费群体光临卖场,通过著名造型师对卖场产品的直接介绍,使更多的人群接受并了解××百货。

(2)××活动:借××活动带动的人气,全场配合进行"买××减××"的活动(具体比例根据采购部洽谈结果商定),实现促销整合。

第二阶段:

1.活动主题:××"××日"

时间:3 月 15 日

执行目的:

在举办 3·15 消费者权益现场办公会的基础上,增加市民的参与度。不但为××出谋划策,也可以直接地指出××现存的问题并提出建议。在真诚地面对消费者的同时,也在极大程度上拉近了市民与××百货的距离。

2.活动主题:××首届××购物节

时间:3月××日~3月××日 3月××日~3月××日

执行目的：在春季××换季之时，以特价促销作为主要促销手段推广××、××,并通过单独品类的低价促销带动人气,再结合其他产品的促销活动,共同推动整体卖场的销售。

三、活动内容(活动细则略)

1.活动主题:××女人春装上市

a.活动时间:20××年3月××日~3月××日

b.活动内容:春装上市,以各类服饰春季新品为主打产品,配合春装发布会进行活动促销

c.活动促销以各商家单品为主,公司不再配合主体活动

d.活动布置:中庭举办春装发布会,以模特秀的形式为活动主体

e.室外彩虹门一个(布置××天)

2.活动主题:三八节日 ××女人大型女性××讲座

a.活动时间:20××年3月××日~3月××日

b.活动内容:3月8日邀请著名化妆师×××或×××在中庭举办女性××讲座,此举据××市民对文化生活的强烈需要,必会产生极强的活动效果。活动期间全场产品特价或买××元减××元(具体比例根据采购部洽谈结果商定)。

"××讲座"以明星为主,辅助其他文艺表演形式,例如发秀、服装色彩搭配、模特秀等。

c.活动布置：

c1.活动地点在中庭,布置主舞台,下设座椅

c2.室外彩虹门一个(布置××天)

c3.活动详细内容另行制定

3.活动主题:××百货"××日"

a.活动时间:20××年3月××日

b.活动内容:

b1.活动当日,××百货将向全社会征集各方面的整改意见,凡到××百货将意见以及建议提交的前××名顾客均可获纪念品一份

b2.凡提交的建议一经采纳,均可获得价值××元的"××大奖"

c.活动布置:

c1.场外布置彩虹门一个(××天)

c2.意见箱、意见填写单(意见填写单另行制作)

c3.中庭活动所需要的桌椅、展架等

4.活动主题:××百货首届××购物节

a.活动时间:3月××日~3月××日　3月××日~3月××日

b.活动内容:

b1.活动期间,每天推出一至两个特价商家进行强势促销(需要抽号购买)

b2.活动期间,每天除特价商家外,另外安排一至两个商家进行限时抢购

b3.活动期间,中庭举办新品拍卖会。每个××、××商家赞助一款商品参加该活动,拍卖所得金额均返还商家,无论盈亏,均由厂家负担

c.活动布置:

c1.场外布置彩虹门一个(××天)

c2.活动海报、×展架等营造气氛物品的制作

c3.限时抢购所需要的音响以及营造气氛物品由该商家负责

c4.中庭特卖会的主持人、舞台、展示台、拍卖单

四、广告宣传方案(略)

五、费用预算

活动主题	广告媒体	时间	规格	费用
××女人春装上市	《××晚报》	3月××日	×分之×套红	××元
三八节日 ××女人	《××晚报》	3月××日	×分之×套红	××元
××百货"××日"	《××晚报》	3月××日	×分之×套红	××元
××百货首届××购物节	《××晚报》	3月××日~3月××日	×分之×套红	××元
××三月 ××女人	××电台	3月××日~3月××日	整点报时隔×天播放×次	××元
××首届××购物节	《××晚报》DM夹带	3月××日	大度×开××份	××元
××首届××购物节	××电视台	3月××日~3月××日	商贸传真	××元
合计:				××元

1.彩虹门每个××元/天(含条幅)计××天,计××元

2.春装上市模特秀音响、舞台、主持人、歌手××人、舞蹈××人、模特××人计一天两场,计××元

3.春装上市模特秀背景××元/平方米,计××平方米,计××元

4.女性××讲座舞台、主持人、歌手××人计一场,计××元

5.讲座嘉宾邀请费×人约××元

6.买××减××不可预计费用

7.××百货"××日"所需要物料约××元

8.××百货"××日"所需纪念奖××元/份××份,计××元

9.××百货"××日","××大奖"××元/份不可预计费用

10.××购物节物料费用×展架、海报等,约××元

11.××购物节DM印刷费××元/张××份,约××元

12.××购物节拍卖会背景计××元

13.××购物节拍卖会主持人、模特、舞蹈、音响、舞台,计××元

14.广宣费用计××元

合计:××元

范例② 婚礼促销活动策划方案

婚礼活动策划方案范本

20xx年xx月xx 新郎xx、新娘xx婚礼日程安排

一、时间：

20xx年xx月xx日星期xx。

二、地点：

xxx酒店xx层xx厅(结婚典礼现场)xx厅、xx厅。

三、人物：

新郎xx、新娘xx、伴娘xx、伴郎xx。

婚庆重要人员名单：

xx、xx、xx、xx、xx、xx、xx、xx。

婚庆所需准备物品：

1.自己准备的物品：

行程线路图、喜字、气球、喷射球带礼花(xx个左右)、鞭炮(xx挂)、烟、酒、饮料、糖、花生、胶卷、电池、花(房间摆放鲜花、重要人物胸花、新娘捧花、头花等)、红包、司机。

2.父母和单位领导恭贺稿(专人准备)。

3.婚戒。

四、日程安排及人员分工：

召开婚庆委工作会议,商议婚礼具体工作安排

参会人员：_____

岗位职责

1.总管:xx负责总本指挥协调及指导各项工作。

2.总协调:xx负责总体现场协调、布置现场、接待工作,负责联络、沟通各项工作。

3.司仪:xx负责主持结婚典礼及指导各项工作。

4.证婚人:××负责宣读结婚证书并致辞。

5.行程总管:××负责全程迎亲引导、迎亲主持、带领新人在宴会上敬酒。

6.车辆总管:××负责全程车辆指挥、协调物品还送、新人家属接送、司仪及客人接送。

7.物品主管:××负责工作人员用餐和喜字、婚纱、海报管理。

8.鞭炮主管:××负责放炮、彩带工作,协调联络两方燃放时间及补缺工作。

9.酒店主管:××负责协助做好酒店布置、协调工作与物品主管协作摆放烟酒等工作。

10.接待人员:××负责桌位的摆放、客人的入席分布及接待工作、父母讲话的发言稿。

11.迎亲人员:××负责人:××头车司机:××。

12.全天准备工作人员:吹气球、贴室内及户外喜字(席卡、布置新房、司仪礼品的分装、厨师、礼仪人员礼品包准备)。

负责人:××。

具体工作:

前两周确认工作人员,并在婚期前两日通知工作人员对时间的确认并做好婚庆安排工作。

××月××日(婚典当天)。

××:××婚车到达花店扎车。

花店名称:××电话:××花车负责人:××。

××:××分花行发车到新郎家　地址:××电话:××。

××:××摄影师到达新郎家,领取胶卷、电池、摄影器材等,并与新人联络人进行沟通。

××:××摄像师到新××家,沟通当天拍摄场面及时间。

××:××化妆师到新××家,为家人化妆并做好沟通工作。

婚车由新人推介的联络人确认其车辆扎花情况并××表时间××从花店发车,开始计算时间和公里数。

××:××到达新××家,地址:××电话:××。

注明:花行将婚礼用花提供给联络人:

捧花:××束、胸花:××朵、头花:××朵、肩花××朵。

特殊要求:××。

婚车超时部分由新人自行负责。

××:××到达新××家,迎娶新娘过程的拍摄。

××:××返回新××家,并拍摄全过程。(摄影师同时拍摄)

××:××新人外景拍摄全程。(化妆师全程跟随)

由"××新娘网站工作人员"布置情况现场(根据合同签订情况安排)

××:××车队由外景地或新郎家前往酒店

××:××新人到达酒店稍待休息。

××:××主持人开场。

××:××证婚人宣读结婚证书内容,领导代表讲话。

××:××双方父母讲话和其他内容。

典礼结束:

××:××婚宴开始后,新人稍作休整,速食,并由新人联络人安排工作人员用餐。化妆师对新人特别是新娘的衣着、面部、头饰等进行修补工作,敬酒仪式开始时,摄像、摄影、乐队停止用餐,进行现场工作,直到新人要求结束为止。

××:××仪式结束,××新娘网站工作人员与新人联络人结账。

××:××新人送客。

婚庆结束后,DVD 或 VCD 制作过程需要××天左右,并由网站发布通知新人取样。

第三节　年度促销计划书

❧ 撰写要领 ❧

一、年度促销计划书概述

年度促销计划书是企业从事营销活动的指导，它是企业如何在市场上营销其产品与服务的年度工作计划。促销计划书就是企业从市场分析、产品分析、营销分析中得到的各种资料和信息，最终形成的一份说明性文件。

二、年度促销计划书的写作格式

可采用文字叙述式或表格式两种格式。不管采用何种格式，一般应包括推广战略、工作重心、传播手段、促销、广告、公关、销售策略、预算分配等内容。

编写促销计划书应遵循以下步骤，依据营销计划的规律来安排营销活动的内容。

1.计划概要

对主要营销目标和措施进行简明概括的说明。

2.当前营销状况

在内容提要之后提供该产品当前营销状况的简要而明确的分析。

3.SWOT 分析（态势分析法）

对市场营销中所面临的主要威胁和机会的分析。

4.目标

这些目标将指导随后的策略和行动方案的拟订。这里有两类目标要确证，即财务目标和市场营销目标。

5.市场营销策略

列出主要的市场营销策略纲要。通过对每一目标的深入探讨，找出产品线所面临的主要问题。

6.营销方案

营销策略还要转化成具体的活动程序,内容包括:要做些什么?何时开始?何时完成?由谁负责?需要多少成本?按上述问题把每项活动都列出详细的程序表,以便于执行和检查。

7.活动预算

8.营销监控

促销计划书的最后一部分要写清计划执行过程的控制。

经典范文

范例① 洗发水年度促销计划书

××深层洁净洗发露年度促销计划

一、市场背景

目前中高档次的洗发水市场竞争非常激烈,各品牌不断推出新颖的 USP 来稳定占有的细分市场,并通过丰满产品系列或不断完善增进产品的功能,巩固现有市场。发掘新的 USP,再次对现有市场进行市场细分,重新争取新的潜在消费群。

××多个品牌策略的成功运用已基本占据了中档以上的洗发水细分市场。尤其是××品牌定位在时尚、专业的角度,给同品牌新产品系列的丰富提供了足够的空间。

时尚、专业的概念在不同时期将具有不同的内涵,在新的世纪,消费者将对时尚、专业给予新的理解,因此××同样需要不停地进行内涵的变更,使产品系列不断地丰满。

××深层洁净洗发露的 USP:在时尚专业的基础上,更深层次地强调深层次清洁、透明洁净配方、温和有效等概念,具有新意。

二、SWOT 分析(态势分析法)

(一)优势分析

××品牌在全国市场已经有很好的知名度，可以为新产品提供强有力的推广力度。

××已经形成洗发护发的系列产品，可以适合多种需求的目标消费者。

(二)劣势分析

新产品上市，消费者对其功效了解不多。

价位属高档(××ml，××多元)，而同档次的产品竞争相当激烈，如想再予以细分市场已很困难。

原××忠诚消费者接受新产品需要一段时间，而潜在目标消费群则需要强而有力的推广、传播手段使之对××产品产生试用的欲望。

(三)机会点

目前尚未有竞争品牌进入时尚、专业的领域，亦未有深层洁净、透明洁净等相似 USP 进行细分目标群竞争。

新春伊始，很大一部分消费群将重新开始寻求品牌转换。

(四)威胁

正值旺季，其他竞争产品也开始有新的市场行动，因而亦将对××新产品上市构成威胁。多种品牌的新产品上市，将对××新产品带来巨大的威胁，如挤占经销商的流转资金；多种新产品 USP 的交叉使××品失去卖点优势；生动活泼的终端陈列抢占目标消费群的第一视线；在售点的多种形式的促销抢先吸引消费者尝试新产品等。

三、推广目标

1.策划、制订××新产品上市从推广期到成熟期的整体促销计划。

2.让目标消费群在最短的时间内认知新产品的功能、效果，缩短新产品推广期的时间长度(××~××个月)，尽快进入成长期，创造效益。

3.使目标消费群产生试用的欲望，并逐步培育成品牌忠诚者。

4.提高现场售点的产品的销量(××品牌销量于去年对应期在××个月内增长××%)。

5.提高新产品知名度,丰富××品牌的产品系列,增加陈列货架,吸引终端商大力协助,使终端陈列、展示更加生动化,活络售点的气氛。

6.巩固通路经销商的客情关系,抢占通路、终端的高铺货,提升经销商的信心和积极性,有效挤占通路商的流转资金,最大程度地挤对产品介入竞争。

7.重点目标消费群:18~30岁的青年女性。

8.辅助目标消费群:30~40岁的中年女性。

9.目标消费群特点:一是经济基础较好,相对购买能力较强;消费心理成熟,较理智,日常开支具计划性。二是比较注重自己的形象,细心呵护头发皮肤;容易接受新事物,并愿意尝试购买。三是电视、报纸及专业杂志等媒体的忠实读者;紧跟潮流,容易信任和依赖品牌。

四、推广策略

1.借助××品牌的推广力和人员促进,抢占通路商、终端商、消费者的第一吸引力,积极推出以继续宣扬品牌定位"时尚、专业"的各种主题活动。

2.解决新产品上市的产品功能宣传告知、消除潜在目标消费者和目标消费者对产品功效的疑虑(争取在×个月内完成产品功能告知阶段,常用派发、演示促销等手段)。

3.刺激消费者在节假日消费时的冲动性购买(宜在旺季且完成产品功效告知阶段以后实施,宜采用回馈社会、消费者主题与实际让利相结合)。

4.营造品牌声势(让消费者感觉××品牌一直在"时尚、专业"上的努力,贯彻新产品只能更好,离消费者更近的理念,使目标消费者通过对品牌的信赖而接受新产品,宜采用大型公众场所公益、社会效应性宣传活动)。

五、策略定位(图略)

六、活动形式

1.派发(能产生试用欲望的刺激)。

通过样品小包装、宣传单的派发,使主要目标消费群能够在最短的时间内对产品的功效有一个清晰的认识和理解,并在活动后认可、接受××新产品。

2.演示(功能的宣传)。

通过主要售点、终端要求的大型产品演示活动,让准消费者亲身感受到产品带给消费者的利益,从而信任产品、信任品牌。

七、店销

通过带有主题性的店面让利促销,配合宣传单宣传,让消费者在利益的驱动下产生购买行为,实现销售目标,同时在主题的有效配合宣传下不削弱品牌力,反而增进品牌亲和力。

八、主题促销

在销售旺季,为达到有效的销售增长,推动购买高潮,设计符合品牌主张的系列主题形式的促销,配合节假日的让利回馈,效果将更显著。

1.××新品"形象小姐"选拔赛。针对目标消费群的消费特点和需求期望,与专业美容美发店联合推出使用××新品进行发质和发型综合评选"形象小姐",此活动可以与终端发廊美发师优秀奖评选相结合推出,点出××的品牌主张:"专业、时尚"。

2.造势(建立形象)。在适当的时机,为达到强化品牌形象、推广品牌主张的目的,在不同的时间段分阶段推广主题,以期完善一个完整的××品牌形象,同时产生积极的销售反应。

3.××炒作:在20××年的××~××月份中,将会有不少的××机会出现,如九运会等,利用事件的主导活动开展社会公益性宣传主题促销,将会收到事半功倍的效果。"荣誉××人":在时机把握的过程中适时推出消费者的"荣誉××人",给消费者一种归属感,缔结情缘。

4.消费联盟:目前已经建立过××消费者俱乐部和明星俱乐部,但其运行的结果与消费额的增长均不理想,怎么办?俱乐部犹如鸡肋,弃之可惜,食之无味。究其原因,即目标不明确,从而与之配套的目标对象有所偏失,××的定位中"专业"一词定义了专业发廊亦是目标对象之一,只有把"专业"和"时尚"同时联合定位促销,才能准确击中目标受众心理需求的薄弱点。

时 间 规 划

时间	目标	策略	活动	备注
20××年××月～ 20××年××月	×× ×× ××	×× ×× ××	×× ×× ××	××
20××年××月～ 20××年××月	×× ×× ××	×× ×× ×× ××	×× ×× ×× ××	××
20××年××月～ 20××年××月	×× ×× ××	×× ×× ×× ××	×× ×× ×× "荣誉××人"	××

注:具体阶段性的活动目标、活动策略、活动执行方案、活动预算见其他条目。

5.推广范围:(略)

6.目标范围:

全国五大片区:华东地区、华南地区、华中地区、华北(合××、××三大城市)、西南(含西北)。

7.范围计划:

(1)××、××、××属第一类推广城市(20××年××~××月)。

(2)华东(××、××、××、××、××、××、××、××地区),华南(××、××、××、××、××),华中(××、××、××),西部(××、××、××、××),华北(××、××、××)等为第二类推广城市(20××年××月~20××年××月)。

(3)其他中小城市为第三类推广城市(20××年××月以后)。

九、推广预算

1.总预算:(略)

2.预算分解:(略)

十、监控评估

1.监控:

(1)建立执行审核、审计、监督组织和系统。

(2)建立信息反馈、流通组织和系统。

（3）建立决策修正系统和修正方案备选资料库。

2.评估：

（1）对每一个个案实行目标与结果的吻合度测算。

（2）进行年终投入产出比计算：

投入产出比=××士××%=投入金额/产出金额

十一、演示活动

1.目的：

（1）让消费者亲身感受产品的功效。

（2）让消费者对新产品的××有清晰的了解，并信任产品。

（3）刺激消费者的购买欲望，实现售点销量的增长。

2.对象：

（1）主要目标消费群：18~30岁的青年女性。

（2）次要目标消费群：30~40岁的中年女性。

3.地点：

大型商场或门口及交通要地。

4.方法、内容：

（1）选择影响面广、人流次数多的商场场外，空间位置较宽敞的场所，搭建舞台。

（2）聘请有经验的理发护发师，随机邀请现场观众上台，用××新品洗发护发，感受新产品带来的新感觉和新变化。

（3）穿插一些舞蹈、音乐、演唱等节目，同时加入新产品功效和××的问卷，或现场有奖抢答的方式。

（4）试验新产品的幸运观众在使用以后安排用后感觉分享，并赠送试用装，激活现场尝试的气氛。

5.活动时间及进度安排：（略）

6.促销工具：

（1）（××m乘以××m，留边××m）、舞台搭架（××m乘以××m）。

（2）立画（××m乘以××m）、洗发护发用具××套、POP、单页。

(3)派发样品、奖品或小纪念礼品、手提袋及其他辅助用品。

7.预算:(略)

十二、派发活动

1.派发目的:

(1)让消费者尽快地了解新产品的功效以及产品××。

(2)通过试用产生对产品的信任和对品牌的依赖。

(3)带动零售终端的积极性以及消费终端的参与。

2.派发对象:

××~××岁的时尚女性。

3.派发范围:

(1)城市:××、××、××。

(2)地点:高档住宅区、办公室、人流集中地(如××、××、××、××、××等)。

4.派发时间:

(1)时机:春夏之季是洗发水的销售旺季,因此新品上市必须在旺季来临之前做好产品××和功效的宣传,宜在××月底之前做好整体宣传方面的推广工作。

(2)时间段:3月底~4月底

5.派发原则:

(1)有效贯彻上市推广目的、派发的意图。

(2)丰富的执行运作经验和能力。

6.派发方法:

(1)确定派发样本、派发总份数、派发地点的选择以及派发人员数的确定。

(2)派发人员的招聘、培训以及任务分配、上岗。

(3)派发监控方法的制定及监控人员的安排。

(4)设计派发问卷。

7.派发道具:

××台、××帐篷、××立牌、传单、促销服装

8.效果预估:

兴趣程度:由代理广告公司提供监测派送到达率以及问卷的回收率,销售

增幅,由销售部提供××个月内的销售增长幅度量。

9.派发费用:(略)

十三、售点促销

1.目的:

(1)提升零售店的销售量(利用节假日、消费者逛商场的时机,通过让利、参与性奖励、优惠券或其他吸引性活动刺激顾客的冲动性购买行为的发生)。

(2)扩大××新产品的知名度。

2.对象:追求时尚、喜欢逛店的年轻女性。

3.范围:

(1)城市:××、××、××。

(2)地点:主要大商场、大型超市。

4.时间:20××年××~××月间的重大节庆(××、××等)。

夏天是洗发水的旺季,由此推出各种主题或让利性、参与性、激励性等现场促销活动。

5.方法:

(1)让利性活动直接与让利幅度有关。

(2)参与性活动:设立现场有奖活动,奖品应该足够吸引顾客的参与热情。

a.进行某一种主题性的有奖促销活动,设立有意义的奖项,既与品牌主张相符合,同时现场让利以吸引顾客。

b.可以结合事件性活动时机进行强力度的回馈促销,如九运会促销。

b1.免费赠送运动员洗发护发产品,即为九运会工作人员的免费用品,同时对年龄在19~29岁的年轻女性,凭身份证购买××新品可以享受6至8折的优惠。

b2.在九运会期间购买××产品,赠送九运会的入场券,赠送九运会猜奖券以及其他的奖励券,购买当时再设立奖项,形成多种优惠奖励的巨大吸引力。

b3.促销工具:××台、××帐篷、××立牌、传单、促销服装。

b4.预算:此项目的预算必须在确定了用何种方法进行促销以后才能做出预算金额。

b5.传播费用在××万~××万元。

十四、传播策略

1.目标:有效目标消费者到达率达××%以上,到达频率在××~××次。

2.媒体组合:可利用电视台、报纸、户外、电台、地面资料、POP 等。

3.目的:诉求的目的、口号、标题、目标消费群必须清晰准确。

4.兑奖对象、时间、地点:

(1)对象:凡买××新产品的中奖顾客。

(2)时间:在所有零售店的营业时间。

(3)地点:经营××新产品的专柜都可兑奖。

5.预算:

(1)主题促销的费用主要集中在媒体传播费用、奖品费用以及执行组织的经费上。

(2)一个全国性的主题促销如果有电视、报纸、电台以及地面的宣传资料与奖品,费用在××万~××万元之间。

十五、造势活动

1.主题:

造势活动的主题是整个活动的灵魂,因此每一个主题必须与产品、品牌主张、口号等有密切关系,同时必须与推广阶段的推广主题相符合。

2.目的:

(1)扩大××新产品的知名度。

(2)提高消费者对新产品的信任度。

3.目标对象:所有××的原目标消费群以及造势现场的 18~30 岁的年轻女性。

4.时间:20××年××月~20××年××月。

5.范围:

(1)城市:××、××、××。

(2)地点:大型商场或门口及交通要地。

6.活动内容:

(1)搭建舞台,组织与主题有关的文艺节目以及娱乐性强能吸引顾客的节目,介入产品知识问答题目和有关的参与性活动,并设立一些刺激性奖励。

（2）安排活动节目单以及活动程序。

（3）设计相关的宣传资料和促销用具。

（4）设立（或设计）不同级别的奖项。

（5）组织相关的人员和事务的安排。

7.促销工具：

（1）喷绘（××m 乘以××m，留边××m）、舞台搭架（××m 乘以××m）。

（2）立画（××m 乘以××m）、POP、单页。

（3）派发样品、奖品或小纪念礼品、手提袋及其他辅助用品。

8.活动预算：（略）

第四节　抽奖活动促销文案

❧撰写要领❧

一、抽奖活动促销文案概述

抽奖活动的形式主要有回寄式抽奖、即开即中抽奖和连环抽奖 3 种。

1.回寄式抽奖需要较长的周期，还需要消费者花时间邮寄，这已不太适应现代社会的快节奏，实施的效果较差。

2.即开即中抽奖是消费者在购物当时立即获得回赠，这符合消费者的心理，即时可以获知结果，简单方便。

3.连环抽奖则是依靠提高中奖概率来吸引消费者的广泛参与，并在一定程度上可以提高消费者的购买频率。

抽奖促销文案包括主题、时间、目的、抽奖地点、活动内容、宣传方式、抽奖形式、预算等内容。

二、抽奖活动促销文案的注意事项

1.抽奖促销的优点

（1）抽奖活动适用范围较广，对于新产品的推广和老品牌进一步扩大市场份额均有所帮助,它的最大特色在于能同时面对众多消费者展开促销攻势,这一点对于目标广泛的大众消费品尤为适宜。

(2)抽奖活动能直接促进销售。抽奖的目的在于提高消费者的购买量,它利用的是大众的博彩心理,通过设置有吸引力的大奖来调动广泛的消费群体参与。

2.抽奖促销的缺点

(1)由于抽奖活动常常是以利益为诱饵,消费者也是为了额外获利才购买,抽奖活动对品牌的帮助不大,有时会因为未中奖的挫折感而影响对品牌的好感。

(2)抽奖活动通常需要大量的媒体经费广为宣传才能获得成效。

(3)抽奖的运用需要建立在一定的品牌知名度和部分固定消费群体的基础之上,因为消费者通常不会为了解不多的产品花费时间和精力。

❖ 经典范文 ❖

范例 ① 元旦抽奖促销文案

元旦抽奖促销文案

一、活动时间

20××年××月××日~20××年××月××日,为期×天。

二、活动主题

元旦购物抽大奖。

三、活动目的

1.通过节日促销吸引潜在顾客前来消费,提升销售额,塑造××商场在消费者心目中的良好形象。

2.增加老顾客对××商场的忠诚度,确保顾客长期前来消费。

四、活动内容及细则

(一)新年新折扣

本商场内各楼层新年商品全场折扣销售(详见"各楼层折扣表",略)。

(二)购物抽大奖

1.活动期间,凡在本商场购物累计满××元的顾客,即可凭当日购物小票掷骰子,就有机会把大奖摩托车骑回家。满××元可掷××次,依次类推,多买多抽(限掷××次)。

2.根据骰子的相同点数来确定奖项的等级,您就有机会获得相应的奖项。现掷现兑。

3.本次抽奖活动共设置6个等级的奖励,奖项等级、中奖条件、奖品具体设置如下所示:

一等奖:××个××,奖品为摩托车;

二等奖:××个××或××个××或××个××或××个××或××个××,奖品为微波炉;

三等奖:××个相同数字,奖品为DVD;

四等奖:××个相同数字,奖品为电饭煲;

五等奖:××个相同数字,奖品为洗衣粉;

纪念奖:奖品为牙刷。

(三)元旦大礼包

1.凡于元旦当天在本商场购物累计满××元的顾客,即可凭购物小票或发票至总服务台赠品兑换处兑换一张儿童节蛋糕兑换券。

2.每张小票或发票至多可兑换××张兑换券。

3.兑换券的有效期至20××年××月××日。持券人可于××月××日前至券上指定的蛋糕房专柜提领,逾期无效。蛋糕以现场的实物为准。

五、活动宣传方式

(一)报纸

1.刊登时间:《××晚报》××月××日彩色通栏、《××晨报》××月××日、××月××日彩色通栏。

2.广告内容如下:

(1)20××年××月××日~20××年××月××日,来××商场购物抽奖中摩托车、微波炉、DVD等大奖。

(2)20××年××月××日~20××年××月××日,××商场开展为期××天的全场折扣销售活动。

(3)20××年××月××日.××商场开展购物满额赠蛋糕兑换券活动。

(二)电视滚动字幕

1.播出时间:20××年××月××日~××月××日。

2.字幕内容:20××年××月××日~20××年××月××日,来××商场购物抽奖中摩托车、微波炉、DVD等大奖。

(三)商场外条幅

1.悬挂时间:20××年××月××日~20××年××月××日。

2.条幅内容:

(1)元旦节日惊喜多,××商场购物抽奖中摩托。

(2)××商场再出重拳,全场商品折扣销售。

(3)只需购物××元,就有机会把摩托车骑回家。

(4)摩托车、微波炉、DVD,总有一款属于你。

(四)商场前宣传板

1.张贴时间:20××年××月××日~20××年××月××日。

2.张贴内容:活动详情及具体奖项设置。

(五)商场内广播

1.广播时间:20××年××月××日~20××年××月××日。

2.广播内容:活动详情及具体奖项设置。

(六)商场海报宣传

1.发放时间:20××年××月××日~20××年××月××日。

2.海报内容:本期折扣销售商品图片、抽奖活动详情及具体奖项设置。

3.发放范围:商场内及社区发放。

(七)舞台布置摆放奖品

1.摆放时间:20××年××月××日~20××年××月××日。

2.奖品大量陈列于商场抽奖舞台上,让过往的百姓或路过本商场的顾客深刻体会到大奖就在身边。

六、活动实施操作

1.报纸广告必须于20××年××月××日前设计好,按报纸要求及时提供。

2.电视滚动字幕的内容必须于20××年××月××日前准备好,按要求及时提供。

3.商场外条幅、宣传板的内容必须于20××年××月××日前设计制作好,并按要求悬挂、张贴。

4.奖品、活动道具、监控器材必须于20××年××月××日前全部准备到位。

5.抽奖活动区维持秩序人员及活动现场工作人员于20××年××月××日前必须全部确定完成。

6.合理安排活动期间商场工作人员的到岗,避免休假,以便在促销期内做到最好的人员调配。

7.20××年××月××日清早,店长检查活动道具及赠品的到位情况,如有遗漏须及时补充。

8.于20××年××月××日前完善商场内的商品(特别是家庭日用品及粮油品)补货工作。

七、促销费用预算

(一)抽奖活动费用分析

根据同期抽奖活动的结果,20××年××月××日~20××年××月××日的活动期间,实现的销售额达××万元,来客数达到××万人,总抽奖次数为××次。

以此为目标,结合今年的奖项可得知今年的抽奖活动费用,如下表所示。

奖品	等级	奖品	中奖概率(%)	中奖概率(%)	费用(元)
一等奖	摩托车	××	××	××	××
二等奖	微波炉	××	××	××	××
三等奖	DVD	××	××	××	××
四等奖	电饭煲	××	××	××	××
五等奖	洗衣粉	××	××	××	××
纪念奖	牙刷	××	××	××	××
合计		××	××	××	××

与去年同期相比,本次奖项费用下降了××元。正常情况下,预期本次××天

促销活动的销售额可实现××万元，毛利达××万元。若销售额达不到预期的效果，则奖品可按比例相应地减少，降低费用××。

（二）宣传费用预算

1.报纸、电视的广告费用××元。

2.商场外条幅、宣传板的设计制作费用××元。

3.商场海报印刷费用××元。

4.抽奖舞台布置费用××元。

5.儿童节蛋糕兑换券的费用××元。

第五节　价格折扣促销文案

——❧撰写要领❧——

一、价格折扣概述

价格折扣是指企业采用降价或折扣的方式招揽顾客。价格折扣是吸引消费者购买产品的重要手段，以价格折扣来提高销量的增长也是具有一定市场基础的品牌常运用的战术，因为消费者对于有一定认知的品牌更能激发出购买的冲动。

二、价格折扣促销文案的写作要点

价格折扣对于不同的产品和不同的市场阶段，在具体应用上是有所区别的。一般而言，同质性越强的产品运用价格折扣战术效果越好。××××、××××、××××等企业都是抓住时机实施降价策略，从而赢得了市场份额的扩大，而有更多的同类企业也实施了降价策略，但是效果却不大，这说明关键还是如何运用的问题。

事实上，折价的另外一种常用的表现方式是附加赠送，也叫加量不加价法。当消费者每购买一定数量或金额的商品后，就按比例附加赠送同类商品，以此来刺激消费者增加购买数量，这种促销方法尽管在实质上也是一种商家让利的手段，但因其并未对促销产品的价格做直接的折扣，因此对产品本身的价值感不会造成伤害。此类促销较适用于小包装、消费快而且有一定品牌基础的产品，如"强生"婴儿沐浴露加送 200 毫升活动，其包装与平时相似，只是更大了一些，包装瓶的正面很清楚地标明"加送 200 毫升"。由于"强生"的知名度比较高，加送 200 毫升主要立足于馈赠老顾客而非纯粹为了促销，体现了有一定知名度的商品采用加量赠送会更有效的原则。

三、价格折扣促销文案的注意事项

折扣的方法很多：

1.错觉折扣，给顾客不一样的感觉。比如"花 100 元就可以带走价值 130 元的商品。

2.一刻千金，比如"每天早上 9 点到 9 点零 5 分之间拍下的宝贝，可以以 5 元的价格成交"。

3.超值 1 元，比如在活动期间，顾客可以花 1 元钱买到平时几十元甚至上百元的商品。

4.临界价格，比如以 100 元为界线，那么临界价格可以设置为 99.99 元或者是 99.9 元。

5.阶梯价格，比如"新品上架第一天按 5 折销售，第二天 6 折，第三天 7 折，第四天 8 折，第五天 9 折，第六天原价销售"。

6.降价加打折，比如以 100 元商品为例，如果直接打 6 折，一件商品就会损失 40 元的利润，但是如果我们先把 100 元的商品降价 10 元，再打 8 折，那么一件商品损失的利润是 28 元。但是买家在感觉上还是认为后者比较好。

经典范文

范例 ① 价格折扣促销文案

价格折扣促销文案

在××日子将要到来之际,×××公司推出了"价格××、品质××"的活动,为广大消费者带来了福音。

一、活动时间

即日起至 20××年××月××日。

二、活动内容

新品折上折,××标准版折后××元。

感兴趣的朋友可以登录商城网站订购。另外,订购的用户还可以享受以下服务:

1.我公司官方网络销售的产品都会有官方的出货单据、订单号等有效凭证,所有货物都带有正规保修卡,支持全国联保。

2.我公司官方遵守国家规定的三包政策,同时,网络销售的产品有更强保障,××天无理由退换货,××个月包换,××年保修,××年有偿维修。另外,因货物质量原因引起的退换货物,快递费用完全由我公司官方承担。

三、特别说明

出现以下情况者,不能享受我公司免费保修服务,你可以选择有偿服务(人工费+材料费):

1.人为造成的产品损坏:砸伤、碰伤、划伤等;

2.违反产品使用说明而造成的产品损伤;

3.产品流水号、条码号、保修贴纸被改动、删除;

4.未经授权的修理、误用、滥用、事故、改动、不正确的安装、不可抗力等因素;

5.无有效发票、收据的;

6.无厂名、厂址、生产日期、产品合格证的；

7.已超过保修期的产品。

第六节 赠送礼品促销文案

❧撰写要领❧

一、赠送礼品促销概述

赠送礼品促销是指消费者在购买产品的同时得到一份非本产品的赠送，以此来吸引消费者尝试或大量购买。

二、赠送礼品促销文案的基本特点

消费者在购物当时能立即获得回馈。所赠品种非产品本身，而是其他礼品，这是与折价促销中买送方式的最本质的区别。比如××电脑在各大电脑城及特约销售商门口进行的现场促销活动，如"××1+1，缤纷送大礼"，"××1+1，真情回馈每一天"等，在一定程度上促进了卖场的销售量，增加了销售商的利润，从而让更多消费者对××电脑有了更深入的了解。

三、赠送礼品促销文案的注意事项

赠送礼品促销法在实际运作中常用的方法有以下几种：

1.包装内赠品附送的形式：将赠品放在产品包装内附送。这类赠品通常体积较小、价位较低，如在包装内附上小玩具会深受小朋友的喜爱，孩子们会一买再买，希望成套收集。

2.包装上赠品的附送形式，即将所送礼品附在产品上或产品包装上，而非置于包装内部，用胶带将赠品与商品捆扎在一起，比如在洗发水上捆绑香皂。

3.包装外赠品附送形式：由于赠品体积过大或企业为了减少捆扎的工作量等原因，无法将赠品与产品附连在一起时，赠品常被放在零售店内，由销售人员交给消费者。

4.将产品的包装本身作为可利用的赠品,这是附送赠品的又一种形式。消费者用完产品后可将此做其他用途使用,如果汁壶、储物罐、化妆包等都是消费者较为喜欢的包装容器赠品。

5.在购买指定商品之外,让消费者支付一定的费用来得到赠品,这种方法可以解决赠品成本较高的问题,使可供选择的赠品范围更广、更具吸引力。

—— 经典范文 ——

范例 1　赠送礼品促销文案

"××"食用油加护手霜,好油好手烧好菜

"元旦、春节在即,为给全家做出一桌好菜,您辛苦了!操劳的双手更容易在忙碌中不知不觉受到伤害。在这个冬日,××送上护手霜,滋润好主妇为全家操劳一年的双手。"

活动期间购买××食用油一瓶,即可获赠××护手霜(××克)××支。

第七节　免费试用促销文案

—— 撰写要领 ——

一、免费试用促销概述

免费试用是通过将产品(或试用装)免费赠送给消费者,供其试用或品尝的一种促销方法。由于这种方法无须消费者付出任何代价,因此是诱使消费者尝试进而产生购买行为的有力武器。

二、免费试用促销文案的写作要点

免费试用促销一般可以分为:

1.直接派送试用装。派送方法可以是临街发送、上门派送、派送给来消费的顾客。

2.凭优惠券享受免费服务或派发赠品。这主要是指先在广告媒体中派发活动信息,并说明凭此广告或广告所附优惠券到指定地点享受免费服务或免费领取样品。

三、免费试用促销文案的注意事项

1. 免费试用促销的优势

(1)免费试用是让消费者接触新产品的一种好方法,新产品进入市场首先要解决的问题就是打消消费者的顾虑,而最有效的方法就是让他们直接接触到产品,通过试用使消费者对该产品产生直接的感性认识,进而对产品或企业产生好感和信任,使其转化为产品的潜在消费者。派送的目的往往在于缩短消费者接触产品的时间,因为对消费者而言无须付出代价,而在短期内就可以对产品的功效有所体验,打消心理疑虑。

(2)由于直接送达消费者手中,不仅使其产生意外收获感,同时使产品得到极高的注意率。如果免费品同时附有产品的广告宣传,也会得到较高的阅读率。如果产品的确不错,这种尝试性消费者就会进行重复消费,甚至成为品牌的忠诚消费者。

(3)直接入户发送免费品还具有针对性强的优点。通过研究目标消费群的特性,选择合适的受赠对象的派发范围,能有效地进行直接的沟通和提高样品的使用率。

2.免费试用促销的局限性

(1)免费试用对产品品质的要求很高,因为产品一开始就和消费者接触,如果没有优异的品质和独特之处,只会对品牌造成损害;但是如果高品质一旦被消费者认可,就能迅速打开市场。

(2)派送的费用较高,实力较弱的品牌采取的往往是针对细分目标群体进行的小众派送,而不是大范围的大众派送。如果进行小范围的小众派送,效果就会受到影响。

(3)样品派送的管理难度较大,较难保证免费赠品完全送达到消费者手中,作为活动的组织者,很难对分散性很大的派送活动结果——加以证实,这就使活动的成本与效果无法估量。

(4)并非所有的商品都适用免费试用方式。免费试用适用于消费频率较高、消费周期短的消费品,如洗发水、护肤品、小食品等。而对于同质性很强的产品来说,通过免费试用(品尝)根本没法与竞争产品加以区别,对产品的销售促进不大。

经典范文

范例① 护肤品免费试用促销文案

××试用活动文案

××专柜正在进行专业肌肤类型测试的大型试用活动!只要在××月××日~××月××日去药店专柜进行皮肤类型测试,就会得到专业护肤产品(针对不同类型皮肤派发)。

感兴趣的可以先做下面的题目测测皮肤类型:

1.你的皮肤感觉到紧绷吗?

是的,有时候······5分

是的,经常并且比较剧烈······0分

不是,很少有······10分

2.你的皮肤有瑕疵吗?(黑头、小痘痘、毛孔粗大)

经常······10分

有时候······5分

从来没有······0分

3.你的皮肤冒油光吗?

只会在 T 区有(前额、鼻头、下巴) ·············· 5分

整个脸颊 ······························· 10分

从来没有 ······························· 0分

干性皮肤(0~10分)

定义:干性皮肤是因为皮肤表面的水脂膜被损坏,导致保护皮肤的重要屏障角质层受伤。

皮肤特征:粗糙、有皮屑,并可能伴随发红、不适和紧绷感。

解决方案:为了缓解此类问题,你需要避免过度依赖空调或取暖设备,以帮助皮肤重塑表面水脂膜。

中性皮肤(15分)

定义:水分和油脂分泌都比较适中,是较为理想的皮肤状态。

特征:这种皮肤看上去比较细腻、光洁,毛孔不太明显。不同的季节会有所不同,夏天偏油,冬天偏干。

护理方案:为了避免老化,需要进行更多的补水保湿护理。

混合型皮肤(20分)

定义:混合型皮肤的 T 区(鼻子、前额和下巴)比较油,而两颊区域比较干。

皮肤特征:T 区容易泛油光,出现黑头等瑕疵,两颊皮肤却略显粗糙,容易产生不适感。

解决方案:为了缓解此类问题,你需要为两颊补充水分,同时调节 T 区部位的过度油脂分泌。

油性皮肤(25~40分)

定义:油性皮肤油脂分泌过度,角质蛋白过度角化容易引起毛孔堵塞,加上细菌滋生,就容易出现小痘痘、小红点等现象。

皮肤特征:面部泛油光,毛孔粗大,以及容易出现黑头等现象,皮肤角质层也显得比较厚。

解决方案:为了避免此类问题,你需要选择正确的护肤产品帮助肌肤解决面部油光、毛孔粗大、小痘痘等问题,同时需要抑制此类皮肤问题的反复产生。

第八节　有奖竞赛促销文案

撰写要领

一、有奖竞赛概述

有奖竞赛是企业通过设计一些与企业、产品有关的问题,让消费者参与回答的一种活动方式。如请消费者为产品配一副对联、写一句广告语、竞猜球赛的冠军等,然后评出优胜者获得奖励。

二、有奖竞赛促销文案的写作要点

1.知识型竞赛:如行业知识竞赛、产品知识竞赛、品牌知识竞赛和企业信息知识竞赛等。旨在培养消费者对行业、品牌、产品以及企业的认知,具体方式如,试卷型判断、填空或问答、市场调查内容、补充句子、找不同之处等。

2.思维型竞赛:参与者如果参与此类竞赛活动,需要充分调动思维的灵活性、创意性,运用自己的智力资本博得奖品或礼物,如征文比赛、广告语征集、消费感受征集、点子大赛、创意大比拼,等等。

3.技能型竞赛:这是通过一些专业人士所具备的技能而举办的竞赛活动。这类活动一般都会有场面,通过场面吸引观众、引导消费,如调料产品举办口味品鉴竞赛,洗衣粉可以举办洗衣比赛,比赛谁洗得干净,啤酒可以举办喝啤酒大赛,歌舞厅可以举办卡拉 OK 大赛,等等。

4.游戏型竞赛:如果制造各种各样的游戏活动来带动人潮,使消费者除了购物外,还能获得极大的乐趣与满足;把促销的内容有机地融进游戏活动本身,就能在不知不觉中起到促进销售、渗透品牌意识的目的。

三、有奖竞赛促销文案的注意事项

1.有奖竞赛的优点

有奖竞赛能帮助建立或强化品牌形象,并兼带有建立品牌知名度和忠诚度的作用。比如消费者在为企业撰写广告语或为产品设计产品标志时，也就把品牌深深地记在心里。竞赛活动与抽奖活动有许多共同之处，它们最大的吸引力均在于诱人的奖品。但是有特殊用途或性能的产品，通过竞赛活动更有助于让消费者充分了解产品及其优点。

2.有奖竞赛的缺点

由于竞赛活动需要一定的智力与知识才能参加，而且需要付出一定的精力和时间，因而活动参与的人数会受到限制，有奖竞赛活动的参加率往往比较低，如果竞赛题复杂枯燥，更难引起人们的关注。主题设计缺少创意，也同样很难引起消费者的兴趣。

———— ❧ 经典范文 ❧ ————

范例① 牛奶有奖竞赛促销文案

小朋友们一起来，打扮我们的"××学童奶"

如果你是××岁以下的小朋友，就请一起来打扮我们的"××学童奶"，放假在家，喝一口"学童奶"，望一望窗外，充分发挥你的想象，创造一片童年的自由天空，画出一个你自己喜欢的图景。开学后，就把你的大作交给老师……我们将请专家组评出自由想象创作比赛的各类奖项。

活动分设优胜奖××名，得奖者可参加"坐飞机，游××草原"的旅游活动，获奖作品上印上"学童奶"产品包装。入围奖××名，可参加暑假××健康夏令营活动，作品可参加全市性专场展出。活动另设幸运抽奖××名，参加××草原旅游活动，获奖小朋友的班主任老师也可一同参加旅游活动。另抽取××名获精美小礼品一份，凡投稿者均有机会获奖。

第七章

营销渠道类公文写作

第一节 营销渠道系统规划方案

——❀撰写要领❀——

一、营销渠道系统规划方案概述

营销渠道系统规划方案是企业在市场竞争条件下根据自身经营目标,对整个营销渠道进行合理布局和合理规划的计划类文书。

二、营销渠道系统规划方案的写作格式

由于企业状况的不同,所建设的渠道系统也不相同,因此,营销渠道系统规划方案一般没有固定的格式,它主要是对各渠道的代理所拥有的权利义务、优惠措施以及应该具备的某些条件进行较具体的阐述。

——❀经典范文❀——

范例① 区域营销渠道系统规划方案

××公司区域营销渠道系统规划方案

一、买断独家经营权

为了体现和保护知识产权的价值,维护区域性经营者的合法权益,本公司在建立渠道时按照国际惯例和有关法规,上级代理向下级代理收取一定数额的特许经营费。

A 城镇级,以每城市××平方米耕地计:

××以××元市场特许费为标准;

××以××元市场特许费为标准。

以上可视情况上下浮动。

B 地区级,以每地区××平方米耕地计:

××以××元市场特许费为标准;

××以××元市场特许费为标准。

以上可视情况上下浮动。

C 国家级,以每个国家××平方米耕地计:

××以××万元市场特许费为标准;

××以××万元市场特许费为标准。

以上可视情况上下浮动。

D 示范组:

不需缴纳特许费,只需由城镇代理选定若干名示范户享受优惠进货价,做好试验示范和推广工作即可。

二、各级代理所享受的价格(略)

三、经纪人

对于获得"××"、"××"信息,但自己却无资金和实力缴纳特许费者,可作为经纪人推荐介绍他人成为公司的各级代理商。介绍他人成为国家级代理商并协助成功者,可优先考虑其成为该国家的技术辅导员,并可一次性获取该国家市场特许费的××%的差旅补助,同时将获得该国家今后销售总量的每吨××元的永久性提成。

如已经成立地区级公司或已有代理,国家级经纪人的服务费由该地区公司统一拨给地区机构核发,买断市场特许费××%的差旅补助由地区级拨给。

四、技术辅导员

经公司考核合格,再进行专业培训(产品知识、管理方法、建点技巧等学习)后,视其条件派往各国(地区),指导城镇地区建立销售网点及发展示范户,公司按照其所服务的区域销售总量,每吨拨出××元作为永久性提成。如成立地区级的公司或总代理,技术辅导员的提成由公司统一拨给地区级机构发放。

经纪人可同时介绍多个地区的独家代理商,但技术辅导员只能担任一个职位。

以上各条款在签订独家经销权后同步实施。

五、各级代理的条件及职责

特别提示：凡被上级公司聘任的国家、地区、城镇三级代理均享有公司推出系列产品的优先代理权。

1.国家级代理

国家级代理所应具备的条件是：

(1)有强烈的事业心，有很好的职业道德和商业道德，重合同、守信誉、品行端正、实事求是、言行一致。

(2)懂经营、会管理，有一定的写作能力，口头表达能力较好。

(3)有顽强的拼搏精神，有成就大业的决心和勇气，胜不骄、败不馁，百折不挠，肯吃苦、乐于助人。

(4)组织原则和组织能力强，富于开拓、勇于创新，有较强的独立工作能力。

(5)有较强的英语交流能力，身体健康，男女不限，有营销特长的人员优先。

(6)具备必要的经营场所和办公条件。

国家级代理所应尽的职责是：

(1)负责辖区内各地区独家代理及各城镇独家代理的宏观管理和指导工作。

(2)负责所在国家的宣传广告工作和所辖区域内各级代理商的业务技术培训工作，并协助各地区代理做好从国家到各地区的户外广告宣传及设置工作，并能在电视台、广播电台和互联网进行宣传，宣传的内容要符合公司的有关规定，如出现虚假或不实宣传，后果自负。

(3)做好上级公司信息传递工作和贯彻落实指令传达的各项工作。

(4)配合上级公司打击假冒伪劣产品和违规侵权行为，保护所辖区域的市场。

(5)按时参加上级公司组织的统一活动。

(6)积极完成公司安排的其他工作任务。

(7)在上级公司指定的时间内建立健全所辖区域内的各地区独家代理机构，并协助和指导地区级建立城镇级独家代理及建立示范户。

2.地区级独家代理

地区级代理所应具备的条件是：

(1)有较强的事业心和对成员高度负责的精神。

(2)有一定的经营管理能力和口语表达能力,具备一定的写作能力。

(3)善于协调人际关系。

(4)身体健康,年龄在××~××岁。

(5)在所在地区有经营场所,联系方便。

(6)男女不限。

地区级代理所应尽的职责是:

(1)在国家总代理协调组织下,到上级公司提取产品,独立负责全地区的"××"和"××"产品供应。

(2)负责各城镇独家代理的建立,全权负责城镇代理的选拔、确定工作,并报上级公司备案发证。

(3)负责辖区内的宣传广告、培训教育工作,和国家高级管理经理一同负责地区的户外广告工作,并在地区广播站和地区电视台进行宣传、做广告。

(4)负责上级公司各项信息指令的传达、贯彻和落实工作。

(5)圆满完成上级公司和所在国家级代理所安排的其他工作。

(6)能够贯彻、落实和配合上级公司对每个阶段的工作部署,保证上下协调一致。

(7)地区独家代理必须在上级公司指定时间内建齐所辖城镇代理,并指导代理选拔、配齐示范组的成员。

3.城镇级独家销售代理

城镇级独家销售代理所应具备的条件是:

(1)在本城镇中有较高威望,影响力较大,群众基础比较好。

(2)有一定的科技意识,思路清晰,不斤斤计较。

(3)为人正直、心地善良、肯吃苦、乐于助人、有较强的责任心。

(4)能够按照地区级代理的安排进行工作,不违背上级总公司推广工作的有关纪律和规定。

(5)能自觉抵制和打击假冒伪劣产品。

城镇级独家销售代理所应尽的职责是:

（1）从地区发货站直接提货，负责所在区域内的产品独家供应。

（2）负责本地的宣传广告工作，负责地区到本地及示范组之间道路的标语刷写、张贴工作。

（3）及时召开示范组座谈会或培训会。

第二节　营销渠道系统诊断书

❧撰写要领❧

一、营销渠道系统诊断书概述

营销渠道系统诊断书是指企业根据现有的销售业绩评估，对营销渠道系统进行研究，并根据研究结果提出渠道改善方案的文案。

二、营销渠道诊断书的写作格式

营销渠道系统诊断书的内容主要由诊断项目、诊断指标以及评估标准等构成。营销诊断书的编制必须具备时效性。

1.诊断项目。

2.诊断指标。

3.指标评估标准。

4.指标具体内容。

———❦ 经典范文 ❦———

范例 1 营销渠道系统诊断书

×××公司营销渠道系统诊断书

项目一:渠道系统管理组织诊断

该项目主要包括两个方面:一是销售经理的素质和能力;二是自控终端零售的程度。

指标 1:从事销售工作××年以上且学历为大专以上的地区经理占销售经理总数的比例。

该比例越高,表明销售管理组织的素质和能力越强。

指标 2:地区办事处自控终端零售商销售额占地区办事处销售总额的比例。

该比例越高,越能表明地区办事处在做市场,而不是在简单地做销售。

项目二:客户档案诊断

客户档案是公司最重要的市场资源,也是降低市场网络风险的重要保障,包括最终产品的用户、商业客户和业务人员 3 类档案。

1.最终产品用户档案主要包括:客户名称、购买产品型号、购买日期、用户电话及电子邮箱,用户使用强度、使用频率等。只有当企业建立起了足够大的用户数据库,并且通过用户数据库来进行产品开发、广告试验时,企业的市场营销才是建立在稳固的市场调研的基础之上的。

2.商业客户档案的三要内容包括:

(1)客户名称、地点、联系方式、品种、规模、经验。

(2)负责人户口所在地及其信用、行为偏好。

(3)负责人家庭成员及其爱好。

(4)客户主要成员的父母、对象、孩子等的生日。

(5)客户购买周期、每次购买量。

(6)客户的网络及其档案。

3.业务人员的客户档案必须一式三份,自己、办事处、公司各一份。

指标3:地区办事处客户档案中的客户数量占该地区同类客户总量的比例。

指标4:地区办事处用户档案数量占用户总量的比例。

这两个比例越高,表明该地区办事处的市场开发程度越深;同时,表明市场工作做得越细。

项目三:客户铺货管理诊断

1.根据客户档案,对客户进行信用等级评估,根据评估的不同信用等级决定是否铺货以及铺货数量。客户信用等级评选的主要指标是:

(1)客户户口是否是本地:常住本地户口(AAA)、从外地迁来本地××年以下(AA)、外来暂住户口(A)。

(2)经营年数是否超过××年:××年以上(AAA)、××~××年(AA)、刚开始(A)。

(3)前××年销售增长率是否较快:超过××%(AAA)、××%~××%(AA)、小于××%(A)。

(4)是否拖欠其他企业的货款:从无拖欠(AAA)、良性拖欠(AA)、严重不良拖欠(A)。

(5)每年是否有重点地销售一家企业的产品:单一产品销售量占全部销售量:××%以上(AAA)、××%~××%(AA)、小于××%(A)。

(6)客户是否有不良生活嗜好:无不良嗜好(AAA)、有不良嗜好(赌博、吸毒、酗酒等)(A)。

(7)客户是否存在跨地区窜货现象:没有(AAA)、良性(本产品没有销售的地区)(AA)、有(A)。

只有对7项全部是AAA等级的客户,才能给予适当的铺货量。第4项和第6项,有一项是A,即不能给予铺货。

2.对所有铺货的客户,控制累积铺货额:对于广大中小零售客户只要根据客户档案,通过了有效的信用评估,铺货控制在××元以内,可以保证货款安全的就可以送货。

指标5:综合评估AAA级客户占全部客户的比例。

该指标反映了客户质量。

项目四：客户沟通诊断

当奖励政策具有激励效用时，客户的积极性可以提高，但是，要提高其经营能力，就需要进行有效培训。因此，公司可以通过自己的企业文化，将基本上分离的销售网络统一于企业文化。具体实施以下措施：

1.发挥企业内部报纸的作用，每期都要送达所有客户。在每期企业报纸中开设客户专版，主要介绍各地客户的事迹、方法、经验交流等。

2.统一佩戴企业标志性的工作卡，所有客户业务人员均以企业业务员的形象出现。工作卡按地区+号码的方式编制。

3.印刷统一的企业客户须知手册，客户业务人员人手一册。

4.统一穿戴企业服装（帽子、工作服、工作包等）。

5.定期组织客户业务人员参观本公司。客户的每位业务人员，每年至少来公司总部参观一次。

6.举办业务培训。利用每年销售的淡季举办多期客户业务销售培训班，并颁发本公司的培训上岗证书。参加培训并得到证书的客户可以作为公司奖励条件的一个方面。

7.定期举办集体活动，如运动会等。

指标6：参加培训的客户数量占客户总量的比例。

指标7：接受公司证书的客户数量占客户总数的比例。

指标8：参加公司员工活动的客户数量占客户总数的比例。

这3个指标反映了客户与公司的沟通程度。

项目五：促销活动诊断

1.明确促销目的。促销活动的目的，基本上可以分为4个：

（1）新产品上市，吸引顾客。通过促销活动，给潜在顾客一定的利益，形成利益吸引力，从而诱导部分顾客产生购买行为。

（2）抑制对手，保护市场。为了抵制对手的促销引力，本公司也采取类似或不同的促销活动，尽管未必增加销量或增加收入，但可以保护自己的市场，免受对手侵犯。

(3)争夺顾客,拓展市场。

(4)奖励顾客,增加销量。

2.两个原则:

(1)娱乐原则,即指通过促销活动,使顾客感到有一定的趣味娱乐性。

(2)让利原则,只有让顾客感到有利可图时,促销才能起到作用。

3. 3个环节:

(1)终端顾客的拉力。

(2)中间商的推力。

(3)本公司业务员的引力。

如果缺乏其中任意一个环节,促销效果将打一定折扣。

4. 4类切入点:

(1)借势,即利用社会高度关注的重大事件,借题发挥,为我所用。

(2)造势,即自己设定议题,吸引新闻界,如新闻发布会等。

(3)乘势,即利用市场旺季实施密集促销计划,突出自己,水涨船高。

(4)顺势,面对可能产生的针对我们自己产品的好的或不好的事件,只有顺水推舟,方可顺理成章。

指标9:企业促销活动持续天数占全年365天的比例。

指标10:企业万元促销费用所实现的销售额。

这两个比例越高,表明促销拉动效果越好,就越有利于渠道网络的健康发展。

范例2 渠道冲突处理方案

×××公司渠道冲突处理方案

一、渠道冲突形式

1.水平冲突。指公司的渠道系统中处在同一水平的不同渠道成员之间的冲突。

2.同质冲突。指在一个市场环境中,本公司与另一家公司的渠道在同一层级上的冲突。

3.垂直冲突。指发生在公司的渠道系统中不同水平之间的冲突。

二、引起冲突的原因

1.效率和效益最大化目标在渠道成员中互相矛盾。

2.模棱两可的渠道成员角色定位。

3.业务领域没有达成共识的地方也会产生冲突,至少有以下两种情况:

(1)当渠道成员并没有就它们在整个渠道系统中的确切的经营范围达成共识时。

(2)当业务领域有部分重叠时。

4.沟通失败。沟通失败表现在以下两个方面:

(1)公司没有及时与渠道成员交换重要信息。

(2)沟通受到"噪声"(或对特别术语不理解等)干扰。

5.对实现预期目标采取的方法不同或解决问题的方法发生争议时,冲突也会产生。

6.公司与渠道成员对管理、价值观等方面有不同理解。

三、冲突处理

1.使用制造商销售代理在制造商和销售商之间传递信息,在达到共同目标的同时达到各自的目标。

2.通过劝说来影响渠道成员的行为,减少有关职能分工引起的冲突。

3.谈判是渠道成员讨价还价的方法。谈判的目标在于停止成员间的冲突。在谈判过程中,每个成员会做些让步,从而避免冲突发生,但利用谈判或劝说要看成员的沟通能力。

4.利用仲裁解决问题时,需要第三方的加入。也许仲裁方会提出一个建议,矛盾双方不一定都能接受。用仲裁来解决问题很普遍,但事实上往往不能解决问题,主要是因为很少能找到一个合适的仲裁人,并且提出一个大家都能接受的建议。

5.冲突有时要通过政府来解决,诉诸法律也是借助外力来解决问题的方法。对于这种方法的采用也意味着渠道中的领导力不起作用,即通过谈判、劝说等途径已没有效果。

6.当水平性或垂直性冲突处在不可调和的情况下,退出是一种可取的办法。从现有的渠道中退出可能意味着中断与某个或某些渠道成员的合同关系。

四、交货检验、配送

1.零售商对于客户的商品的订货及委托生产的商品的交货期,须经常与本公司制造部保持联系,以掌握其经过情形及进行状况。

2.零售商若已于指定交货日期前确定可以交货,应主动与客户联系确切的交货时间。

3.当确定订货商品的交货日可能延迟时,应通知订货的客户,以取得其理解。

4.零售商在交货或查验商品时,应对照订货账单,以确定品名、品质、规格、单价、数量及其他事项是否符合。

5.商品的交货与配送业务由零售商进出口管理科负责。

6.在交货或配送商品时应发送货通知单,送货通知单的内容记载应包括:

(1)客户名称;

(2)品名、规格、数量、单价、金额;

(3)明细及其他事项。

7.商品交货、配送后,如果有客户拒绝收货、要求退货及其他的抱怨问题,应取得负责人或营业经理的认可,设法寻求处理办法。

第三节 网络营销策划书

❧撰写要领❧

一、网络营销策划书概述

网络的互动性和时效性决定了网络营销的特点。通常来说,网络营销的策划内容包括以下几点:

1.确定网络广告的目标

广告的作用是通过信息沟通使消费者产生对品牌的认识、情感、态度和行为的变化，从而实现企业的营销目标。在公司的不同发展时期有不同的广告目标，在产品的不同发展阶段，广告的目标可分为提供信息、说服购买和提醒使用等。

2.确定网络广告的目标群体

简单来说就是确定网络广告希望让哪些人来看，确定他们是哪个群体、哪个阶层、哪个区域。只有让合适的用户来参与广告信息活动，才能使广告有效地实现其目标。

3.进行网络广告创意及策略选择

(1)要有明确有力的标题。广告标题是一句吸引消费者的带有概括性、观念性和主导性的语言。

(2)简洁的广告信息。

(3)发展互动性，如在网络广告上增加游戏功能，提高访问者对广告的兴趣。

(4)合理安排网络广告发布的时间因素。网络广告的时间策划是其策略决策的重要方面，它包括对网络广告时限、频率、时序及发布时间的考虑。时限是广告从开始到结束的时间长度，即企业的广告打算持续多久，这是广告稳定性和新颖性的综合反映。频率即在一定时间内广告的播放次数，网络广告的频率主要用在电子邮件广告形式上。时序是指各种广告形式在投放顺序上的安排。发布时间是指广告发布是在产品投放市场之前还是之后。根据调查，消费者上网活动的时间多在晚上和节假日。

(5)正确确定网络广告费用预算：公司首先要确定整体促销预算，再确定用于网络广告的预算。整体促销预算可以运用量力而行法、销售百分比法、竞争对等法或目标任务法来确定。而用于网络广告的预算则可依据目标群体情况及企业所要达到的广告目标来确定，既要有足够的力度，也要以够用为度。量力而行法即企业确定广告预算的依据是他们所能拿得出的资金数额。销售百分比法即企业按照销售额（销售实绩或预计销售额）或单位产品售价的一定百分比来计算和决定广告开支。竞争对等法是指企业比照竞争者的广告开支来决定本企业广告开支的多少,以保持竞争上的优势。目标任务法是指首先明确确定广告目标,再决定为达到这种目标而必须执行的工作任务,最后估算执行这种工作任务所需的各种费用,这些费用的总和就是计划广告预算。

(6)设计好网络广告的测试方案。

4.选择网络广告发布渠道及方式

网上发布广告的渠道和形式众多,各有长短,企业应根据自身情况及网络广告的目标选择网络广告发布渠道及方式。在目前,可供选择的渠道和方式主要有以下内容。

(1)主页形式:建立自己的主页,对于企业来说是一种必然的趋势。它不但是企业形象的树立,也是宣传产品的良好工具。在互联网上做广告的很多形式都只是提供了一种快速链接公司主页的途径,所以,建立公司的 Web 主页是最根本的。从今后的发展看,公司的主页地址也会像公司的地址、名称、电话一样是独有的,是公司的标志,将成为公司的无形资产。

(2)网络内容服务商(ICP),如新浪、搜狐、网易等,它们提供了大量的互联网用户感兴趣并需要的免费信息服务,包括新闻、评论、生活、财经等内容,因此,这些网站的访问量非常大,是网上最引人注目的站点。目前,这样的网站是网络广告发布的主要阵地,但在这些网站上发布广告的主要形式是旗帜广告。

(3)专类销售网:这是一种专业类产品直接在互联网上进行销售的方式。进入这样的网站,消费者只要在一张表中填上自己所需商品的类型、型号、制造商、价位等信息,然后按一下搜索键,就可以得到你所需要商品的各种细节资料。

(4)企业名录:这是由一些互联网服务商或政府机构将一部分企业信息融入他们的主页中。如××地区商业发展委员会的主页中就包括汽车代理商、汽车配件商的名录,只要用户感兴趣,就可以通过链接进入选中企业的主页。

(5)免费的互联网服务:在互联网上有许多服务商提供免费的互联网服务,很多上网者都喜欢使用。利用这一优势,能够帮助企业将广告主动送至使用免费互联网服务的用户手中。

(6)黄页形式:在互联网上有一些专门用以查询检索服务的网站。这些站点就如同电话黄页一样,按类别划分,便于用户进行站点的查询。采用这种方法的好处:一是针对性强,查询过程都以关键字区分;二是醒目,处于页面的明显处,易于被查询者注意,是用户浏览的首选。

(7)网络报纸或网络杂志:随着互联网的发展,国内外一些著名的报纸和杂志纷纷在互联网上建立了自己的主页;更有一些新兴的报纸或杂志放弃了传统的"纸"的媒体,完完全全地成为一种"网络报纸"或"网络杂志"。其影响非常大,访问的人数不断上升。对于注重广告宣传的企业来说,在这些网络报纸或杂志上做广告,也是一个较好的传播渠道。

(8)新闻组:新闻组是人人都可以订阅的一种互联网服务形式,阅读者可成为新闻组的一员,成员可以在新闻组上阅读大量的公告,也可以发表自己的公告,或者回复他人的公告。新闻组是一种很好的讨论和分享信息的方式。广告主可以选择与本企业产品相关的新闻组发布公告,这将是一种非常有效的网络广告传播渠道。

二、网络营销策划书的注意事项

AIDA法则是网络广告在确定广告目标过程中的规律:

第一个字母A是"注意"(Attention)在网络广告中意味着消费者在电脑屏幕上通过对广告的阅读,逐渐对广告主的产品或品牌产生认识和了解。

第二个字母I是"兴趣"(Interest)。网络广告受众注意到广告主所传达的信息之后,对产品或品牌发生了兴趣,想要进一步了解广告信息,网络广告受众就可以点击广告,进入广告主放置在网上的营销站点或网页中。

第三个字母D是"欲望"(Desire)。感兴趣的广告浏览者对广告主通过商品或服务提供的利益产生"占为己有"的企图,他们必定会仔细阅读广告主的网页内容,这时就会在广告主的服务器上留下网页阅读的记录。

第四个字母A是"行动"(Action)。广告受众把浏览网页的动作转换为符合广告目标的行动,可能是在线注册、填写问卷参加抽奖或者是在线购买等。

❧经典范文❧

范例 *1*　手机网络营销策划书

××手机的网络广告策划书

一、市场分析

1.现有市场竞争格局发展

中国手机市场竞争格局的演变可以分为两个阶段:第一个阶段是 20××年至 20××年。这一时期,××在中国手机市场上独领风骚。因为××是第一个进入中国××通信业的外国品牌。20××年,在××省开通的移动通信系统就是××的设备。由于缺乏竞争者,中国手机市场基本上由××独占。第二个阶段是 20××年至今。××、××等后进者抓住 GSM 数字网开通带来的机遇,市场份额急剧上升,直接挑战××,形成了××与××、××三足鼎立的局面。除了这三大品牌外,××、××、××、××等品牌也竞争激烈。近两年来,随着国内厂商实力的上升,出现了不少的国产手机品牌,如××、××、××、××等,也开始与国际品牌竞争。

2.市场占有率

三大品牌(××、××、××)在中国市场占有绝对优势,它们的市场占有率达到市场份额的××%以上。据×××国际咨询公司 IT 市场研究部的调查结果显示,知名的品牌还包括××、××、××等。

3.手机购买行为分析

电视广告、他人介绍和报纸广告是购买手机的主要信息来源。有××%的手机用户购买手机是根据朋友、熟人的介绍,这表明在中国市场,亲情、友情等感情因素对商业活动的影响很大,也提醒手机商、经营商、网络运营商,每"善待3 个老客户,将会有机会赢得一个新客户"。购买手机时,用户最关心的是通话质量,其次是性能、通话时间与待机时间。潜在用户最关心的是价格,然后才是性能、品牌。用户选择手机时,××%的用户选择"品牌"因素,加上人际传播的二次传播效果,"品牌"因素可能是最大的选择因素。xx%的用户关注"手机体积的大小"的问题。xx%的用户则关心"手机外壳的颜色",这表明手机不仅是一个通信工具,还是一款时尚消费品,外观很重要。还有xx%的手机用户购机时选择使用方便的手机,所以,用户购机时选择耗电量小(待机时间长、充电次数少)的机型。而xx%的用户选择功能多的机型。xx%的用户选择技术新颖的机型,xx%的用户选择有中文输入功能的机型。中档机受欢迎,中档机的价格在xx~xx之间,共有xx%的用户在使用这类手机。xx%的用户自己花钱买手机,单位分配的占xx%,另有xx%的手机是家人或朋友送的礼物,这一比例和前些年比已有很大变化。

4.产品特点介绍(略)

二、销售与广告分析

1.定价策略

目前xx型号的市场参考价格:xx元;商家报价:xx~xx元。

2.广告地区

重点放在点击率高的网页上(如xx、xx、xx等)。

3.广告内容(诉求点)

以"人性化"时尚为诉求点。

4.广告方式

在点击率高的网页上投放有特色的网络广告形式(如画中画广告、全频广告、漂浮广告等)。

三、手机广告策略

1.xx手机形象的局限和优势

产品销售对象的局限:产品外型可能给人一种华而不实的感觉。

优势:xx手机知名度高;xx型号首次使用xx技术,可以通过一个紧凑型端口进行充电、音频及数据连接,从而简化了各项操作;产品外型设计吸引年轻人;广告宣传主题与设计风格明确,传播效果好。

2.广告目标

广告对象:主要针对时下追求自我个性时尚的年轻人、在校的大学生或已经有经济基础的年轻人。

目标地区:点击率高的网页。

广告定位:传播一种可以视频的口号,突出年轻人更加时尚。

3.广告策划主题

人性化的时尚。该型号是一款颜色、外型时尚的手机,一个强势的品牌不仅要符合现代用户的心理,具有现代品牌的个性,而且还要更加符合现代的潮流。为了在设计上具有独特性,××产品的设计从消费者体验的角度出发,强调"人性化"的设计理念、"个性化"的外观设计。我们抓住既时尚化又人性化的特点对此手机进行广告推广,并让时下的年轻人进一步地意识到社会上的犯罪活动在日渐增加并危害人们的生活,维护世界和平是每个人应尽的义务和责任,在这个追求时尚奢华的时代里也不忘了维护世界和平。

4.广告创意设计

以网络广告为主,在视觉上打动人心,迅速建立"××的时尚"的新概念。在品牌建立后,在点击率高的网页上投放有特色的网络广告形式扩大知名度与美誉度。在广告宣传后需要营销、公关的创意活动支持,把这一品牌概念进一步推广。

设计要求:××产品设计不仅具有"人性化"的设计理念、"个性化"的外观设计,而且××设计还赋予了产品"时尚"的精神。××在各系列产品的设计中努力体现出卓越的审美观和价值观。这体现在:××在液晶显示器的外观和轻薄程度上不遗余力地进行创新,几乎要把显示器变成书房中的艺术品来设计;××作为"年轻"、"流行"、"时尚"数字先锋的形象在消费者心目中得到了持续加强。××设计的产品所体现出来的"科技"、"时尚"、"前卫"的特点以及领先的设计理念得到了全球的认可。这为树立××"最酷、最时尚"的数码电子产品形象立下了汗马功劳。

四、网络广告标题设计

1.时尚+人性。

2.时尚离不开人性。

3.我们究竟还有多少人性。

4.人性就是时尚。

5.我相信你很时尚,但是我不相信你很人性化。

6.人性——最酷、最时尚。

7.维护世界和平——人性。

五、手机网络广告文案

创意1:在一条繁华的街道上,一个非常时尚的年轻人脖子上挂着一部手机边走边听歌。走到街道的中心,年轻人停了下来,把手机从脖子上拿下来,他把手机的摄影开起,把手机竖立在手上,一秒钟后手机自动地向上升,随着高度逐渐变大,手机升到了高空中变得很大,使得整个城市的人都看得见。手机播放的是这座城市里低保户的贫穷生活和一些学习刻苦的贫穷孩子,因为家里没钱供他们上学,所以他们哭丧着脸。播放完后,手机说:"××××,××××。"许多人都捐出了自己的爱心。这时手机里抛出了善心人捐出的东西,落在了那些需要帮助的人的手里,随后,手机变小,落到了年轻人的手中。如果你也想这么酷、这么炫,就用××型号手机。

创意2:一个时尚的大学女孩一直有个梦想,就是希望自己能去一个贫穷落后的大山里教书,帮助大山里的孩子了解外面的世界,走出大山,用知识的力量改变自己,改变家乡的贫穷落后。这天,她兴高采烈地拿着手机,在都市里拍摄,拍摄完后,她背起简单的行囊,远赴她一直都梦想着的地方。在那里,她用手机将拍摄好的花花世界给孩子们看,让孩子们了解外面的世界(孩子们在看的时候,脸上露出了稀奇的表情,他们向往着到外面去,他们也稀奇从一个这么小的东西里能看到外面那么大的世界,他们都抢着去摸一下这个手机)。然后,她每天早上用手机播放国歌,教孩子们升国旗,用手机来看新闻,关心国家大事,拍摄他们忙碌单调而又充满天真的欢笑的生活,把它编成一部1小时20分钟(大山里的孩子)的生活记录,并用手机能跟电脑同步的功能发送出去,寻找善心人士来赞助这些纯真的孩子。不久就有许多善心人士来赞助这些大山里的孩子们。最后就是这个大学生用手机拍摄孩子们的合照(孩子满脸的笑容,手里拿着善心人赞助的学习用品,身后简陋的教室变成了宽敞明亮的教室)。这时显示的手机是一部"××型号",广告语:用××的手机去××××,创建一个××的世界。

第四节　媒体整合渠道文案

——❀撰写要领❀——

一、媒体整合渠道文案概述

对于媒体传播渠道来说，仅仅依靠单一的渠道来传播显然是不行的，需要综合运用文字、图片、音频、视频等来进行立体化传播，也就是媒体的渠道整合。在媒体整合渠道方案制订时，要综合考虑报纸、电视、电台、户外、公共活动、网络以及新兴媒体等，这也是制定媒体整合渠道方案的内容。

二、媒体整合渠道文案的注意事项

传播渠道中出现了许多新兴的媒体，比如手机媒体、地铁媒体等，这些新的媒体因其传播的新颖性，更易受到关注。

在传播中，要首先分析自己的目标人群是哪些？用换位思考的办法来考虑他们会在什么时间看什么媒体，或者什么时间会在什么地方，再考虑各种媒体投入的成本以及投放时间，对传播的成本投入与效果进行预测和评估，然后结合销售周期，在可以接受的成本之下来组合媒体，制订最佳的传播渠道组合方案，以有效覆盖目标消费群体。

经典范文

范例 ① 房地产项目媒体整合渠道文案

×房地产项目媒体整合渠道文案

一、报纸杂志

在当地的主流报纸和杂志上刊载广告,从各个侧面打造楼盘"××,××"的品牌形象。

二、电视

配合促销活动和对开发公司的专访等形式对项目从工程设计、工程质量、开发商实力、开发理念和项目的优势方面进行正面宣传,建立项目及开发商的良好口碑。

三、电台

通过电台配合××网的购房者俱乐部活动并配合项目的形象,把信息以声音和感官的形式传达给目标受众。

四、单张广告

通过商业信函投递、售楼处发送、报纸杂志夹送、活动资料派送形式使单张广告进入每一个意向客户手中,从而扩大项目自身的影响范围。

五、户外广告

1.在项目周边沿线各人行天桥及繁华路段做灯柱、路牌、建筑物广告。

2.在城市中心做巨幅建筑物或路牌广告。

3.在生意火暴的大酒店对面树立巨幅广告牌。

六、车身广告

在繁华地段、购物中心、火车站等线路的公交车上做车身广告。

七、公共活动

举办各种公共活动,树立楼盘美好形象,迅速提升知名度、美誉度和记忆度。

1.广场落成剪彩仪式。邀请各界知名人士及新老业主荣誉出席(有文艺表演及娱乐节目等)。

2.寓义喷泉征名及题名活动。以各种方式(信函、热线、现场、邮件等)大张旗鼓地向社会各界征集项目广场寓义喷泉的名称。之后,在一个令人瞩目的日子里开展现场题名活动,在题名现场向热心参与并支持征名活动的群众致以感谢并奖励(根据所提供的名称与所题名称的接近程度进行奖励)。

3."××月"活动。一方面丰富项目周边居民的文化活动,有益于地方文化事业,易博得社会各界的支持,造成极大的社会效应,博得民众的好感,有利于迅速树立楼盘美好的公众形象;另一方面吸引新闻媒体的注意,为新闻报道提供很好的素材,有利于大范围内提高知名度,给目标客户留下深刻记忆。具体形式包括:向各界人士赠送或优惠提供当月影院大片入场券;于各节假日及工休日在项目广场举办各种歌舞表演、文化活动等;在影响范围内开展"××月"万人签名活动。

八、网络

通过××网进行全面宣传,配合网络炒作和购房者俱乐部的会员看房活动,消化一部分产品。

1.购房者俱乐部"××班车"活动。

2.项目网站或是网页的制作(建立互动的沟通平台)。

3.网站论坛同时进行讨论,使开发商和未来业主进行全面沟通,以便于了解客户的基本情况,更好地拉动销售。

九、DM 直投杂志

由房地产信息杂志作定向投递,通过强大的派发网络进行宣传,体现杂志本身的信息量大、保存时间长、到达率高的优势。

第五节 会议营销的策划文案

——❧撰写要领❧——

一、会议营销策划文案概述

会议营销已成为促进产品销售、传播产品知名度的有力活动之一。

1.要包括市场背景分析。包括对目标市场的分析、市场容量、目标顾客的消费习惯及喜好、竞争产品的活动情况等。这是整个会议活动方案的由来,也可以说是活动能进行开展的原因。

2.要明确活动的目的。只有明确了活动的目的,才能找到努力实现的方向,不能照搬别人的模式。

3.要确定会议的主题,会议的主题就是招牌,有个好的主题可以激发消费者参与的热情程度。

4.要制定会议的内容和程序,这是会议活动中的关键,可以按时间顺序把会议分为3个阶段:会前、会中、会后。

二、会议营销策划文案的注意事项

会议营销要与公关活动相结合,为活动造势,如提前与电视台联系,争取电视台以新闻形式播出,或与媒体合作做好宣传,还可以与政府机关当前提倡的公益活动结合,增加媒体主动播报的机会以及赢得主管部门的支持,扩大企业影响力。

为此,会议营销首先要设计主题,并撰写软文支持,进行平面的媒体宣传,以吸引更多的目标顾客参加;其次要根据会议的内容要求在会前安排好各类工作人员,包括模特及演艺人员、主持人、讲师、会场服务人员、检票人员、登记员、礼仪小姐、会务主管、录像师;第三要做好费用投入分析和预算,通过分析会议活动投入的多少,可以对所需的费用作出预估,并结合预期的目标计算出投入与回报是否合理。

此外,还要制定会议活动的应急预案,这是为了应对会议活动中出现的突发事件和问题,因此,制订一套应急预备方案是不可或缺的,针对一些不能确定的因素,只有做好周密的应对措施,才能保证会议的顺利进行,达到预定的目标。

经典范文

范例 1 会议营销策划文案

会议营销策划文案

20××年是我国房地产市场政策的调控年,第×季度是对调控政策效果的重要检验,是对房地产市场形势的重要考验。为了使大家更清楚地了解政策、了解市场,更好地迎接挑战、把握住发展机遇、更清楚地掌握我国房地产业发展趋势、倡导节能环保的理念、加快低碳居住体系建设、推进我国低碳住宅的开发建设、促进经济结构的调整,特决定举办"房地产业发展与低碳建筑高层研讨会",届时将邀请有关部门领导、专家及开发商代表进行政策交流。相关事项通知如下:

一、会议内容

(一)新形势、新挑战、新机遇下房地产政策专题

1.对我国房地产市场调控政策及市场发展趋势进行分析研讨。

2.房地产税收政策的调整和趋向。

3.宏观经济基本面和房地产未来发展趋势。

4.土地政策走向和房地产业的调整。

5.复杂形势下的房地产企业经营策略。

6.当前金融形势和房地产业应对措施的选择。

7.新形势下房地产开发企业融资方式和融资渠道。

(二)建筑节能与绿色低碳房地产技术应用专题

1.建筑节能政策、标准、发展形势和财政扶持补贴政策介绍。

2.低碳、绿色建筑技术与房地产业的健康发展。

3.低碳时代绿色建筑设计及技术发展新理念。

4.低碳、生态、宜居、绿色环保、可再生能源示范项目介绍。

5.热泵技术在可再生能源建筑中的实际应用介绍。

二、参会对象

有关部门、有关科研机构、大专院校,国内外智能与绿色建筑领域的技术集成单位、绿色建筑项目设计和建设单位、工程公司、房地产开发商单位、房地产营销代理企业、各建筑规划设计院所、院校,施工总承包、勘察设计、建筑装饰有关企业,各传媒机构、金融投资机构等,相关节能产品生产、销售单位。

三、会议时间及地点

时间:20××年××月××日

地点:北京××宾馆

四、会议费用

人民币××元/人(含会务费、资料费、场地、专家费等),食宿统一安排,费用自理。

五、会议征文及要求

本次会议面向全国征集建筑节能相关论文,择优选用并安排会议发言,印刷论文集作为会议资料。

六、承办单位(略)

七、联系方式(略)

第六节　零售店管理制度

❧ 撰写要领 ❧

一、零售事务处理文案概述

企业在市场上选择零售商时必须制订一套方案,使有关人员遵照执行,这就是市场营销中的零售事务处理文案。

二、零售处理文案的内容

零售处理文案在写作时主要包括以下内容:零售商的职责、零售程序、订货、交货、配送等。

❧ 经典范文 ❧

范例 *1*　公司零售事务处理文案

公司零售事务处理文案

一、销售

1.零售商在访问或开拓新客户时,应留意下列事项:

(1)透彻观察对方在买卖上的需求及判定对方在买卖上的立场。

(2)观察对方进货及销售的意愿。

(3)利用谈话来引导对方购买的意愿。

(4)针对对方的买卖意识及对商品的认知程度,分析它与我方计划的合适与否。

(5)分析对方的销售政策和营业预算是否适合本商品。

2.零售商应致力于对商品知识、销售方法及市场知识的研究,同时须勤于调查客户的状况,随时以预算、效率化为基准,冷静且亲切地致力于销售活动。

3.对客户提示重要事项或表达意向时,须取得经理的认可。

4.交易的开始有的是基于对方的申请,有的是出自我方的诱导,不管是何种方式,除了交易一开始即以现金往来的情况之外,都须事前对交易客户的资产、销售能力、责任度、信用及其他评核事项进行调查,并向上级提出报告。

5.对各家客户须拟定每个月的访问预定及收入预定。另外,对于客户的新开拓商品也须拟定每个月的大概预定额,并根据这个预定额来开拓新市场。

6.不论老客户或新交易或预估的交易,都须私下迅速打听清楚,有了充分的调查,才能尽早与对方进行交涉。

7.对于同业者的预信内容及交易实绩,须经常调查,探听清楚,如此才能了解自己在接受订货上的难易。另外,对于自己在预估及交货上的损失,应究明原因,以便修正制造技术及营业方面的缺陷。

8.零售商应针对各方面的订货情况进行广泛的调查,使销售活动的资料齐全,以便传给各相关人员参考。

(1)从经济新闻上做剪报整理。

(2)参考经济杂志及其调查记录。

(3)将业界的信息记录下来。

9.将老客户及预定客户的订货资料整理成卡片,并将重要事由记录下来,经常作修正。

10.与老客户应经常保持密切的联系,除了对订货情况及其他需求应探听清楚之外,也可以设法斡旋,使对方下单订货。为达成上述目的,可在必要时邀请对方举行研讨会或洽谈会。

11.在与对方交易的休息之际,应适当地提供餐饮、茶点及香烟等,尤其是需要外出用餐时,应在这之前提出预算,并取得经理或代表(董事长)的认可。

12.开拓新交易通常通过已交易客户进行,或委托其斡旋,或要求其持续过去曾经有过的交易来拓展业绩。

二、估价

1.商品的估价须根据国际市场上同类商品价格来估算,做成并经过经理的裁决后,提供给各客户作为参考。

2.估价书的制作由零售商的内务负责。

3.零售商必须完备下列各项资料,作为估价参考资料:

(1)参考经济杂志及其调查记录。

(2)将业界的信息记录下来。

(3)标准品单价表。

4.对客户做估价时,应尽快提出报告。

5.将估价书送给客户之后,必须在估价账目表中列出日期及合同的成立或不成立等事项。

三、受理订货

1.零售商在确定订货已成立时,应将本公司生产及出货的必要事项记入订货受理传票中,并发函给相关单位,其规定如下:

(1)一般订货受理传票。本传票在受理一般性订货时填定,通常印成两份,一份交给本人,一份交给零售商受理保管,制成订货编号,并做好制造委托书(复印 4 份)后,将其中 A、B、C 三联交给本公司制造部。

(2)特别订货受理传票。本传票主要为大量生产的商品或订有长期合同的商品、出口品填写,一共制成 5 份:一份由本人保管;一份交给经理或代表(董事长)阅览后,由零售商受理科负责保管;另外两份交给本公司制造部;剩余的一份交给本公司总务部的总务科。本传票必须记明品名、规格、数量、单价、金额、交货日期、裁决条件、交货地点、捆包运送方式及其他必要事项。

(3)预估生产委托表。零售商在委托生产标准品的预估生产或其他特定品的生产时,应填写本表。本表须记明品名、规格、数量、生产完成的希望日期及其他必要事项。填写并取得营业经理的认可,再交给本公司制造部。

2.所有电话、外部销售或来函的订货受理,不论外务或是内务,皆由受理订货的本人填写本订货受理传票。(略)

3.零售商向本公司制造部公布预估生产委托表时,应提出下列处理报告,以说明其经过：

(1)制造品与在制品的区分。

(2)制造品的交货预定。

4.零售商为执行各项计划,使销售、订货受理活动顺利进行,应与本公司制造部保持密切联系,并随时准备下列 3 项资料：

(1)商品库存明细表。

(2)主要材料的进厂预定表。

(3)主要材料的库存明细表。

四、交货检验、配送

1.零售商对于客户的商品的订货及委托生产的商品的交货期,须经常与本公司制造部保持联系,以掌握其经过情形及进行状况。

2.零售商若已于指定交货日期前确定可以交货,应主动与客户联系确切的交货时间。

3.当确定订货商品的交货日可能延迟时,应通知订货的客户,以取得理解。

4.零售商在交货或查验商品时,应对照订货账单,以确定品名、品质、规格、单价、数量及其他事项是否符合。

5.商品的交货与配送业务由零售商进出口管理科负责。

6.在交货或配送商品时应发送货通知单,送货通知单的内容记载要项包括：

(1)客户名称。

(2)品名、规格、数量、单价、金额。

(3)明细及其他事项。

7.商品交货、配送后,如果有客户拒绝收货、要求退货及其他抱怨问题,应取得负责人或营业经理的认可,设法寻求处理办法。

第七节　特约店管理制度

—— 撰写要领 ——

一、特约店管理制度概述

企业实行特约店管理制度是指企业利用特约的形式，在统一的营销计划指导下向客户实施统一的销售方式、支付条件和购货方式，企业需要对特约店和其他营销提供援助，而特约店则要负责开拓市场、创造销售利润。企业对特约店既可限定地区，也可限定商品或设施等。

二、特约店的设置与管理

企业在某地区设置特约店，应根据该地区目标消费群的大小来确定。企业在规划某一地区特约店具体设置时须对该地区的市场状况进行具体分析，这些分析主要包括目标消费群体的大小与具体分布、消费习惯以及竞争对手的营销策略等。通过科学分析，然后再确定企业在该地区所要设立的特约店的数量、具体的地理位置以及重点支援对象，并据此订立有效、合理的特约店管理制度。

三、特约店管理制度的内容

特约店管理制度的写作内容至少包括以下几个方面：

1. 经营商品的范围。

2. 特约店的设置规则。

3. 特约店的权利与义务。

特约店管理文案的写作主要是制定制度规则等。为了使层次清楚、表述简明，其格式可以分条款式来写。语言应通俗扼要、朴实简练。

❦经典范文❦

范例 *1* 某公司特约店业务管理规定

×××公司特约店业务管理规定

第一条 本公司设置特约店的基准及其营运方针皆以本规定的内容为准则。

第二条 经营商品

1.经营商以××为主体,目前的主力产品是靠旧有客户的交易。为了将来的发展,目前新产品也应视情况经营,以此渠道来开始发售。

2.特约店负责前项商品的批发和销售。

3.特约店不得经手其他厂商的同种产品。

4.今后将逐次追加经营商品项目。

第三条 特约店的设置

1.特约店的设置依下列规划进行:

(1)A 地区每区××店;

(2)B 地区每区××店;

(3)C 地区每区××店。

2.店数变更依据:

前项区域划分,可因销售额的提高、人口的增加及其他等因素而变更店数。

3.适用范围:

本特约店制度只限适用于大都市及附近县市,其他区域的实行方针则依照总代理店制度来进行。

4.特约店的选定:

(1)从以往即与本公司有交易往来的零售店中挑选;

(2)从目前虽与本公司无交易,或交易额极小,但却极具未来潜力的零售店中挑选。

5.从零售店中挑选特约店时,须依照下列基准:

(1)每年销售本公司产品金额超过××元以上的店;

(2)每年销售××产品数量超过××组以上者;

(3)目前的交易额度虽小,但具有诚意且付款明确的零售店。

6.未有交易往来却具有实力的店系指:

(1)该地区尚未有旧客户的情况;

(2)以地区性来说具有销售潜力且未来仍有可能开拓销售渠道的零售店。

第四条　与非特约店的交易客户的往来方式

1.对于非特约店的交易客户,一概以既有的交易方法来进行买卖。

2.批给这些店的售价,不论货出于本公司或出于特约店,价格都应统一。

3.对于新的交易申请,原则上应该由地区的特约店去经手。

4.这种非特约店的商店交易,应随着特约店销售能力的增大而中止。相反地,如这些商店之中有交易增大者,应设法将其纳入特约店之中。

第五条　特约店的义务

1.特约店依其过去的实绩及所在区域的实力,每年要有一定的销售责任额。而此额度每年应经双方协议而修正。

2.目前各经手品项的最低销售责任额暂定如下:

(1)××地区——××~××组;

(2)新产品及新型号则依当时条件另订。

3.特约店须加入总公司。

4.总公司是以协助、扩展特约店业务为目的的亲睦团体。

第六条　交易方法

1.交货给特约店本身的售价依下列规定实施,此价格也为本公司交给工厂的价格。

(1)A 价——公司批给特约店的价格;

(2)B 价——特约公司及公司给零售店的价格;

(3)C 价——卖给一般消费者的售价;

(4)D 价——季节前的交易价格,届时另订。

2.为促进特约店的销售及奖励其付款的落实,本公司特设回扣(折扣)制度。

3.货款的缴付以每月××日为截止日,次月××日须以现金缴付。如以期票缴付,则付款金额包含折扣费。

4.关于季节性的货款缴付,另外订有特别价格。

5.货物运送过程中所发生的破损等,由本公司负担。

第七条 支援销售的制度

1.对于特约店,本公司将免费或以成本价提供销售用的目录、广告用宣传册、传单、海报等。

2.公司会自行负担在报纸、杂志、传单及其他媒体上的产品宣传费用,在实行这些广告宣传之前,公司会做好实施预定表,事前与特约店联络。

3.本公司会对特约店的有关销售方法、商品说明方法及其他相关的知识进行指导和教育,并指示销售计划。

4.在开始销售新型产品时,公司免费提供或借与各特约店该产品的样品。

5.本公司会对特约店主及负责的店员进行有关产品的组合及使用方法、产品说明、销售时的应对方式等教育指导。

第八条 制造方法

1.如偏远地区的订货量增多时,可于市内及各地设转包工厂,由这些工厂来负责产品的生产。

2.本公司内部将自设模具工厂,由公司亲自经营,至于生产方面再采取转包生产的方针。

第八节　代理店管理制度

❀撰写要领❀

一、代理店管理制度概述

代理店管理制度是指企业激励和约束代理店的销售行为，达到扩大产品销售、实现赢利的各项规章制度。

二、代理店的设置与管理

企业采取代理店销售方式，通过代理合同与外部的销售机构建立合作伙伴关系，销售自己的产品，与采取特约店的销售方式有一定的区别。代理店的设置一般情况下是一个地区设置一店，没有征得已有代理同意，不应另设他店。

此外，在设置代理店时，企业要对代理商的经济实力、业务能力、经营管理水平以及商业信誉等各方面进行综合考察与分析，然后加以慎重选择。由于代理店都是负责某一地区的销售，所以企业在对其管理时要采取销售重点地区重点管理的方法。

经营者在促销、库存、定价、商品陈列等营销活动中应充分遵循代理商的意见，而对一些小市场，则可采取一些更加灵活的管理方式。

三、代理店管理制度的内容

代理店管理制度写作的内容至少包括以下几个方面：

1.代理店经营商的范围。

2.代理店的销售区域。

3.代理店的权利与义务。

代理店的营销管理主要是制度的管理，即撰写代理店管理制度，最好分章逐条地列写清楚。如第一部分可列为总则，第二部分是对代理店的支持措施，第三部分列为附则，每一部分下面可列若干条详细阐述，要求语言应通俗规范，防止产生歧义。

经典范文

范例 ① 公司代理店管理制度

×××公司代理店管理制度

一、总则

第一条 主旨

本制度规定×××公司与代理店之间的有关交易事项。

第二条 代理店的销售区域

代理店可行销售的区域,依协议来决定。代理店如要在指定以外的区域进行买卖活动,应事前与×××公司联络,取得其认可。而在其种情况下,×××公司必须估计此店与其他代理店的竞争情况,做深入的调查与研究,确定无明显影响后方予以认可。

第三条 经营商品

代理店所经营的商品必须是由×××公司生产、附有××商标的所有产品。

第四条 销售责任额

代理店的每月销售责任额为××万元以上,但此责任额必须是第三条规定商品的总额。代理店须于每月××日之前向×××公司提出下个月份的销售预定。

第五条 经销处等的设置

代理店可在自己的责任范围内设置经销处及代办处等,但设置之前须与×××公司联络,取得其认可后方能实施。

第六条 销售价格

自我批发给代理店的商品价格与代理店卖给顾客的售价必须依照另外规定的价格表来进行。前项的价格如发生变更,前者须经双方协议,后者须经×××公司的认可后方能实施。

第七条 交易保证金

代理店须根据交易额,事前缴付××金额给本公司,作为交易保证金,×××

公司再配发此金额范围内的股份给代理店。

第八条　相关资料的提供

×××公司必须令代理店提供必要的资料(例如客户名册、预估客户名册、销售计划等)。

第九条　交货方式与运费

本公司以×××公司工厂为交货给代理店的地点,但如果代理店另外提出请求可送货至其指定地点。关于前项,如另有声明,则产品的装箱费、运费由代理店负担。运送途中如发生事故,费用负担由×××公司与代理店 A 方共同协商后决定。

第十条　退货

当货品与代理店的订购内容不同或不合格品的制造责任明显为×××公司所有时,方能接受退货条件。

第十一条　付款条件

货款的缴付以每月××日为期限,上月××日至本月××日的货款则于下月××日缴齐。前项付款以付款日起算,以××日内到期的支票为主。

第十二条　暂停发货

代理店如未能履行前项付款义务或者发生违约情况,×××公司将暂停给其发货以便观察。

二、对代理店的支援

第十三条　主旨

为促进代理店销售绩效及与×××公司代理之间的互助关系,本章特别制定各种奖励及支援制度。

第十四条　交易奖励制度

以下奖励制度适用于代理店的销售及付款事宜。

1.销售额增进的奖金。代理店××个月的平均进货额如果超过去年同期××个月平均额的三成以上,可享受下列回扣优待:

(1)超过三成者××%;

(2)超过四成者××%;

(3)超过五成者××%;

(4)超过六成以上者××%。

以上计算是以××个月为一单位,即××~××月、××~××月、××~××月、××~××月。

2.前项奖金的计算及回扣是以该期的最后一月为计算基准月。

第十五条　代理店的优惠条件

1.代理店加盟另外成立的代理店协会,将可享受代理店的经营及技术指导、产品知识的指导、配发宣传用品、经营资料及其他种种特惠条件。

2.前项的代理店规定及其他规定。

3.附则。(略)

第十六条　同种产品的仿造限制

代理店未经×××公司同意,不得擅自制造第三条中的产品或与其类似的产品,亦不得与其他同业者订立合同进行买卖。

第十七条　严守机密

代理店必须严守与×××公司的有关交易机密,不得泄露给第三者。

第十八条　违反规定的处置

代理店如违反本规章的各条规定,×××公司可随时解除部分或全部的合同。

第十九条　禁止代理店彼此之间的竞争

代理店须于指定区域内,以其售价来进行销售活动,须避免向其他区域扩销,以避免引起代理店彼此之间无谓的竞争,如经×××公司指示时则不在此限制之内。若因前项行为或类似方法引起代理店之间的竞争,×××公司将站在公平的立场上调停解决。

第二十条　新代理店的设置

×××公司在设置新的代理店之前须做好充分的调查与研究,同时须咨询代理店的意见,如有问题要及时调停解决。

第二十一条　指定法院

当发生本规定的相关纷争时,由×××公司所在地的管辖法院裁决。

第二十二条　规定的废止、修正

本规定的废止、修正等事宜须经由代理店会议协商后才能实施。

第九节　连锁店管理制度

——✦撰写要领✦——

一、连锁店管理制度概述

连锁店管理制度是指企业和外部商业机构通过契约方式结成稳定而长期的"联营"或"联合"体，从而达到扩展销售渠道、占有市场份额的一种销售管理制度。实行连锁店体制，企业能在短期内迅速扩张产品的销售渠道，快速占领市场，营造品牌声势，确立竞争优势，进而实现企业的利润目标。连锁店主要有直销连锁、自愿连锁、协同连锁 3 种形式。

二、连锁店的设置与管理

如果采取代理店的销售方式，企业在一些大城市的营销工作往往会被一两个代理商所控制，这对企业的销售是一种潜在的风险，所以，一些企业往往在大城市采取连锁店方式来回避这种风险。连锁店的设置采取竞争原则，使一个地区有几家连锁店，这样也有助于提高连锁店的经营效率。

企业对连锁店进行科学管理主要是指对连锁店的组织方式、业务活动以及营销促进活动进行有效控制，做到分散经营、集中管理、互相协调，并保持商标、经营方式等方面的一致性。

三、连锁店管理制度的内容

连锁店管理制度写作的内容至少包括以下几个方面：

1.加盟的条件。

2.经营商品的范围。

3.加盟店的权利及义务。

连锁店管理文案的写作主要包括连锁店管理规章、连锁店协约通则以及连锁店分会协约等内容。它们的结构基本一致，即都可以按照条款式的形式去写，要求语言简短明确，忌用词语模糊。

◆·◈经典范文◈·◆

范例 **1**　**企业连锁店管理规章**

××企业连锁店管理规章

第一条　基本理念

本加盟店是依据协业与分业的原则,运用小型组织的连锁店以实现加盟店的经营合理化,同时以能做到充分满足消费者所要求的店铺为基本理念。

第二条　目的

本规章是规定×加盟店组织活动、订立加盟店本部(以下简称本部)的权利与义务、加盟店的运营制度、经营管理制度与加盟店的权利义务等的条款。

第三条　组织

1.为统辖本事务,在××企业公司内设置××加盟店本部,并可设各种委员会,以筹谋业务的发展。

2.本部

"××"商号、商标的所有者的本部要主持制定加盟店组织维持发展的运营方式、制度、规定,以管理统辖全体加盟店。

3.加盟店

店铺所有者的加盟店,在"××"商号所确保的一定的商圈内有独占(或优先的)经营的权利,但须在所定的整个经营体制和店铺形态下遵从本规章,负有诚实经营的义务。

4.委员会

关于加盟店的运营咨询,在本部设置运营委员会,由本部从加盟者中指名委托担任委员构成,并遵从另行规定的委员会规则的运营。

第四条　加盟资格

加盟店的加入资格,规定如下:

1.与已加盟主要商团的会员不得进行恶性竞争。

基准在××公里以上距离(或在购买关系,人口每××万人设一店铺为原则),至于有无竞争关系则由本部认定。

2.要具备一定限度以上的店铺规模……

第五条　加盟条件

(略)

第六条　基本特权

(略)

第七条　确保加盟店的利益

(略)

第八条　商品供给

(略)

第九条　机密的保守

(略)

第十条　禁止事项

加盟店不得有下列行为:

1.从本部购进商品,提供给非加盟店。

2.加入本组织以外的同业连锁店。

3.毁损本组织的名誉。

4.将本部所送的文件、情报无正当理由提供给他人。

第十一条　纠正劝告

加盟店不履行本规章所定的义务及违反前条所禁止事项,本部可以书面形式对该加盟店予以纠正劝告。

第十二条　契约解除

有下列行为时,本部可解除加盟契约:

1.加盟店无正当理由,不服从前条的纠正劝告。

2.加盟店的经营恶化,连续亏损××个月以上,经"××委员会"判断无法改善经营状态。

3.加盟店或加盟店的经营者申请破产,或受强制执行保全处分或拒绝往来处分。

4.与加盟店的经营者有关的加盟店以外的事业内容恶化,造成巨大的负债,因而加盟店的经营会受较大影响。

5.对本部的债务虽经劝告,仍怠慢不履行。

第十三条　除名

有下列行为时,本部可将该加盟店除名:

1.对本规章有重大违反。

2.显著妨碍本组织的信用。

3.显著妨碍正常的连锁运营。

第十四条　退会

无论何时,加盟店均可退出本连锁组织,而解除加盟契约,但至少应于××日前以书面形式通告本部。

第十五条　契约解除后应处理的事项

1.遵从本部指示,将店铺内外所标示的加盟店名称撤除或抹消。

2.遵从本部指示,将经售商品目录、价格表及其他本部送付的物品、文件送还。

3.对于本部指定的商品应予回收,其回收价格应服从本部的审定。

4.对本部或其他加盟会的债务要立即偿还。

5.实施上列各项所需一切费用,由加盟店负担。

6.由于解除契约而发生具体损害时,应予赔偿。

第十六条　规章的修正

本规章的修正须经出席加盟店代表×/×以上的多数通过,才能更改本规章。

第十七条　附则

关于加盟店的运营,本规章或另行规定的各种规则无规定时,应由本部斟酌决定。

最新
适用版

第八章

营销人员管理类
公文写作

第一节 营销人员管理规定

❧撰写要领❧

一、营销人员管理规定概述

营销人员管理规定是企业为了达到生产经营的目标，对营销人员所作的要求。

对于企业而言,生产经营的目标是指在满足社会某些特定需求的基础上实现利润最大化,从而实现社会资源的优化配置。其实现的途径是营销人员将产品通过市场推销给消费者,在满足消费者特定需求的同时产生企业的利润,因此,营销人员管理规定对于企业的生存与发展至关重要。

二、营销人员管理规定的内容

1.一般规定内容。

2.营销人员职责内容。

3.营销人员工作计划内容。

4.客户访问内容。

5.收款内容。

6.业务报告内容。

7.其他内容等。

---❀**经典范文**❀---

范例 ① 公司营销人员管理规定

××公司营销人员管理规定

第一章　一般规定

第一条　对本公司营销人员的管理,除按照人事管理规程办理外,须依本规定条款进行管理。

第二条　原则上,营销人员每日按时上班后,由公司出发从事营销工作,公事结束后返回公司,处理当日业务,长期出差或深夜返回者除外。

第三条　营销人员凡因工作关系误餐时,依照公司有关规定发给误餐费××元。

第四条　部门主管按月视实际业务量核定营销人员的业务费用,其金额不得超出下列界限:经理××元,一般人员××元。

第五条　营销人员业务所必需的费用,以实报实销为原则,但事先须提交费用预算,经批准后方可实施。

第六条　营销人员对特殊客户实行优惠销售时,须填写"优惠销售申请表"并呈报主管批准。

第二章　营销人员职责

第七条　在营销过程中,营销人员须遵守下列规定:

1.注意仪态仪表,态度谦恭、以礼待人、热情周到。

2.严守公司经营政策、产品计价折扣规定、销售优惠办法与奖励规定等商业秘密。

3.不得接受客户的礼品和招待。

4.执行公务过程中,不能饮酒。

5.不能诱劝客户透支或以不正当渠道支付货款。

6.工作时间不得办理私事,不能私用公司交通工具。

第八条 除一般营销工作外,营销人员的工作范围包括:

1.向客户讲明产品使用用途、设计使用注意事项。

2.向客户说明产品性能、规格和特征。

3.处理有关产品质量问题。

4.会同经销商搜集下列信息,整理后呈报上级主管:

(1)客户对产品质量的反映。

(2)客户对价格的反映。

(3)用户用量及市场需求量。

(4)客户对其他品牌的反映和其他品牌的销量。

(5)同行竞争对手的动向。

(6)新产品调查。

5.定期调查经销商的库存、货物回收及其他经营情况。

6.督促客户订货的进展。

7.提出改进质量、营销方法和价格等方面的建议。

8.退货处理。

9.整理经销商和客户的销售资料。

第三章 工作计划

第九条 公司营销或企划部门应备有"××卡"和"××调查表",供营销人员进行客户管理之用。

第十条 营销人员应将一定时期内(每周或每月)的工作安排以"××表"的形式提交主管核准,同时还需提交"××表"和"××表",呈报上级主管。

第十一条 营销人员应将固定客户的情况填入"××卡"和"××名册",以便更全面地了解客户。

第十二条 对于有希望的客户,应填写"××访问卡"以作为开拓新客户的依据。

第十三条 营销人员对所拥有的客户,应按每月营销情况自行划分为若干等级,或依营业部统一标准设定客户的营销等级。

第十四条　营销人员应填具"××目录表"、"××分类表"、"××分类表"和"××明细卡",以保障推销工作的顺利进行。

第十五条　各营业部门应填报"年度客户统计分析表",以供营销人员参考。

第四章　客户访问

第十六条　营销人员原则上每周至少访问客户一次,其访问次数的多少按照客户等级确定。

第十七条　营销人员每日出发时,须携带当日预定访问的客户卡,以免遗漏、出现差错。

第十八条　营销人员每日出发时须携带样品、产品说明书、名片、产品名录等。

第十九条　营销人员在巡回访问经销商时应检查其库存情况,若库存不足,应查明原因,及时予以补救处理。

第二十条　营销人员对指定经销商应予以援助指导,帮助其解决困难。

第二十一条　营销人员有责任协助解决各经销商之间的摩擦和纠纷,以促使经销商之间精诚合作。如营销人员无法解决,应请公司主管出面解决。

第二十二条　若遇客户退货,营销人员须将有关票据收回,否则必须填具"销售退货证明单"。

第五章　收款

第二十三条　财会部门应将营销人员每日所售货物记入分户账目,并填制"××日记表"送各分部,填报"××催收单",送各分部主管及相关负责人,以加强货款回收管理。

第二十四条　财会部门向营销人员交付催款单时应附收款单据,为避免混淆,还应填制"××记录备忘表",转送营业部门主要催款人。

第二十五条　各分部接到应收账款单据后,按账户分发给经办营销人员,但须填制"××签收簿"。

第二十六条　外勤营销员收到"××催收单"及有关单据后,应装入专用"××"中,以免丢失。

第二十七条　营销人员须将每日收款情况填入"××日报表"和"××日报表"

并呈报财务部门。

第二十八条　营销人员应定期(周和旬)填报"××报告表",交财会部门核对。

第六章　业务报告

第二十九条　营销人员须将每日业务填入"××日报表"逐日呈报单位主管,日报内容须简明扼要。

第三十条　对于新开拓客户,应填制"××报表",以呈报主管部门设立客户管理卡。

第七章　附则

第三十一条　营销人员外出执行公务时,所需交通工具由公司代办申请,但须填具有关申请和使用保证书。

第三十二条　营销人员用车耗油费用凭发票报销,同时应填报"××记录表"。

范例②　营销人员管理文案

营销人员管理文案

一、营销人员管理的含义

作为一名优秀的营销人员,不仅要求自身在品质、性格、能力等方面具有较高的基本素质,而且企业必须对其进行业务培训与技巧指导,使之能对企业产品有非常准确的了解,对营销技巧也有切实有效的把握。

一个综合素质高、业务能力强的营销人员群体不仅可以提高企业产品的知名度与市场占有率,扩大销售额,而且可以改变企业在营销者心目中的形象,从而为企业的发展创造良好的社会环境。

二、营销人员素质要求

1.真诚。

2.忠实。

3.机敏。

4.富有创造力。

5.博学多识。

6.充满热情。

7.礼貌。

8.乐观、自信。

9.有进取心。

三、营销人员业务要求

1.一般勤务要求

(1)遵守作息时间,不迟到、不早退,作息时间不得擅自外出,更不得做与工作无关的事。

(2)外出联系业务时,要按规定手续提出申请,填制"外出申请表"。

(3)外出时,必须严格要求自己:不能假公济私,公款私用;应节约交通、通信和住宿费用。

(4)外出使用本企业的商品或物品时,必须说明使用理由,并办理借用或使用手续。

(5)本企业与客户达成的意向或协议,营销人员无权擅自更改,特殊情况的处理必须征得有关部门的同意。

(6)在处理契约、合同、收付款时,必须恪守法律和业务上的各项制度,避免出现失误。

(7)外出时,应及时向上级汇报业务进展情况,听取上级工作布置。

(8)外出归来后,要将业务情况详细向上级报告,并请示上级对下一步工作作出指示。

2.外勤安排

(1)合理安排时间

营销人员外出的三要目的是与客户洽谈,所以在时间安排上,应尽量减少往复时间,而应把更多的时间用于客户洽谈,提高出差的时间价值。

(2)事先与客户联系

在外出之前,应尽量与客户取得联系,以免对方负责人外出,造成无谓的浪费。在联系时,应向对方通报此行的主要业务内容。

3.洽谈生意

(1)洽谈前准备

营销人员到达目的地后,与客户正式洽谈前,还必须仔细核算客户货款支付情况,把握企业的经营情况,筹划客户洽谈的要点、谈话策略、推销要领,确定洽谈开始时间、洽谈时间、结束时间等准备工作。

(2)洽谈技巧

a.人员与客户洽谈时,应依照事前确定的访问计划行事,将平时演练的洽谈技巧充分地发挥出来。

b.与对方洽谈时,应用语恰当、思维连贯、表达完整、条理清楚,语调要适中,不能给人以油腔滑调、强买强卖的感觉,努力创造一个良好的洽谈气氛。

c.洽谈时,应开门见山,直接说明来意,不能过多地游离于主题之外,以免浪费双方时间,引起对方反感。

d.洽谈时要察言观色,注意客户的心理变化,抓住时机,循循善诱,引发客户的购买欲望。

e.在征求订单时,应以客户急需的商品为突破口,以重点商品带动一般商品。

4.营销人员情况反映

营销人员应将出差时所见所闻,包括市场供求状况、客户需求趋势与要求,以及竞争对手的营销动态、价格变化动态、新产品开发情况等及时地向上级反映。

5.售后注意事项

(1)营销员出差归来后,应写正式的业务报告,将业务进展情况反映给上级。

(2)业务报告的内容包括:出差时间、客户名称、接待人、对方业务状况、业务进展情况、业绩与问题、差旅费使用情况。

(3)对出差中发现的重要事项,如竞争对手的动态、市场供求走势、客户信用状况的变化等,应及时向上级及有关部门进行汇报。

(4)出差直接收回的货款,应立即交付财务部。

(5)差旅费应在一周内与财务部进行结算。

第二节　营销人员激励制度

—⋘撰写要领⋙—

营销人员激励制度是指对在营销过种中做出优异成绩的营销人员给予激励的制度。它的制定是为了强化员工遵纪守法和自我约束的意识,增强员工的积极性和创造性,同时保证企业各项规章制度得到执行,维护正常的工作秩序。

有奖就有罚,为了产生更好的激励作用,激励制度一般既有奖励制度也有处罚制度。

—⋘经典范文⋙—

范例 1　员工奖励制度

员工奖励制度

目的:为了表扬先进,激励后进,提高平台人员工作积极性,特制定此制度。

奖励涉及对象:公司平台所有员工(含区域助理)。

奖励方式:精神奖励、物质奖励。

奖励事项分类:

一、重量级激励

员工涉及如下事项,可享受××元~××元的总经理特别奖、员工大会通报表扬(奖励金额视具体情况由公司领导和行政部作出)

1.在完成公司工作、任务方面取得显著成绩和经济效益的；

2.对公司提出积极、有实效的合理化建议的；

3.保护公司财物,使公司利益免受重大损失的；

4.在公司、社会见义勇为,与各种违法违纪、不良现象斗争有显著成绩的；

5.对突发事件、事故妥善处理者；

6.为公司带来良好社会声誉的；

7.其他应给予奖励事项的。

二、一般性激励

员工涉及如下事项,可享受××元~××元的经济奖励、××元加薪、员工大会通报表扬(奖励金额视具体情况由公司领导和行政人事部门作出)

1.全勤奖

凡正式员工(自转正之日起计算),当月未出现任何迟到、早退、请假、旷工者；

(以上均由考勤卡计,按公司标准上班时间为准,补休不计缺勤),当月工资奖励××元。

2.绩效考核优异奖

凡连续××个月绩效考核被评为 A 级,第××个月当月工资可奖励××元。

3.工龄工资奖

入职满一年的员工,经公司领导与行政部考核,可享受工龄工资,底薪加××元。

4.带薪年休假

入职满一年的员工,可享受××天带薪年休假。

范例 ② **员工处罚制度**

员工处罚制度

一、目的:

为了促进公司各项规章制度更好地执行,严肃工作纪律,特制定此制度。

二、处罚涉及对象:公司所有员工。

三、处罚方式:

1.通报批评;

2.一次性罚金;

3.减薪;

4.留用察看;

5.辞退。

四、处罚事项分类:

1. 重量级处罚

(1)因个人原因给公司财产造成重大损失或公司名誉造成严重影响的,无条件辞退;需要时要承担相应的民事或刑事责任。

(2)损失/遗失公司重要物品、设备

无条件照价赔偿,并处一次性罚金××元~××元(视级别不同而定)。

(3)包庇职员舞弊,弄虚作假

员工大会通报批评,视情节严重程度减薪××元~××元。

(4)泄露公司机密

员工大会通报批评,视情节严重程度减薪××元~××元、留用察看或辞退。

(5)品行不正,有损公司名誉

员工大会通报批评,视情节严重程度减薪××元~××元、留用察看或辞退。

(6)没有及时阻止危害公司事件,任其发生

员工大会通报批评,视情节严重程度减薪××元~××元、留用察看或辞退。

(7)每月旷工达××天(含)以上

员工大会通报批评,并处一次性罚金××元~××元,视情节严重程度减薪××元~××元、留用察看或辞退。

(8)在公司内从事不良活动

员工大会通报批评,并处一次性罚金××元~××元(视级别不同而定)、留用察看或辞退。

(9)造谣滋事

员工大会通报批评,视情节严重程度减薪××元~××元、留用察看或辞退。

2.一般性处罚

(1)未经许可擅自使用权限外之物品、设备

员工大会通报批评,视情节严重程度处罚金××元~××元。

(2)玩忽职守或督导不力而发生损失

员工大会通报批评,视情节严重程度处罚金××元~××元(视级别不同而定)。

(3)工作不力、屡劝不听者

员工大会通报批评,留用察看或辞退。

(4)态度恶劣,与客户争吵,影响公司声誉

员工大会通报批评,处一次性罚金××元~××元,屡犯者留用察看或辞退。

3.轻微处罚

(1)工作时间处理私人事务,未经许可擅自离岗

通报批评,处一次性罚金××元~××元。

(2)上班时间浏览与工作无关的网页、下载电影等占用公司网络资源的

通报批评,处一次性罚金××元~××元。

(3)未按规定要求进行值日、值班的

通报批评,处一次性罚金××元~××元。

(4)浪费公司财物(下班未关电脑、灯等)

通报批评,处一次性罚金××元~××元。

(5)未按时上交各项报表、无故不完成领导交办的工作或任务

员工大会通报批评,处一次性罚金××元~××元;屡犯者减薪或留用察看。

(6)开会、培训无故迟到、缺席

通报批评,处一次性罚金××元~××元;屡犯者减薪或留用察看。

(7)无故不接听电话或关机(×:××~×:××)

通报批评,视情节严重程度处一次性罚金××元或取消当月话费补贴。

第三节　营销人员职务说明书

⟪撰写要领⟫

一、营销人员职务说明书概述

营销人员职务说明书是明确推广活动中推销人员的工作范围及工作要点的文书。

二、营销人员职务说明书的写作格式

营销人员职务说明书并没有严格的格式要求,在形式上只有标题和正文;在内容上要把握职务说明、职务要求和职务内容3个方面的要点;在叙述上做到明确、具体。

⟪经典范文⟫

范例 ① 营销人员职务说明书

×××公司营销人员职务说明书

营销人员在营销部经理的领导下,依约履行指定产品在指定的地区内对特定客户或商业体系的营销职责。

一、营销人员应具备的能力

1.对指定产品来说,本项工作需具备充足的推销知识,包括产品品质、外观、使用及价格等方面的知识。

2.对所指定营销区域的商业潜力及最具潜力的准客户,必须有相当的认识。

3.通晓并确定遵守有关设备的行销手册内所规定的事项。

4.必须有能力去和具有影响力的人或作购买决策的人接洽并保持联络。

二、营销人员的职务内容

1.规划区域内的人员访问行动,发挥时间上的最大效用,以产生预期的销售量和利润。

2.制订客户与准客户回访计划,并按计划推销指定的产品。

3.会晤有关人员,获知客户的资料处理系统。

4.向客户与准客户做设备示范,并指出产品的特性。

5.提出报价及条款。

6.回答客户的有关问题。

7.签发订单供顾客签认,以确定双方谈妥的价款以及公司所能提供的其他服务。

8.草拟订货准备工作表。

9.呈报设备订单及附件,供决策者核批。

10.草拟联络计划。

11.充分且有效地运用广告、同行竞争的情报和有关营销的参考资料。

12.呈报区域内的销售活动内容及态势。

13.呈报详细的推销活动报告。

14.规划最适当、最有利的区域内人员访问行动,随时记录区域的营销管理活动。

15.接洽客户,收取货款,并与主管定期沟通。

16.关注新产品的发展动态和现有产品的创新用途。

17.与工程人员合作,测试及准备即将运交顾客的设备。

18.督导安装及指导顾客操作设备。

19.立即处理客户投诉。

20.联络或协助工程人员,取得所售设备的维护合约。

21.准备促销机器设备的有关材料。

22.能恰当地支配时间和费用。

23.督促自己,为本人、为公司也为产品赢得客户的信心。

第四节　营销人员薪酬管理制度

——撰写要领——

一、薪酬管理概述

薪酬管理是在组织发展战略指导下,对员工薪酬支付原则、薪酬策略、薪酬水平、薪酬结构、薪酬构成进行确定、分配和调整的动态管理过程。

二、薪酬管理的作用

薪酬要发挥应有的作用,薪酬管理应达到以下 3 个目标:效率、公平、合法。达到效率和公平目标,就能促使薪酬激励作用的实现,而合法性是薪酬的基本要求,因为合法是公司存在和发展的基础。

——经典范文——

范例 ① 营销人员薪酬管理制度

营销人员薪酬管理制度

一、营销人员素质要求:

分公司聘用热爱市场营销工作,诚实敬业的化学、生物、医学、物理、机械、电子、建筑工程、市场营销、财会、国际贸易等相关专业的大中专毕业生和有实践经验的专业人士作为公司的市场营销人员。

二、营销分公司员工岗位:

1.营销分公司总经理。

2.营销分公司区域经理。

3.特级营销工程师。

4.高级营销工程师。

5.中级营销工程师。

6.营销员(根据不同区域和考核分级别)。

营销人员编制:

营销分公司在20××年××月××日前,营销人员将定员为××人。

三、营销人员销售指标:

根据营销总公司未来发展战略要求和实际状况,要求营销人员每月人均保质保量销售×××合同价人民币××万元的产品。

四、营销分公司员工薪酬组成:

基本工资+职务工资+技术津贴+考核工资+年终考核奖励

五、营销人员福利组成:

保险金:每人每月人民币××元作为公司应该代缴的保险金部分与工资同时发放。

年假:在公司服务满一年者可享受××带薪年假,年假不累计。

食宿:公司提供集体宿舍和工作餐,驻外市场部员工无集体食堂的,可享受××元/月的补助(以实际出勤为准),所有在外自租房者不享受补贴。

培训:公司进行定期的免费业务培训。

六、外聘人员工资按聘用协议执行。

七、说明:考核工资组成:

销售业绩考核工资+订单下浮点考核奖励+合同的签订提成金额—所报销金额。

1.营销业绩考核:

以销售合同回款(包括首期款)到账额为销售实际业绩考核营销人员(如所签合同无回款,不计销售业绩考核工资)。

2.下浮点考核奖励:

所签合同如订有上、下浮点时,则以此合同标准标价的××%考核上、下浮点,其下浮点超过××%的无下浮点考核奖励,所签合同有特别费用的,计入下浮点。在核算上、下浮点奖励时应该减去质量保证金和特别费用后予以计算，即有销售业绩(指有回款)时,所提取的费用才予以兑付,如无销售业绩时,其销售费用登记在个人名下,××个月后必须清账。

3.业绩考核奖励：

(1)营销分公司总经理的考核以全公司业绩为基数,按月考核,年终完成公司全年任务的××%,将给予奖励。

(2)分公司区域经理的考核以实际完成任务百分比提取考核工资,连续××个月完成任务××%以下, 进行岗位重新确认,全年完成分公司任务××%以上的,将给予奖励。

4.考核制度：

(1)营销人员均实行试用期考核制度,其试用期为××个月,对于不适合岗位的人员将进行重新定位或者辞退。

(2)对于营销分公司总经理、区域经理的考核均实行考核团队业绩的形式进行。

(3)每月进行一次考评,其考评结果作为核算工资的依据。

5.本月工资的考核：

基本工资考核包括：

(1)考勤考核。

(2)合同签署质量考核。

(3)员工纪律考核。

(4)参照公司《××管理及××制度》、《××守则》和营销分公司相关规定执行。

第五节　创意提案改善制度

❀撰写要领❀

　　创意提案改善也称合理化建议,是公司通过一定的制度化的奖励措施,引导和鼓励员工积极主动地提出并实施任何有利于改善企业经营品质,提高管理能力的革新建议、改进意见和发明创造等的活动。

　　公司内的个人或团体在生产、技术、品质、材料、财务、管理等公司的全部活动中,把自己认为对公司有益的研究、发明、创造、改进、构思等都提出来写在改善提案用纸上。

　　一句话,只要是对公司经营有利的革新、改善和合理化建议都提出来,并书写在规范的提案报告书上,这就是一份提案。

❀经典范文❀

范例 1　创意提案改善制度

创意提案改善制度

一、目的

　　第一条　为启发全体员工的想象力,集结个人的智慧与经验,提出有利于本公司生产的改善及业务的发展,以便达到降低成本、提高质量、增进公司经营、激励同人士气,特制定本办法。

二、范围

　　第二条　提案内容针对本公司生产、经营范围、具有建设性及具体可行的改善方法。

1.各种操作方法、制造方法、生产程序、销售方法、行政效率等的改善。

2.有关机器设备、维护保养的改善。

3.有关提高原料的使用效率、改用替代品原料、节约能源等。

4.新产品的设计、制造、包装及新市场的开发等。

5.废料、废弃能源的回收利用。

6.促进作业安全、预防灾害发生等。

第三条　提案内容如属于下列各项范围，为不适当的提案不予受理。

1.攻击团体或个人的提案。

2.诉苦或要求改善待遇者。

3.与曾被提出或被采用过的提案内容相同者。

4.与专利法抵触者。

三、提案

第四条　提案人或单位应填写规定的提案表，必要时另加书面或图表说明，投入提案箱，每周六开箱一次。

四、审查

第五条　审查组织

1.各厂成立"××小组"，由有关主管组成。

2.公司成立"××委员会"，由各厂长及公司有关部门主管组成并设执行秘书。

第六条　审查程序

1.各提案表均须先经各厂提案"××小组"初审并经评分通过后，汇报"××委员会"。

2."××委员会"每月视提案需要召开××~××次委员会，审查核定各小组汇送的提案表及评分表，必要时并请提案人或有关人员列席说明。

第七条　审查准则

1.提案审查项目及配合

（1）动机××%。

（2）创造性××%。

(3)可行性××%。

(4)回收期投资××%。

(5)应用范围××%。

2.成果审查项目及配合

(1)动机××%。

(2)创造性××%。

(3)努力程度××%。

(4)投资收回期××%。

(5)同效益××%。

五、处理

第八条　采用的提案：交由有关部门实施，除通知原提案人外，并予列管及实施成效检查。

第九条　不采用的提案：将原件发还原提案人。

第十条　保留的提案：须经较长时间考虑者，先将保留理由通知原提案人（一般系每期限以××个月为限，但经委员会同意可延长至××个月）。

第十一条　成果检查

1.实施的提案，各实施部门应认真执行，每月应填具成果报告表呈直属主管核定后，转呈各厂"××小组"经3个月的考核，并予评分后，再呈提案审查委员会。

2."××委员会"依"××小组"所报的成果报告表及评分表详作审查核定。

六、奖励

第十二条　提案奖励：改善提案经"××委员会"评定，凡采用者发给××~××元的提案奖金，未采用者发给××元的奖金。

第十三条　成果奖励："××委员会"依提案改善成果评分表，可核发××~××元的奖金。

第十四条　特殊奖励：提案采用实施后，经定期追踪效益，成果显著绩效卓越者，由委员会核计实际效益后报请核发××~××元的奖金。

第十五条　团体特别奖：

以科为单位,6个月内,每人平均有采用4件提案以上发给前三名特别奖：

第一名：锦旗及奖金××元。

第二名：锦旗及奖金××元。

第三名：锦旗及奖金××元。

七、附则

第十六条　提案内容如涉及国家专利法者,其权益属本公司所有。

第十七条　本办法经呈董事长核定后公布实施,修改时亦同。

第六节　营销经理管理准则

——撰写要领——

营销经理是一个管理性的岗位。管理不仅是一门技术,更是一门艺术,因此,一个营销经理要想在管理上做到位,就必须做到：

第一,在自己管自己中生存,在上级管自己中发展：自己管自己是一种自律意识,上级管理自己是一种服从精神,自律与服从是迈向成功的两块基石。

第二,在制度中现人情,在细节里求效益：没有制度,不成规矩,没有人情,无以凝聚团队成员；再宏伟的营销目标也要靠细节的执行一步一步地来实现,营销经理要为公司创造效益,必须多干实事,少说空话。

第三,在稳定中求变化,在变化中求完善：营销经理所说的话、所制定的政策、制度,除了要一言九鼎,不朝令夕改之外,还要能做到与时俱进、开拓创新,从大局出发,对目标、政策、制度作出相应调整,使之日趋完善。

❀ 经典范文 ❀

范例 1 营销经理管理准则

营销经理管理准则

一、营销方针的确立与贯彻

1.营销方针的内容

(1)营销方针是营销经理在自己所辖的业务范围以内制定促销及运营方面的方针。

(2)营销方针分为长期方针(××~××年)及短期方针(××年以内)两种;营销经理所决定的属于短期方针。

(3)营销方针的确立应以公司经营的目的为基础。

2.营销方针的订立

(1)明确公司业务的经营目标及董事长与直属上司的政策,以此为依据,制定适合的营销方针。

(2)营销部对于各方面的问题,如市场开发、利润的提高、广告宣传、回收管理,等等,都必须制定方针。

(3)配合当年的运营重点及公司的经营方针来制定营销方针。

3.营销方针的贯彻

(1)除了以口头发表或说明之外,还要发布文件,以期方针能正确并彻底地实施。

(2)尽量避免"自己(上司)认为有关人员(属下及其他人)已经明白,而实际上并未彻底了解的情形"发生。

(3)营销方针公布后,仍需反复地加以说明。

二、营销计划的要点

1.营销计划的内容

(1)营销经理所拟定的营销计划不能仅包括以销售额为主体的预算数值

和计划的实施步骤。

(2)应包括营销组织、商品、消费者、售价、营销方法、促销(包括广告和宣传、营销预算等)在内的广义计划。

2.拟定营销计划时应注意的事项

(1)配合已拟定的营销方针与政策来制订计划。

(2)拟定营销计划时,不能只注重特定的部门(或个人)。

(3)营销计划的拟定必须以经理为中心、全体营销人员均参与为原则。

(4)勿简单地沿用前期的计划或制订习惯性的计划,必须要拟定新计划,确立努力的新目标才行。

3.营销计划的实施与管理

(1)经理对于营销计划的彻底实施,必须负完全的责任。

(2)拟定计划后,要确实施行,并达成目标,计划才有意义,所以,对于营销计划的实施与管理必须彻底。

(3)计划切勿随便修正,除非遇到情势的突变,或尽了一切努力仍无法达成目标时方可更改。

三、营销部内部组织的运营要点

1.营销组织与业务效率

(1)营销部内的组织和推销人员的关系、组织的编成方式和业务效率及营销有密切的关系。

(2)营销经理对于自己所辖部门的组织形态和有效率地运营,应经常留意。

(3)不可忽略组织管理的研究。

2.组织运营的重点

(1)要想使营销组织有效率地运营,首要关键在于营销经理的努力,尤其以营销经理的领导能力的发挥最为重要。

(2)对于营销人员,要训练其团队精神。

(3)在营销组织里,要特别注意:

 a.营销的分担与配置;

 b.使命、报告系统;

c.责任与权限的明确划分。

3.权限内组织的修正

(1)营销组织的大纲,应由董事会或董事长裁决;至于其细节,乃属于营销经理的权责。

(2)在营销经理的权限内,应视环境的变化而修正组织,使之具有适应性;对于组织的合理化,也需立即着手进行。

四、适当人选的配置

1.适当人选的配置

(1)并非每个人都适合市场开发的工作,故要选用挑战欲望较强的营销人员。

(2)以兼职的性质来从事市场开发是收不到效果的,故组织需重新编制,设立专门的部门及配置适当人选。

(3)若公司内无适当人选,可向外寻求。

(4)行动必须勤勉而积极,并需有耐性。

2.营销经理应有的态度

(1)营销经理应身为表率,去应付更强的竞争者。

(2)当部属求援时,要即时行动。

(3)若市场开拓的情况未见好转(或趋向不利),切莫沮丧,要有信心及魄力,经常与部属接触。

五、促进营销的重点

1.一般的重点

(1)公司及营销部门必须具有综合性促销计划和实施方法。

(2)在决定营销方针、营销政策前,必须进行综合性调整。

(3)企划、计划的事项必须在不失时效的条件下确实施行。

2.直销部门应注意的事项

(1)不要做出与自己公司的营业和销售实情不合的营销方法。

(2)倘若销售不佳,不可只责备营销人员(直销部门),应视为大家共同的责任,而加以反省与检讨。

(3)不可太固执于自己的企划,应随着情势的变化迅速修正企划。

3.营销部门应注意事项

(1)关于销售的促进,不可完全依赖营销企划部门。

(2)让各科实行独自的营销计划。

(3)综合性的、基本性的营销计划所需情报和构想应由营销经理提供。

(4)营销部门是否能够提高销售,这完全是经理的责任。

六、广告、宣传的要议

1.宣传、广告政策

(1)应将宣传、广告政策当做市场开发的一环。

(2)根据营业与销售的基本政策、营销战略制定与之有密切关系的宣传、广告政策。

(3)有关宣传、广告方面,应同业务部门的干部召开研讨会商讨,及时调整政策。

2.宣传、广告业务的管理

(1)宣传、广告业务的管理应由宣传科或营销促进科、营销企划科等专人管理,并且能够专门化。

(2)宣传、广告预算要在年度计划中,依广告主题、内容、方法编列预算。

(3)当营销各科一起研商时,不要以个人的构想或外行人的技术为凭借,应尽量采用专家的意见。

3.借助公司外的机构、专家时应注意的问题

(1)不要以过去的人际关系、惯例等而随便签约。

(2)应保持自主性,不可完全依赖他人。

(3)签约时,应提出自己的意见、期望及条件。

(4)对于每一次的广告主题,都要充分地商洽、研究。

七、展示会、旅行招待会的实施要诀

1.共同要点

(1)企划时,不要完全依赖以下做法:

　a.高层上司的构想;

　b.经理的构想;

c.特定部下的意见；

d.过去计划的惯例；

e.同行业的做法。

(2)要特别重视利润

利润的算法可以采用以下两种方法：

a.个别计算各展示会、旅行招待会的利润；

b.综合计算一定期间内所有的展示会、旅行招待会的利润。

(3)尽早订立计划。计划前应充分地调查、分析、研讨。

(4)会场上要用和谐的态度主动地招待顾客。

2.展示会的要诀

(1)不可依照营销经理的喜好来选择展示会的商品。

(2)营销经理应亲临租用的会场察看。

(3)营销经理要亲自邀请主要的客户莅临。

3.旅行招待会的要诀

(1)事前要确知参加者的姓名、人数，并特别留意参加者是否携带家眷或同伴。

(2)分配房间时，营销经理应成为中心人物，尽量使气氛热闹。

八、情报管理的要诀

1.情报内容

(1)情报越多越好，对其内容要彻底地研究。

(2)情报内容的取舍，应从促进营业销售、业务的经营等不可缺少的部分着眼。

(3)营销经理、科长及相关者应共同协商对情报内容的取舍选择。

2.情报的收集法

(1)情报收集的来源，分为公司内部和公司外部。

(2)有关公司内的情报，营销部门应自行决定，采取各方情报由各自特定的人员负责，还要注意收集情报的方法。

(3)公司外的情报收集法更讲究，特别是对于非公开的、机密性的情报，要个别研究其收集法。

3.情报的运用

（1）情报应有系统地分类整理，以便随时采用。

（2）情报的目的在于运用，因此，应让关系者彻底地明了情报的内容及其运用的方法。

（3）情报、资料应不断地更新。

九、配销的实施要诀

1.营销目标的修订要诀

（1）依分公司、科和个人的努力，编订可能实现的营销目标。

（2）尽量依照利润本位（营业利润、毛利、大概的附加价值等）分配营销目标。

（3）分配营销目标时，要考虑各部门、个人的能力及特点等。

2.尽量朝着目标管理的方向努力

（1）要将上司分配的营销目标当做自己（或者是科、股）的挑战目标，努力实行。

（2）个人的销售额总计最好能符合公司的营销目标。

（3）营销经理应教导部属，使之具有达成目标的信念。

（4）管理者应努力提高部属的信念，这是欲达成目标所需的最重要工作。

3.分配额的调整与检讨

（1）当公司内、外的情况发生重大变化时，要慎重地调整分配目标。

（2）不可忽略实绩与结果的检查，以作为再挑战的参考。

十、减价退货的实施要决

1.决定实施标准

（1）不可让营销人员依个人的判断随意决定减价或退货。

（2）应列出减价及退货的限度及其标准。

（3）减价及退货均应获得营销经理同意才可实行。

2.把握实际的情况

（1）减价、退货时，一定要开发票，以保留确切的记录。

（2）把握全体及个别（经办人类别、客户类别、商品类别、季节类别及其他）

减价、退货的金额、比率、件数等。

(3)需要和财务部门(或负责账务者)保持业务上的密切联系。

3.减价、退货的减少及预防政策

(1)应加强指示及提醒相关者有关减少、防止减价与退货方面的问题。

(2)彻底分析减价、退货的原因,从主要原因着手处理。

(3)切莫强迫营销人员必须达成一定的销售额,以免遭致退货。

十一、营销人员的活动管理要诀

1.营销活动的特征

(1)营销人员必须离开公司,远离上司,依自己的责任行动。

(2)营销活动的管理以自我管理为主体,故提高营销人员的道德心及责任感为最重要的事。

2.行动报告制

(1)各营销人员的行动预定表应由他们自己制作、自己提出,以一个月或一个时期为单位,记录每天访问地点及事项。

(2)按日报告(或按周报告)不仅可以达到行动管理的目的,同时也是情报管理上的重要事项。

(3)每日(早晨或黄昏)开会需以上司为中心,作必要的指示及正确的指导。

3.出差管理

(1)近距离或住宿、出差,要让职工提出申请(预定),并审阅出差内容。

(2)长期性出差,有关情况包括经过与成绩应让下属作定期报告,并及时联络(利用文书、电话等)。

(3)应在规定期限内,完成旅费的清算。

十二、营销会议的处理要诀

1.必要时才开会

(1)必不可缺的商洽讨论时,才召开会议。

(2)营销部门的主要会议为:

①营销干部会议;

②各科、股的商洽会议;

③与制造部门(或提供货源的厂商)的协调会议等。

2.会议的进行法

(1)议题要在事前通知参加者。

(2)要严守时间(开始与结束的时间)。

(3)理该参加者均应出席。

(4)设一司仪,依程序进行会议。

(5)不可变成特定者或个人的讲演会。

(6)尽量让多数人发言。

(7)最后应将决议事项整理好,让参加者确认。

(8)应在短时间内完成会议(时间不加节制的会议,不过是浪费时间而已)。

3.营销经理的注意事项

(1)不要随便开会,不要变成喜欢开会的人。

(2)不要变成营销经理个人的演讲会。

(3)会议中所决定的事情,要确实地施行。

十三、营销统计的处理要诀

1.统计内容的决定

(1)作太多的营销统计徒劳无功,故只要把必要的加以统计并迅速正确地做好即可。

(2)应以营销经理为中心,与有关人员共同协议,确定何种统计才是必要的。

(3)适时地检讨统计内容,就会发觉有些统计是不必要的。

2.统计的方法

(1)尽量节省手续及时间。

(2)有效地利用电子计算机及其他计算器。

(3)利用其他部门(如财务、企划、制造部门)所作的统计资料。

(4)当同一营销部门的各单位做同样的统计时,应由一个单位做好后,再送给有关的单位。

3.统计资料的有效运用

(1)统计的结果往往与经验或直觉不尽相符,故不可轻视统计。

(2)有效运用统计于销售促进方面最为重要。营销经理与全体有关人员应对统计资料予以重视,并运用于销售的业务上。

十四、管理者的基本条件

管理者必须发挥领导精神,这种精神是各种素质的总和。下面列举管理者所需的主要条件,管理者本身应努力加强各种素质的培养,以求得进步。

1.统率力。管理者如果不能掌握及统率下属,就没有管理者存在的意义。

2.指导力。身为管理者要能指导、培训下属。

3.洞察力。判断力。要洞察各事项的本质,才能作正确的判断。

4.创造力。除了利用下属的创造力外,营销经理本身应具备优秀的创造力。

5.体力、意志力。若身体虚弱、意志薄弱,是无资格当领导者的,因为有很多事情需要营销经理亲自作决定。

6.交际力。即交涉方面的能力。

7.个人的吸引力。最低限度不要让他人对自己生厌,获得下属的好感及尊敬,这是领导者应具备的条件。

十五、管理者所需的自觉与矜持

1.有自觉才会有正确的行动

(1)营销经理本身往往因为缺乏自觉精神,以致有错误的行动及失误的情况发生。

(2)无论面对何种事态、对象、场面,均不可失去管理者的自觉。

2.提高自觉性

(1)营销经理(干部、管理者)首先需了解自己的职责后,才会产生高度的自觉性。

(2)了解身为干部者的职责后,才能言行一致,产生正确的自觉意识。

3.干部应有的矜持

(1)营销经理首先需对自己(管理者)的立场和能力有自信心,办事要慎重、沉稳、果断。

(2)缺乏自尊心与信心是懦弱而无主见的人,这种人是没有资格当管理者的。

十六、营销经理的职责

1.有些营销经理并不了解自己的职责

(1)要全面地、正确地了解营销经理的职责。

(2)站在当事人(营销经理)的上司或部下的立场来看,往往有很多营销经理常做出不适合自己职位的工作或事务来。

2.把握的原则

(1)营销经理对自己应做哪些事情需作学习。

(2)应依自己公司的组织、职务规定等把握营销经理的责任范围。

(3)需视情况的变化,判断什么事最重要、什么事应先处理。

3.不能偏爱于自己的喜好

(1)营销经理切勿专注于自己喜欢的事务而忽略其他事务(例如专注于营销活动而忘却全体的管辖责任)。

(2)往往自己不拿手或讨厌的事情,却是管理者应尽的职责。

十七、管理者的配置方法

1.分担的工作要适当

(1)每个部门的业务分担可依分担规定等实施,重要的是营销经理本身应分担何种工作。

(2)个人的业务分担,量的方面不可过多或过少,质的方面应求适合。

2.把握实际情况

(1)身为营销管理者,应该知道自己的部属负责何种工作。

(2)最好能制作一张图表,以了解各部属的工作情形。

(3)人数多时,定期地做个人职务分析与工作分担调查也是一种方法。

3.重点应放在重要的工作上

(1)个人的分担工作应从最重要、不可或缺的工作开始。

(2)管理者不要因工作太多或工作忙碌而忽略了工作的分担。

(3)销售业务的重要性依内外情势的变化而有所不同,故不可把分担的工作固定让一个人处理。

十八、权限委任的方法

1.权限的内容

(1)权限委任一般是根据职位(经理、科长、股长等)划分的。

(2)权限的区分

①共同权限;

②个别权限;

③职务间共同的;

④因职务不同而有所不同。

2.权限规则的决定

(1)对主管以上的人员,按公司的权限规定(虽然有些事情没有规定)执行。

(2)主管以下,即股长、主任及一般职工,也需明确规定其责任权限。

(3)营销经理应在可能的范围内决定自己部属的责任与权限。

3.委任的要诀

(1)若欲将工作的决定及处理委任给部属,应视部属的能力来处理。

(2)各部属能力的判断应公正客观地把握。

(3)应有计划地、逐步地将一些事情委任给部属,否则,部属永远不会提高真正的能力。

十九、营销经理命令部属的方法

1.命令系统的确立与遵守

(1)命令系统是联络组织上下的系统,但有些组织并未明确地设立此种系统,致使指示、命令贯彻不力。

(2)原则上,命令系统应将命令依序下达(经理下达给科长,科长下达给股长),若有特殊情况,需直接命令时,应将命令告诉受命者的直属上司。

2.命令的内容要明确

(1)命令的内容应具体、简洁、易于了解。有时自己认为易于了解,但对方(受命者)可能并不明了。

(2)下达命令时,切勿加上希望、注意事项或抱怨等。

3.要确定受命者是否完全了解

(1)最好让对方复述一次,以确认他是否了解。

(2)一定要让受命者带着备忘录,以便把内容记下来。

4.经过结果的追踪

(1)不要以为命令下达之后就算了事。

(2)若受命者未提出报告,应主动地追踪、观察其结果。

二十、营销经理接受部属报告的方法

1.报告制度的确立

(1)应于事前决定提出报告的对象、事情、时间及方式。

(2)一定要让部属遵守报告制度。对于不遵守者,应加以强调(或反复地说),促其履行。

2.接受报告时

(1)应让提出报告者先说出结论,若有时间,应尽量听其说明经过。

(2)口头报告时,接受者需保持热心倾听的表情及态度。

(3)对于书面报告,应审阅。

(4)不管是口头或书面报告,若部属的报告不得要领时,身为上司者,应教导他。

3.安抚、指导与支援

(1)部属完成报告后,应视情况加以安抚与激励。

(2)必要时,应作指导,若认为部属需要支援时,应立即行动。

二十一、营销经理褒奖部属的方法

1.褒奖的重要性

基于下列理由,用人时,褒奖是不可缺少的:

(1)褒奖后,部属会产生信心。信心就是力量。

(2)受到褒奖,心境自然愉快,即使碰到困难的事,也不觉得苦。

(3)受褒奖后,会增加对上司的信赖感。

2.褒奖的要诀

(1)褒奖就是承认对方优秀、进步及对其深具信心。

(2)褒奖时：

①要了解值得褒奖的事实；

②若固执自我，将看不见他人的优点，更谈不上说出褒奖的话了。

3.不可奉承

(1)奉承与褒奖在意义上不同。奉承是夸大其辞或任意褒奖。

(2)奉承之事，偶尔为之并无大害，但常常如此，会使：

a.部属变得无能；

b.对上司失去信赖感。

二十二、营销经理告诫及责备部属的方法

1.告诫及责备的必要性

(1)褒奖会使人内心舒适，是用人不可或缺的；但培养部属，告诫及责备也是必要的。

(2)部属受了上司的告诫、责备后，就会自我反省，因而会有所进步。

(3)告诫与责备是领导者的重要责任。

2.要设身处地为对方着想

(1)不可因自己的情绪或脾气随意地责备部属。

(2)应以博爱、诚意与关怀的态度提出告诫或责备。

(3)若用会损及对方的自尊心、面子的方法是不会有效果的（如在他人面前指责等）。

3.注意事项

(1)一般应保持褒奖三次、指责一次的比例。

(2)先褒奖，再提出告诫。

(3)告诫、责备的时间越短越好。

(4)要选择对方在心理上能够接受的时候。

二十三、营销经理管理部属的方法

1.把握应注意的重点

(1)要正确了解管辖部门的全体和各部属的情形，先决条件是留意各细节。

(2)营销经理若对重要的事情不甚留意或管理不得要领，自己的能力必会

遭致部属怀疑而失去权威。

2.管理的方法

(1)根据数值。应注重计划、预估与实际数值的差异。

(2)根据报告。从口头、书面报告掌握各问题的内容及重点,以便管理。

(3)根据会议、检讨会等。若营销经理经常不在公司内,这种方法最为有效。

(4)根据观察。在室内,可静坐观察;在室外,则应以巡视、巡回等方法观察。

3.以自我管理为原则

(1)只有在上司监督下才会努力工作的员工,实在太没有敬业精神了。

(2)要培养不管上司在不在都会尽力工作的员工,以创造良好的工作气氛。

二十四、营销经理指导、培养部属的要诀

1.要有计划、持续性地实施

(1)身为管理者的营销经理,应有指导、培养部属的强烈观念。

(2)应制订全体的(部门)、个别的(各人)教育计划、指导计划,据以培养、指导部属。

(3)培养一个人需要长久的时间,万不可期望速成,故需有耐性,继续不断地努力。

2.选定指导的方法

(1)教育、指导方法分为集体指导与个别指导,又分为会议式的、讨论式的等。

(2)对教育对象、教育内容、预算、时间、设备等作综合性的判断后,再选择最理想的教育方法。

3.重视个别教育

(1)身为主管者,应特别注重个别教育。

(2)个别教育、指导,最好由经理、科长亲自做,同时也要让部属的直接上司实施。

(3)评价教育、指导的效果。

二十五、营销经理与上司关系的注意事项

1.把握上司的方针

(1)营销经理的上司是高阶层人士,故营销经理需要正确地把握其上司的方针与想法。

(2)若对上司的方针不了解,便要主动地请示。

2.指示与命令的接受法

(1)接受时,需力求明确,若有不明了处,应以礼貌的态度请示。

(2)要以愉快、热心、诚恳的态度接受。

(3)重要的事要记录在备忘录里。

3.报告、联络的要诀

(1)需依规定实行报告、联络。

(2)报告时,应先提出结论,对经过的说明,要配合上司的询问及时间的限制。

(3)书面报告应站在审阅者的立场来实施。

4.告诫、责备的接受法

(1)对告诫、责备应虚心地接受,不可当场辩解。

(2)若上司的告诫有明显的错误,应另外找时机委婉地说明。营销经理本身若能恰当地实行上述各点,对部属也能保持上司应有的正确态度。

二十六、营销经理与其他部门的联络与协调

1.特别重要的联络、协商

(1)营销业务内容特别复杂或重要的事件。

(2)营销业务需要和其他部门共同协调处理时。

(3)互相间存在着误会或双方步调不一致时。

(4)事件的处理对其他部门有很深的关联性时。

2.联络、协调方法

(1)利用会议

应视事件的重要性,经常召开。

(2)利用电话、文书等

事件的内容特别重要时,经常使用电话、文书等。

(3)应采取主动的态度

主动作访问,或接受对方的访问。

3.应采取主动的态度

(1)不可嫌麻烦,应主动与其他部门联络、洽商。

(2)不要存在"对方应该会与我联络"的想法。

二十七、营销业务的改善与合理化

1.营销经理应保持正确的观念

(1)领导者对该如何有效地处理自己所管部门的业务,应深切地表示关心。

(2)除有正确的观念外,也不可忽视或压抑部属的改善意见、构想、提案等。

2.改善与合理化的手续

(1)决定改善合理化的对象(尽量把重点放在效果大的事项上)。

(2)相关业务的实态与调查分析(调查越广泛,越能清楚地了解)。

(3)改善合理化的案件的检讨与决定,需有充分的人员和时间。

(4)案件的实施与修正应迅速地执行(使用新方法,发生障碍时,应除去障碍,修正案件)。

3.改善与合理化的范围

(1)对全公司的事务或特定的事项,若有专门负责合理化的部门时,除了此一部门应处理的事务外,其余的问题均归自己所管的部门负责。

(2)只要是营销经理责任权限内的事务,均不可忽视。

二十八、营销经理执行职务的方法

1.视部属是自己的镜子

(1)欲了解领导者的才能如何,通过观察他的部属便可一目了然。营销经理应记住此事,并以此为处世、行动的准则。

(2)若有不能充分发挥能力或不能主动办事的部属,营销经理应视之为自己的责任。

2.身为营销经理要以身作则

(1)必须身为表率,部属才会服从。若想用口头或小技巧指导他人,是不会有效果的。

(2)上司是部下的模范,若上司经常迟到,就不能对迟到者提出告诫。

(3)领导者要怀有先忧后乐的态度。

3.经常反省

(1)虽然自己认为没有错,但若站在别人的角度,就会发觉自己的言行或对事务的处理有很多有待改进之处。

(2)若能经常自我反省,就可发现自己的缺点。这时,应有坦率接受的勇气并立即改正。

二十九、自我启发的要诀

1.自我启发的重要性

(1)自我启发对所有的人都是必要的,对身为营销业务领导者的经理来说更是重要的事。

(2)人大多有好逸恶劳的本性,即使营销经理也不例外。

2.自我启发的方法

(1)工作方面。对自己的工作,若全力以赴,自然就会进步。

(2)生活方面。若能适当地安排自己的生活,使之更充实,也是一种自我启发。

(3)要做各种努力,学习、阅读、听取他人的意见、自我学习、参加研习会、参观等,都可以增长见闻。只要努力,学习的方法是无穷的。

3.继续不断地努力

(1)人的成长需要长时间,因此要继续不断地努力。

(2)没有耐心或三分钟热度的学习方法,是不会有效果的,每一个人都应该继续不断地努力。

第七节　出差管理制度

❧撰写要领❧

一、出差管理制度概述

营销人员出差管理制度是企业为了让营销人员的出差管理有所遵循,使营销人员更好地完成出差任务、维护公司利益所制定的规章制度。

二、出差管理制度的内容

营销人员出差管理制度的主要内容包括:出差事项的办理、出差费用的支取等。

三、出差管理制度的写作要点

营销人员出差管理制度的写作关键是能够针对营销人员的特定岗位要求来制定适宜的规章制度。

❧经典范文❧

范例 1　营销人员出差管理制度

×××公司营销人员出差管理制度

第一条　为使公司出差管理有所遵循,维护公司利益,特制定本制度。

第二条　公司所有营销人员因公出差,均依照本制度办理出差事项及支取差旅费。

第三条　公司营销人员因业务需要远途出差时必须事先填报"出差申请

书",写明出差日程、出差目的地及出差事由等,呈部门经理核准,经批准后方可出差。

第四条　远途出差营销人员在"出差申请书"("出差申请书"略)中须添附"出差旅费概算表"("出差旅费概算表"略),向财务部门预支差旅费。

第五条　未及时呈报"出差旅费概算表"的出差人员须补办手续后方可支取差旅费。

第六条　出差人员因急病或不可抗力无法在预定期限返回公司而必须延长滞留的,根据出差者申请,经调查无误者支给差旅费。

第七条　出差人员必须在返回公司后的 3 日内填写"出差旅费报销单",预算内费用送部门经理核准后出纳人员凭以销账。预算外费用呈总经理核准后,出纳人员方得凭以报销。

第八条　营销人员在出差期间的膳食、住宿、杂费按×××标准核发。

第九条　出差期间因公支出的乘坐计程车、电报电话、邮费、因公宴客等费用准予按实报销。但原则上,乘坐计程车应取得汽车公司开具的统一发票;电报电话费应取具电信局的收据;邮费应取具邮局的证明;因公宴客的费用,应有统一发票或正式收据。

第十条　出差人员交通工具除可利用公司车辆外,原则上应以火车、汽车为主。但若情况紧急,经总经理核准也可乘坐飞机。

第十一条　出差人员交通费凭乘车证明以实费计算支给。

第十二条　住宿费按出差人员在外住宿日数定额支给。

第十三条　出差人员住宿费必须取得住宿费凭证,若住宿者没有住宿费凭证的,减半支给住宿费。

第十四条　远途出差如利用夜间车次的,住宿费减半支给。

第十五条　出差人员每日填写出差日报向各直属主管报告。

第十六条　市内及短程(××日内)出差人员,除按实报支车资外,另可报支误餐费。误餐费标准为×××元。

第十七条　奉令调遣的人员,可以比照以上有关条文报支交通费、膳食费(××天)及行李托运费。

第十八条 调遣若超过一天以上但不能视为出差的，可以由公司酌情予以补贴。

第十九条 营销人员差旅费应据实填报核发，如发现有虚报不实者，除将所领差旅费追回外，并视情节轻重予以惩处。

第二十条 本办法经董事会通过后施行，修改时亦同。

第二十一条 本办法如有未尽事宜可随时修改。

第八节 业务员业绩考核方案

——❦撰写要领❦——

为了鼓舞营销人员的工作热情、提高工作绩效、积极拓展市场、促进公司产品的营销、维护公司的正常发展，特制订本方案。

——❦经典范文❦——

范例 1 业务员佣酬及考核晋升制度

业务员佣酬及考核晋升制度

一、目的

通过绩效管理，将部门和员工个人的工作表现与公司的战略目标紧密地结合起来，确保公司战略快速平稳地实现。

通过绩效考核管理，可以激励促进业务员的现实工作，有利于其更好地达到工作目标。

通过对业务员的工作绩效、工作能力等进行客观的评价,对其薪资、职位变动、培训与发展提供有效的依据。

二、适用范围

仅适用于本公司的业务员。

三、绩效管理流程

绩效管理分为绩效计划、绩效沟通、绩效考核、绩效反馈四大项。

四、绩效考核

考核实施主体:管理科负责组织,市场科主管协助处理。

考核时间:分月度、季度、年度考核。

考核内容:分工作任务、工作能力、工作态度3部分。

考核方法:关键绩效指标考核法。

五、业务员的主要工作职责

1.在本行业建立营销网,提高企业产品覆盖率。

2.按照企业制订的营销计划和程序展开产品的推广和营销活动。

3.负责收集、分析市场信息和竞争对手的情况。

4.建立客户资料卡及客户档案,完成相关销售报表。

5.建立良好的客户关系,维护企业形象。

六、绩效考核的原则

1.坚持公开、公正和公平的原则,绩效评估制度必须得到员工的普遍理解和认同。

2.以工作业绩考核为向导,绩效考核的重点是员工的工作业绩,所以应把绩效考核作为提高个人和部门工作业绩的管理工具。

3.各级管理者必须承担绩效考核的责任,对下属做出正确的考核与评价是管理者重要的管理内容,绩效考核工作必须贯穿于日常的管理工作中。

4.绩效考核工作的目的是为了员工做好工作,提高工作效率。任何利用考核手段打击、压制和报复被考核者的行为都是严厉禁止的。

5.依靠考核者与被考核者之间有效的沟通,确保绩效考核制度取得预期效果,消除和化解绩效考核过程的矛盾与冲突。

七、业务员关键绩效考核指标

考核项目	考核内容	权重	考核频率	考核资料来源	绩效目标值
主产品销售	产品的销售	××%	月度/季度/年度	营销部	月度销售任务完成率在××%以上 季度/年度的销售增长率为××% 销售资金汇款率为××%
辅助产品销售	建立分销渠道,提高公司产品覆盖率	××%	季度/年度	营销部	季度/年度产品覆盖率达到××
市场信息的收集和反馈	收集市场信息,提高相应产品销售策略	××%	季度	营销部	市场相关信息收集的及时和准确性
客户关系的建立	与客户建立良好的关系,维护公司形象	××%	月度/季度/年度	营销部	客户满意度评价在××分以上 老客户的保有率为××% 新客户开发率达到××

八、考评结果的运用

1.考评结果在考核完成后××日内向被考评者反馈,并与被考评者共同制订下阶段绩效改进计划与方案,本月绩效改进方案附于下月绩效考核表上。

2.考评结果作为薪资变动、人员异动及培训等的依据。

3.考评结果由部门、分类别由管理科存档,经总助批准后方可查阅,原件不得外借。

九、考评申诉

被考评者若认为考评结果不符合实际情况可于绩效反馈后××个工作日内向部门主管或管理科申诉。

第九章

售后服务管理类
公文写作

第一节　客户服务工作标准

❧撰写要领❧

一、客户服务工作标准概述

客户服务工作标准适用于客户服务中心的工作，是为了提高对客户的服务质量而制定的一种规定。

二、客户服务工作标准的写作要点

客户服务工作标准涉及企业内部管理、运作流程问题，但是工作标准的出发点如果是基于企业的自身利益而非客户的需求，就会在客户服务中体现出推卸责任、敷衍了事的表象，常常造成企业员工自然不自然地忽视了客户和消费者的感受，将会使客户服务的质量和价值大打折扣。工作标准一定是以客户为出发点，站在客户的立场上考虑客户服务工作，以便协调资源及执行，奠定客户服务变革的基础。

客服人员的工作目标、利益与企业的目标、客户的利益如果没有有效的统一，或者客服人员没有得到充分的授权，则客服人员往往会有"客户流失了与我有什么关系"、"客户是否满意又能怎么样"、"客户做噩梦了关我什么事"的心态，这样工作标准不仅不能起到提高服务质量的目标，还常常容易僵化，养成推托的习惯。

因此，客户服务标准要从目标与利益统一入手，将企业目标逐层分解，将客服人员的日常工作内容和职责与目标充分结合起来，设置诸如时间、时限处理结果反馈、处理过程通报等考核指标，将员工的利益与客户的利益统一起来，同时要尽可能在详细地分析客户对服务的不同需求侧重的基础上给予客服人员适当地授权，在制度上创造提供有效服务的空间，避免陷入因标准化而僵化的误区。

经典范文

范例① 客户服务工作标准范文

客户服务工作标准范文

1.到客户处进行服务应是接到客户部通知才可前往。

2.接到有关客户投诉应前往核查时,应以最快的速度到达客户处。

3.如因自己另有安排而不能立即到达客户处的,应马上通知客户部内勤,以便另行安排。

4.在处理投诉的过程中,如果确因我公司质量事故,不得过分地游说客户以勉强接受我公司产品而招致客户不满。

5.在客户处核实投诉时,如果因客户机器原因或操作不当引起的,不得过分地夸大客户的原因,应实事求是。

6.在客户处核实情况时,如果涉及的问题不是太严重,对产品的使用影响不是太大时,应尽量说服客户接收。

7.客户服务走访人员应做到不定期地对客户进行走访。

8.走访人员在客户处应做到不吃、不喝、不拿。

9.走访人员在客户处不得随意地盘查、询问涉及客户隐私的问题。

10.客户服务走访人员应做到每次走访后,认真填写"客户走访记录表"。

11.机器维护服务人员在公司出发前应从客户部领取"客户服务回执单"。

12.在进行机器维修的过程中应以最快的速度将机器修好,尽量减少客户被耽搁的时间。

13.在为客户进行设备维修时,应认真、仔细地分析客户设备的型号、特性,不可修好老毛病之后又出新问题。

14.如因客户操作不当所致,应认真地向客户讲解清楚,并告知一些应注意的操作常识。

15.如果客户的机器可以不用更换零件,不得不负责任地要求客户更换零件。

16.在客户处进行机器维修时,不得随意地盘问客户,以免致其不满。

17.在进行机器维修的过程中,不得用脏手随意触摸客户的产品或其他任何物品。

18.机器维修完毕,应将客户机器周围的油污及脏物主动地清理干净。

19.机器维修完毕,如客户馈赠答谢,应婉拒,不得接受客户任何钱财的馈赠。

第二节　客户投诉处理规定

——❦撰写要领❦——

一、客户投诉处理规定概述

客户投诉处理规定主要是为了有效地处理客户投诉,以提高公司对客户投诉案件的处理能力和管理水平,提升客户满意度和忠诚度,促进公司各项工作的可持续健康发展,并避免同类事件发生。

客户投诉处理规定要突出时效性,在内容上要体现出具体的解决投诉问题的流程和细则。

二、客户投诉处理规定的注意事项

客户投诉处理规定贵在执行和落实,应成立客户投诉工作领导小组,负责督促落实相关部门在规定时限内完成对客户投诉的有效处理,并及时回访。

因此,要对投诉受理、投诉处理、结果反馈、回访督办、信息通报等各个环节建立流程式管理,并提出时限要求,如果超过规定的时限,则应进行责任追究。

❈经典范文❈

范例 ① 客户投诉的时效性规定

客户投诉的时效性规定

一、时效性

相关人员通过各种方式接收到客户的投诉时,应立即填写"客户信息反馈单"交至客户部登记(时间大概在××分钟之内,如因提交者延误时间而耽误客户的投诉处理时间,一切责任由提交者负担)。

反馈单的填写必须注意一式三份。

反馈单的有效时间为××天(即客户所反馈的货物批次为××天以内)。

反馈单应填好如下参数:客户名称、提交者、日期、投诉方式、投诉内容。

投诉内容必须将客户所投诉的规格、数量、用料及收到货物的时间一一表述清楚。

如果反馈单的投诉内容中有相关内容未写清楚,客户部有权将反馈单退至提交者处重新填写甚至不予受理。

客户部在收到反馈单的××分钟之内登记完毕,如有需要现场派人去处理必须马上联系相关人员及车辆做好准备,如有因客户部工作人员无故拖延时间的,提交者有权进行内部投诉,提请公司上级人员处理。

二、投诉处理分两类时效进行处理

投诉为一目了然型,即我们单从字面上就可以知道出现问题的环节,例如规格做错、出库数量与实收数量不准等情况,我们必须在××天之内全部处理完毕。

投诉为比较复杂的,例如脱胶、起泡、压线破裂等,必须由品质部及相关责任部门的相关人员进行分析及采取相关的控制措施的,××天之内必须处理完毕。

任何人接到关于规格误差较大、发货错误的情况,必须回复客户退货,并及时通知相关部门做好补单及生产工作,不能耽搁客户的生产。

相关责任部门责任人必须认真填写"改进措施"一栏,包括责任人姓名及处罚的相联系的实际情况等。

对于责任部门分析过于片面及形式化,客户部有权退回重新处理。

客户部在××天之内必须收回所有反馈单、登记处理结果并填写"核查结果"是否属实,并留存一联备案,一联给责任部门,一联必须交回至提交者。

如有提交者对处罚结果不满意仍可到客户部进行说明,提交者有权要求重新进行分析和处理。

客户部对所有投诉整理归档,每周向部门经理会议提交统计资料。

三、时效性要求

对于咨询类问题可以立即予以解答的当场答复,不能立即解答的在××个工作日内予以回复。

对于投诉、意见或建议类问题,要在××个工作日内予以解决,特殊情况经"中心"同意可以适当延长。

"中心"要在收到各相关部门"投诉派单"后的××个工作日内进行电话回访。

对于上级派发的"投诉派单"必须在接到派单后的××个工作日内(双休日及法定假日顺延)完成,特殊情况经上级相关部门同意可以适当延长。

第三节 电话接待服务要领

撰写要领

接听电话不可太随便,须讲究必要的礼仪和一定的技巧,以免横生误会。

无论是打电话还是接电话,我们都应做到语调热情、大方自然、声量适中、表达清楚、简明扼要、文明礼貌。

电话接待服务的基本要领:礼貌、准确、高效。

经典范文

范例 ① 电话接待服务要领

电话接待服务要领

公司为了规范办公人员和营销人员的电话接待服务，应有必要的寒暄和礼貌用语，特制定如下规定：

一、响铃时

电话铃声响后，应尽快拿起话筒。这是非常重要的，直接关系到企业的形象，有人称之为商战成功的秘诀之一。许多公司规定，电话铃声响 3 次之内，电话员必须拿起电话。如果让客户久等，会引起其不快，下次就不会再来电话联系业务。

拿起话筒后，不等客户询问，要立即报出"您好，这是××饭店"，如果客户首先询问，电话员应予以肯定："是的，这是××饭店。"语调要亲切诚恳。

二、订餐时

客户报出其姓名时，电话员应热情回话："多次承您关照，非常感谢。"

接受电话订餐或送餐时，必须确定好时间地点、品名和数量，必要时加以复述确认。

三、找人时

若遇找人电话，应迅速把电话转给被找者。如果被找人不在，应告诉对方，"对不起，××先生(小姐)刚出去了"之类。若需传言，应做好记录。

四、电话声音太小时

如果对方语音太小，就大声"喂、喂"之类是不礼貌的，而应讲"十分对不起，您的声音有点小"。除此之外，由于新职工对企业情况知之不多，一般不要抢接电话，一问三不知，会给客户留下坏印象。

五、通话时注意的问题

客户来电话，多为询问与经营业务有关的问题，所以，接电话者或专职电话员必须熟知企业情况,特别是在本店经营的花色品种、价格等。

通话过程中,若需与其他人讲话,应讲一句"请您稍等一会儿",然后用手捂住话筒,小声交谈。

如果通话过程中需要客户等待,应说一句:"请您稍等一会。"如果等待时间过长,再说一句:"对不起,请您再等一会儿。"否则客户会挂机。再次通话时,应首先致歉:"让您久等了。"在通话时,如果有其他客户,接电话者不应目中无人,应点头致意。

六、放下电话时

通话结束后,要等对方先挂上电话,以免对方还有什么话要说。同样,自己先挂电话,对客户来说是不礼貌的。放下电话时,不能乱摔乱扔,而应手托话筒,轻轻放下。

七、打错电话时

往往会有人错打电话,这时不能粗暴地说"错了!"正确的做法是:"您打错了,这里是××饭店。"态度不能居高临下,要诚恳,语言应亲切,因为这有可能感染对方,使之成为新客户。

八、打出电话时

打出电话时,应先确认号码。通话规范是,先报出自己或企业的名字,然后转入正题。

打出电话最重要的是确认受话人,这不仅会避免浪费电话费,而且也不至于耽误事情。

九、打出电话的时间

非紧要事情,在客户来电话的高峰时,尽量不要占用电话。打出电话时,要简洁,少占用时间,并向对方致歉:"对不起,因为是用餐高峰……"

十、打电话时的姿势

打电话时,应面向电话筒,头略低,身体自然,富有诚意,因为这会为正在用餐的客户带来好感。

行政人事部

20××年××月××日

第四节 售后服务管理办法

❧撰写要领❧

售后服务,就是在商品出售以后所提供的各种服务活动。从营销工作来看,售后服务本身同时也是一种促销手段。在追踪跟进阶段,营销人员要采取各种形式的配合步骤,通过售后服务来提高企业的信誉,扩大产品的市场占有率,提高营销工作的效率及效益。

因此,企业在提供价兼物美的产品的同时向消费者提供完善的售后服务,已成为现代企业市场竞争的新焦点。

❧经典范文❧

范例① 售后服务管理办法

售后服务管理办法

第一章 总则

第一条 本公司为求增进经营效能,加强售后服务的工作,特制定本办法。

第二条 本办法包括总则、服务作业程序、客户意见调整等3章。

第三条 各单位服务收入的处理及零件请购,依本公司会计制度中"现金收支处理程序"及"存货会计处理程序"办理。

第四条 服务部为本公司商品售后的策划单位,其与服务中心及分公司间应保持直接及密切的联系,对服务工作处理的核定依本公司权责划分办法处理。

第五条　本办法呈请总经理核准公布后施行,修正时亦同。

第二章　维护与保养作业程序

第六条　本公司售后服务的作业分为下列 4 项:

1.有费服务:凡为客户保养或维护本公司出售的商品而向客户收取服务费用者属于此类。

2.合同服务:凡为客户保养或维护本公司出售的商品,依本公司与客户所订立商品保养合同书的规定而向客户收取服务费用者属于此类。

3.免费服务:凡为客户保养或维护本公司出售的商品,在免费保证期间内免向客户收取服务费用者属于此类。

4.一般行政工作:凡与服务有关之内部一般行政工作,如工作检查、零件管理、设备工具维护、短期在职训练及其他不属前 3 项的工作均属于此类一般行政工作。

第七条　有关服务作业所应用之表单规定如下表:

编号	表报名称	说明
服表 001	××凭证	商品销售时设立,作为该商品售后服务的历史记录,并作为技术员的服务证明
服表 002	××登记本	接到客户叫修的电话或函件时记录
服表 004	××收据	凡交本公司修理商品,凭此收据领取
服表 005	××登记本	于携回客户商品及交还时登记
服表 006	××卡	悬挂于待修的商品上,以兹识别
服表 007	××日报表	由技术人员每日填报工作及耗用时数送服务主任查核
服表 008	××日报表	由服务主任每日汇报工作类别及耗用总时数送服务部查核

第八条　服务中心或各分公司服务组于接到客户之叫修电话或文件时,该单位业务员应立即将客户的名称、地址、电话、商品型号等登记于"××登记簿"上,并在该客户资料袋内将该商品型号的"××凭证"抽出,送请主任派工。

第九条　技术人员持"××凭证"前往客户现场服务,凡可当场处理完妥者即请客户于服务凭证上签字,携回交与业务员于"××登记簿"上注销,并将服务凭证归档。

第十条 凡属有费服务,其费用较低者,应由技术人员当场向客户收费,将款交与会计员,凭此补寄发票,否则应于当天凭"××凭证"至会计员处开具发票,以便另行前往收费。

第十一条 凡一项服务现场不能处理妥善者,应由技术员将商品携回修护,除由技术员开立"××收据"交与客户外,并要求客户于其"××凭证"上签认,后将商品携回交与业务员,登录"××登记簿"上,并填具"××卡"以作施工修护凭证。

第十二条 填妥的"××卡"应挂于该商品上,技术员应将实际修护使用时间及配换零件详填其上,商品修妥经主任验讫后在"××登记簿"上注明归还商品日期,然后将该商品同"××凭证"送请客户签章,同时取回技术员原交客户的收据并予以作废,并将"××凭证"归档。

第十三条 上项携回修护的商品,如系有修护费,技术员应于归还商品当天凭"服务凭证"至会计员处开具发票,以便收费。

第十四条 凡待修商品,不能按原定时间修妥者,技术员应立即报请服务主任予以协助。

第十五条 技术员应于每日将所从事修护工作的类别及所耗用时间填具"技术职工工作日报表"送请服务主任核阅存查。

第十六条 服务主任应逐日依据技术人员日报表,将当天所属人员服务的类别及所耗时间填具"××日报表"。

第十七条 分公司的服务主任日报表,应先送请经理核阅签章后,转送服务部。

第十八条 服务中心及分公司业务员应根据"××登记簿"核对"××凭证"后,将当天未派修工作于次日送请主任优先派工。

第十九条 所有服务作业,市区采用××小时,郊区采用××小时派工制,即叫修时间至抵达服务时间不得超过上班时间内××小时或××小时。

第二十条 保养合同期满前××个月,服务中心及分公司应填具保养到期通知书寄于客户,并派职工前往争取续约。

第二十一条　维护与保养作业流程图附后(从略)。

第三章　客户意见调查

第二十二条　本公司为加强对客户的服务,并培养服务人员树立"×××"的观念,特举办客户意见调查,将所得结果作为改进服务措施的依据。

第二十三条　客户意见分为客户的建议或抱怨,以及对技术员的品评。除将品评资料作为技术员每月绩效考核之一部分外,对客户的建议或抱怨,服务部应特别加以重视,认真处理,以精益求精的态度建立本公司售后服务的良好信誉。

第二十四条　服务中心及分公司应将当天客户叫修登记簿于次日寄送服务部,以凭填寄客户意见调查卡。调查卡填寄的数量以当天全部叫修数为原则,不采取抽查方式。

第二十五条　对技术员的品评,分为态度、技术、到达时间及答应事情的办理等 4 项,每项均按客户的满意状况分为 4 个程度,以便客户填写。

第二十六条　对客户的建议或抱怨特别严重者,服务部应立即提呈副总经理核阅或核转,提前加以处理,并将处理情况函告该客户;其属一般性质者,服务部应自行酌情处理之,还应将处理结果以书面或电话通知该客户。

第二十七条　凡属加强服务及处理客户的建议或抱怨的有关事项,服务部应经常与服务中心及分公司保持密切的联系,随时予以催办,并协助其解决所有困难问题。

第二十八条　服务中心及分公司对抱怨的客户,无论其情节大小,均应由服务主任亲自或专门派员前往处理,以示慎重。

范例 2　售后服务绩效考核

售后服务绩效考核

1.负责在接到合同分解书后的第一时间与客户联系,并发送服务告知函,与相关部门沟通协调,做好人员安排(××分)。每月底由考核小组抽查,不合格项目将取消该项分值。

2.负责安排现场服务人员就《售后服务管理办法》和相关事项流程进行培训并在复印件上签字,办理现场服务人员需携带函件的移交、回收等工作(××分)。按公司要求完成任务,每项扣××分,扣完为止。

3.负责安排现场服务人员接受服务培训,技术部或相关领导的安装技术培训(××分)。按公司要求完成任务,每项扣××分,扣完为止。

4.做好电话回访工作:日访、每循环、月访,与工地保持电话与函件的适时沟通(××分)。按公司要求完成任务,每项扣××分,扣完为止。

5.做好与现场服务人员在安装与守模过程中的沟通与配合,并对其进程进行实时有效监控(××分)。每月底由考核小组抽查,不合格项目将取消该项分值。

6.负责建立健全台车售后服务台账,确保适时掌握并记录好各台车安装与服务各项情况(××分)。每月底由考核小组抽查,不合格项目将取消该项分值。

7.负责现场安装服务人员的工费与补贴统计与计算等相关工作(××分)。按公司要求完成任务,每项扣××分,扣完为止。

8.在售后服务中发现问题要及时汇总,与技术部、质检部、制造部讨论,提出恰当的解决方案以便相关部门及时改进(××分)。按公司要求完成任务,每项扣××分,扣完为止。

9.做到与客户交流时,应热情、细心地了解台车发生故障时的状况,提出相关解决问题的方法(××分)。按公司要求完成任务,每项扣××分,扣完为止。

10.负责有偿服务人员派遣及其工费的核算、客户相关款项回款等工作;负责售后有偿和无偿零部件的配送工作(××分)。按公司要求完成任务,每项扣××分,扣完为止。

11.工作责任心、工作配合度、协调姿态(××分)。按公司要求完成任务,每项扣××分,扣完为止。

第五节　顾客满意度调查办法

❧撰写要领❧

一、顾客满意度调查概述

顾客满意度调查是用来测量一家企业或一个行业在满足或超过顾客购买产品的期望方面所达到的程度。

二、顾客满意度调查的作用

测量顾客满意度的过程就是顾客满意度调查，它可以找出那些与顾客满意或不满意直接有关的关键因素（用统计指标来反映，有时称之为绩效指标），根据顾客对这些因素的看法而测量出统计数据，进而得到综合的顾客满意度指标。这也是近年来市场营销调研行业中发展最快、应用最广泛的调查技术。

1.能具体体现"×××"这个理念

企业依存于其顾客，因此应理解顾客当前和未来的需求，满足顾客要求并争取超越顾客期望。现在国际上普遍实施的质量管理体系能够帮助企业增进顾客满意度，如顾客要求产品具有满足其需求和期望的特性，在任何情况下，产品的可接受性由顾客最终确定。但是，顾客的需求和期望是随时不断变化的，顾客当时满意不等于以后都满意，如顾客提出要求才去满足，企业就已经处于被动状态，且必然会有被忽略的方面。要获得主动，企业必须通过定期和不定期的顾客满意度调查来了解不断变化的顾客需求和期望，并持续不断地改进产品和提供产品的过程，真正做到以顾客为中心。

2.确定企业顾客满意策略

企业进行顾客满意度调查，不只是为了得到一个综合统计指数，而是要通过调查活动发现影响顾客满意度的关键因素，以期在提高顾客满意度的过程中能对症下药,制定有效的顾客满意策略。顾客满意度的测量始终要考虑竞争对手的情况,并进行比较,确定企业与其主要竞争对手在满足这些期望和要求方面成功的程度,即优势和劣势各处在什么位置,这样可以使企业做到知己知彼,制定合适的竞争策略。

3.节约企业成本,提高经济效益

顾客满意度调查贯穿企业生产经营全过程,从设计产品之初就考虑到顾客的需求和期望,使其提供的产品或服务得到顾客的认可,并获得顾客满意。之后,在企业定期的顾客满意度调查中,企业会越来越了解顾客,会准确地预测到顾客的需求和愿望的变化,这样,企业就不用花更多的时间和精力去做市场研究,新产品的研制和生产也会少走不少弯路,在很大程度上减少了企业的浪费,压缩了成本,利用有限的资源最大限度地提高企业的经济收益。

──❖ 经典范文 ❖──

范例 *1*　客户满意度调查办法

客户满意度调查办法

一、了解客户的要求和期望——××分

1.通过访问、交谈和其他方式识别细分市场、客户和潜在客户群,包括竞争者的客户及他们的要求和期望。

2.识别产品和服务的质量特征以及这些质量特征对客户或客户群的相对重要性。

3.与其他关键数据和信息进行交叉比较。这些数据和信息包括客户的抱怨、损失和收益,以及有助于产生客户要求和期望及关键产品和服务特征信息的绩效数据。

4.公司如何评价和提高确定客户要求和期望过程的有效性,例如,改进了的访问、接触其他客户、分析或交叉比较。

二、客户关系管理——××分

1.公司上下都确保理解客户服务要求并做出答复。

2.确保客户能通过较方便的途径评价、寻求帮助和抱怨。

3.追踪客户对产品和服务的满意度,获取改进信息。

4.授权与客户接触的员工恰当地解决问题,必要时可以采取额外的措施。

5.客户接触人员的具体雇用要求、态度及其他方面的培训、认知和态度及道德标准。

6.为使客户接触人员提供及时有效的客户服务,在技术和后勤方面给予支持。

7.分析投诉信息、客户的获得和流失、损失的订单,以评估公司政策的成本和市场后果。

8.评价和改进客户服务过程。

三、客户服务标准——××分

1.依据客户的要求和期望选择规范的、客观的测量标准。

2.全员参与制定、评价、改进和改变标准。

3.公司各部门都要制定要求或标准化的信息,确保有效地支持希望满足客户服务标准的客户接触人员。

4.跟踪调查,确保关键的服务标准得以满足。

5.如何评价和改进服务标准。

四、对客户的承诺——××分

1.产品和服务担保及产品保证:理解、条件和信誉。

2.公司为提高客户对其产品和服务的信任和信心所做的其他承诺。

3.公司的产品和服务在过去××年中的改进如何体现在担保、保证和其他承诺中。

五、解决质量改进方面的投诉——××分

1.将对公司不同部门的正式和非正式的投诉及批评性的建议汇总,在全公司做整体评价,并适时加以利用。

2.确保客户接触人员恰当地解决投诉。

3.汇总客户反映改善的迹象。

4.分析投诉以确定其内在原因,根据这些信息加以改进,如过程、标准及客户沟通。

5.评价公司对投诉的处理,以改进公司对投诉的反应和将其转化为预防性措施的能力。

六、确定客户满意——××分

1.所用方法的类型和频率,包括确保客观性和有效性的程序。

2.如何按客户群体细分满意,如何决定与竞争对手相关的客户满意。

3.满意度结果和其他表明满意的方面,如投诉、客户的获得与流失的相关性。

4.从客户满意数据中如何提取有效的信息,根据这些关键的产品和服务质量特征来决定客户偏好。

5.客户满意度信息如何运用于质量改进方面。

6.评价和改进确定客户满意度的方法。

七、客户满意度结果——××分

1.按客户群体划分产品和服务,找出客户满意度趋势和关键的客户满意度指示器。

2.主要负面指示器的趋势,这些负面指示器包括抱怨、投诉、退款、打电话责怪、退货、再次服务、调换货、贬低、修理。

八、客户满意比较——××分

1.与行业一般的、领先的、世界领先的或公司关键市场中其他竞争者比较客户满意度结果。

2.独立组织(包括客户)做的访问、竞争奖励、认知和评分。

3.客户的获得或流失趋势。

4.相对于国内及国际的主要竞争者而言,公司获得或失去的市场份额趋势。

第六节　客户投诉的处理办法

❧撰写要领❧

一、客户投诉概述

客户投诉或者抱怨是客户对商品或服务品质不满的一种具体表现，客户的投诉或抱怨会在一定程度上损害企业的形象。要学会变"不利"为"有利"，对外化解客户投诉，使客户满意；对内利用客户投诉充分检讨与改善，将其化为促进企业发展的一个契机。

客户投诉产生的原因主要有以下几方面：

1.商品质量问题。

2.售后服务维修质量。

3.客户服务人员工作的失误。

4.企业宣传误导。

5.企业管理不善。

6.顾客对于企业经营方式及策略的不认同，例如对交费时间有异议。

7.顾客对于企业的要求超出企业对自身的要求。

8.顾客对于企业服务的衡量尺度与企业自身不同。

9.顾客由于自身素质修养或个性原因，提出的过高要求而无法得到满足。

二、正确处理客户投诉的原则

正确处理客户投诉，首要的是"先处理情感，再处理事件"。这是处理客户投诉的总原则。再进一步细化，处理客户投诉的原则可以归纳为以下几条：

1.客户永远正确。

应该认识到，有抱怨和不满的客户是对企业仍有期望的客户。对于客户的抱怨行为应该给予肯定、鼓励和感谢,尽可能地满足客户的要求。

2.耐心倾听顾客的抱怨。

只有认真倾听顾客的抱怨,才能发现其实质原因,进而想方设法平息抱怨。

3.站在顾客的立场上考虑问题。

漠视客户的痛苦是处理客户投诉的大忌,服务人员应该站在顾客的立场上将心比心,诚心诚意地去表示理解和同情,承认过失,因此,对于所有的客户投诉,无论其合理性是否已经被证实,都不要急着分清责任,而是先表示道歉,这也是很重要的。

4.迅速采取行动。

处理客户投诉必须付诸行动,不能单纯地同情、理解,要迅速地给出解决的方案。

5.留档分析。

对每一起客户投诉及其处理结果都要做出详细的记录,包括投诉内容、投诉原因、处理方式、处理过程、处理结果、客户满意程度等。通过分析记录,汲取教训、总结经验,为以后更好地处理客户投诉提供参考。

————❧经典范文❧————

范例 1　客户投诉案的责任归属及处罚准则

客户投诉案的责任归属及处罚准则

一、行政处罚准则

1.责任归属:

凡发生客户投诉案件,经责任归属判决行政处分,给予一个月的转售时间,如果售出,则以 A 级售价损失的金额依责任归属分摊至个人或部门。未售出时以实际损失金额依责任归属分摊。

2.客户投诉实际损失金额的责任分摊计算:

由总经理室每月××日前汇总结案与制造部依发生异常原因归属责任,若系个人过失则全数分摊至该员,若为××人以上的共同过失(同一部门或跨越部门),则依责任轻重分别判定责任比例,以分摊损失金额。

3.客户投诉行政处分判定项目补充说明:

(1)因票据错误或附样等资料错误遭客户投诉者;

(2)因财务错误遭客户投诉者;

(3)未依"×××"予以备料、用料遭致客户投诉者;

(4)经剔除的不合格产品混入正常品缴库遭致客户投诉者;

(5)成品交运超出应收范围未经客户同意遭客户投诉者;

(6)擅自减少有关生产资料者;

(7)业务人员对于特殊质量要求,未反映给有关部门遭客户投诉者;

(8)订单误记造成错误者;

(9)交货延迟者;

(10)装运错误者;

(11)交货单误记交运错误者;

(12)仓储保管不当及运输上出问题者;

(13)外观标示不符规格者;

(14)检验资料不符;

(15)其他。

以上一经查实者,即依情节轻重予以行政处分,并以签呈总经理核示后交由人事单位公布。

4.行政罚扣折算:

(1)警告一次,罚扣××元以上;

(2)小过一次,以每基数罚扣××元以上;

(3)大过以上者,全额罚扣当月效益奖金。

5.签呈以上处分时由总经理室依应受处分人及情节的轻重,确定应签呈的责任部门,并呈总经理核示后交由人事单位公布。

二、经济处罚准则

1.客户投诉罚扣的责任归属,制造部门以各组单元为最小单位,以归属至各组单元为原则,未能明确归属组单元者方归属至全科。

2.原则上,业务部门、服务部门以归属至个人为原则,未能明确归属至个人者才归属至业务部门、服务部门。

3.客户投诉罚扣方式:

(1)客户投诉案件罚扣依"××判定基准"的原则,判定有关部门或个人,予以罚扣个人效益奖金,其罚扣金额归属公司;

(2)按件分别罚扣客户投诉罚扣;

(3)客户投诉罚扣标准依"××金额核算基准"罚扣,责任归属部门的营业人员,以损失金额除以该责任部门的总基点数,再乘以个人的总基点数即为罚扣金额;

(4)客户投诉罚扣最高金额以全月效率奖金××%为准,该月份超过××%以上者逐月分期罚扣。

4.制造部门的罚扣方式:

(1)归属至发生部门者,依"××罚扣标准"计扣该部门应罚金额;

(2)归属至全科营业人员,依"××罚扣标准"每基点数罚扣计全科每人的基点数。

5.服务部门的罚扣方式:

(1)归属至个人者比照制造部各科的发生部门罚扣方式;

(2)归属至发生部门者比照制造部全科的罚扣方式。